認知言語
類型論原理

「主体化」と「客体化」の認知メカニズム

中野 研一郎

「松林図屛風」に寄せて ──

　「松林図屛風」を初めて観たのは，2010 年の長谷川等伯没後 400 年の節目に催された京都の展覧会においてでした．時期や展示方法が理由としてあったのかも知れませんが，思いのほか大きな実物の前に立ったとき，画面から霧と共に冷気が漂い出しているような錯覚を覚え，身が震えました．そのとき自身の中には，金沢で過ごした大学時代の終わりの春末だ浅い時期に，見納めにと立ち寄った日本海の浜辺の松林の中で感じた，冷気と波音が甦っていたように思います．あの浜辺の松林の中で感じた冷気と波音は，その後の京都での教員生活において，ずっと基底感覚としてあり続けたように考えます．冷気が漂い，霧で視界も晴れない．身近でも，また，日本という共同体内や他国においても，理不尽に人が亡くなることがあり，それは今も無くなることがありません．それが世界の常態であるのかも知れません．ただ，この冷気と霧の間から，時に凛と独りで立つ白山の存在が垣間見えることもあったのです．

　「松林図」というのは，長谷川等伯という画家が，戦国の世に生きたことの「想い」を画にする上で辿り着いた，到達点だったと考えます．不条理な戦国の世に生きる想いや感覚を具体化する為には，能登から京都に上る途中の松林内で感じた身体感覚を，身体感覚として現前化させるしか方法はなかったのではないでしょうか．そして，この身体感覚を現前化させるために採った等伯の作画法こそが，日本語における「主体化」の論理でした．対象と自身とを重ね合わせて観ることを極限にまで高めることから，「松林図屛風」における等伯の筆墨法は生じているのです．身体感覚を現前化させる為の最も現実的な作画法が，極にまで研ぎ澄まされた感覚を線と打ち込みにより画にぶつける等伯の筆墨法だったと考えます．その結果，「松林図屛風」においては画中に無いものが描かれました．画中に見えないものが描かれているのです．日本語の「主体化」の論理を絵画において結実させたものが，「松林図屛風」だったと考えています．普遍的な身体感覚を現前化させるのに最も成功した画のひとつが，長谷川等伯の「松林図屛風」という作品でした．

目　次

はじめに　1

第1部
「客観」という名の主観

第1章　本書の目的と理論的背景 …………………………………………7

第2章　言語類型論における「客観」主観の限界 ……………… 19

1 ─ Langacker のパースペクティブと「主体化(subjectification)」…19

2 ─ 英語における「主語性(subjecthood)」と「他動性(transitivity)」
の消失現象…28

3 ─ 「主体化されたトキ(modalized time)」と「客体化されたトキ
(abstracted time)」…39

第2部
言語における「客体化」論理：英語を中心に

第1章　言語類型論における文法カテゴリの諸問題：
「格」・「主語／目的語」の類型論における非普遍性…… 49

1 ─ 現代ドイツ語と古英語の文法・統語カテゴリ：「格」と「語順」…51

2 ─ 近代英語の統語・文法カテゴリ：「語順」と「主語／目的語」…55

3 ─ 言語類型論における「主語」という文法カテゴリのローカル性…57

3 ─ 1．英語史から見た「主語」カテゴリのローカル性…58

3 ─ 2．歴史言語学から見た「主語」カテゴリのローカル性…61

第2章 「客体化(objectification)」の認知メカニズム：
「類像性」と「認知Dモード」 …………………………… 67

1 ―「構文主導主義」の限界：Goldberg と Croft の「構文文法(construction grammar)」というパースペクティブの言語類型論における限界
　…70

2 ―「認知 D モード(Displaced Mode of Cognition)」による事態把握と「類像性(iconicity)」を介した構文の創発・拡張現象…73

3 ―「認知 D モード」による事態把握とコミュニケーション：
「客体化・客観化(文字化)」された事象の交換…77

4 ―「認知 D モード」による事態把握と文法カテゴリの創発 ①：
アクション・チェイン・モデルと「二重目的語使役動詞構文(ditransitive causative verb construction)」…80

5 ―「語彙主導主義」の限界：Jackendoff 及び影山の「語彙意味論(lexical semantics)」というパースペクティブの言語類型論における限界…87

6 ―「認知 D モード」による事態把握と文法カテゴリの創発 ②：
「態」と「時制」…92

　6－1.「能動態」と「時制」…92

　6－2.「能動態」と「受動態」：
　　　「受動態構文(passive-voice construction)」における「力動性の伝達(transmittance of force dynamics)」と「伏在時間(concealed time)」…98

第3部
言語における「主体化」論理：日本語を中心に

第1章 「日本語（やまとことば）」の論理 ①：
「認知様態詞（形容詞）」と「認知標識辞」の
「が/ga/（由来・契機）」 …………………………………… 111

1 ―「シク/shiku/」活用の「認知様態詞」…113

2 ―「認知標識（由来・契機）辞」の「が/ga/」…118

3 ―「主語・主格」カテゴリの不在…121

4 ―「ク/ku/」活用の「認知様態詞」…126

5 ―「日本語」と近代ヨーロッパ標準諸語間における文法カテゴリの
　　 非互換性：Langacker, Dixon, Croft の言語類型論における限界…131

第2章 「日本語（やまとことば）」の論理 ②：
認知標識辞「は/wa/・が/ga/・で/de/・を/wo/・
に/ni/」 ……………………………………………………… 139

1 ―認知標識辞「は/wa/」①：「場」における「共同注視（joint attention）」
　　 機能…140

2 ―認知標識辞「は/wa/」②：「場」における「参照点（reference point）」
　　 機能と「概念誘起（conception inducing）」…144

3 ―認知標識辞「は/wa/」③：日本語における論理学的命題の未在…149

4 ―「共同注視」の認知標識辞「は/wa/」と「単独注意」の認知標識辞
　　「が/ga/」：日本語における「格」カテゴリの不在…159

　　 4 − 1．「日本語」における統語カテゴリ（「主語」）と文法カテゴリ
　　　　　（「格」）及び意味役割の不一致…159

　　 4 − 2．「認知標識辞」としての「日本語（やまとことば）」の「は/wa/」・「が/ga/」…167

5 ―「認知標識辞」の「で/de/」：事象生起における「様態特性」の感知
　　 …178

iv

第3章 「日本語」の論理 ③：
「態」及び「時制」の不在……………………………………… 189

1 ―「日本語」における「態」の不在…189

  1‐1.「日本語」における「態」という文法カテゴリの出自…190

  1‐2.「日本語」の「れる/reru/・られる/rareru/」と「受け身文」…195

  1‐3.「日本語」の「れる/reru/・られる/rareru/」構文に創発する

      「事態生起の不可避性(unavoidability)」という解釈…199

2 ―「日本語」における「時制」の不在…207

  2‐1.「蘇発化・現前化」標識としての「たり/tari/・た/ta/」…208

  2‐2.「日本語」の時間標識「た/ta/」の出自…214

  2‐3.「日本語」における「時制」という文法カテゴリの出自…219

第4章 「日本語」の論理 ④：
「音＝意味」による「主体化」と「主体化」論理の
拡張及び変容 ………………………………………………… 229

1 ―「日本語」におけるオノマトペ(「様態音・語」)：

  「音＝意味」の「主体化」現象…230

2 ―「日本語」の語彙生成：

  「音象徴(音＝意味)」による「膠着」生成の認知メカニズム…238

3 ―「日本語」の原母音：/ a / ・/ i / ・/ u / の「音象徴（音＝意味)」

  と語彙生成の認知メカニズム…243

4 ―「日本語」における「音象徴」と文法カテゴリ：

  「対格／与格」・「他動詞／自動詞」及び「過去時制」という

  文法カテゴリの不在…252

5 ―「日本語」の論理の拡張と変容：

  「文字化・客体化・客観主観化」…258

  5‐1.「認知標識辞・が/ga/」の通時的拡張と変容…259

  5‐2.「日本語」の論理の通時的変容…264

第4部
言語のグレイディエンス：
英語の中の「主体化」論理と日本語のアクロバシー

第1章　英語における「主体化(modalization)」現象：
「中間構文」・「構文イディオム」・「場所主語構文」・
「再帰構文」……………………………………………… 273

1 ─ 「中間構文(middle construction)」の具体事例と分析視点…273

2 ─ 「中間構文」と Langacker の「主体化(subjectification)」…276

3 ─ 「中間構文」を創発させる「始原的内化の認知モード(Primordial and Assimilative Mode of Cognition)：PA モード」…284

4 ─ 「中間構文」と「日本語(やまとことば)」の事態把握…289

5 ─ 「始原的内化の認知モード：PA モード」と英語の「構文イディオム(construction idiom)」・「場所主語構文(setting-subject construction)」・「再帰構文(reflexive construction)」…294

第2章　日本語のアクロバシー：「造語」と「脳内処理」…… 299

1 ─ 「訓読み」論理と「音読み」論理の混合…300

2 ─ 日本語の「読み」の脳内処理…303

第3章　「認知言語類型論」が予測する世界の言語の
グレイディエンス分布 ……………………………… 307

（解題）言語類型論の新展開 ………………………… 山梨　正明…313

謝　辞…319

参考文献…323

索　引…335

はじめに

　分類の仕方で異なるので，正確に述べることはできないが，世界にはおよそ 6500〜7300 くらいの言語が存在するとされている．その中には，今世紀中に消滅すると危惧されている言語も数多くある．各言語は，それぞれ固有の形式・文法を持っており，形式・文法によって言語を分類するのが，言語タイポロジー（言語類型論）と呼ばれる学問分野である．言語を分類する際には，「格(case)」とか，「主語(subject)／目的語(object)」とか，「自動詞(intransitive verb)／他動詞(transitive verb)」といった文法カテゴリが，基準として用いられる．日本語は格助詞とされる「を」があることから，対格言語と分類される．また，上記カテゴリによる「語順(word order)」を基準にすると，英語は S（主語）V（動詞）O（目的語）言語，日本語は SOV 言語と分類されることになる．こうした分類の仕方は一見するともっともらしく思えるが，実は英語であっても，日本語であっても，上記のような文法カテゴリによってうまく記述・説明できない言語現象が数多く存在している．言語は謎に満ちており，言語学というのは，その謎を巡ってのオデッセイ（odyssey：長い冒険の旅）と言えるだろう．

　本書においては，日本語と英語の言語現象を比較対照することによって，上記の「格」や，「主語／目的語」・「自動詞／他動詞」からなる「語順」といった文法カテゴリが，言語を分類する上で，普遍的な基準になり得ないことを見ていく．また，世界中の言語現象を記述・説明するためには，従来の言語学とは異なるパースペクティブ，認知言語類型論という学問分野が必要であることを確認していく．認知言語類型論におけるキーワードは，認知モード（cognitive modes）・解釈・把握（construal）・類像性（iconicity）・創発（emergence）といったものである．これらの道具立てを用いながら，英語には何故「主語／目的語」・「自動詞／他動詞」・「時制

（tense）」・「態（voice）」といった文法カテゴリが存在しているのか，一方，日本語にこれらの文法カテゴリは妥当しているのかを確認していく．ここでは，言語研究においてこれまで当たり前とされてきたことを，自身の頭で考えることなしに，ア・プリオリ（先験的）な前提としない．「格」・「主語／目的語」・「自動詞／他動詞」・「時制（tense）」・「態（voice）」とは一体何なのか，権威や従来の常識に依存するのではなく，創発理由という言語存在の根源を自身の頭で考え抜いていく．それにより，日本語という言語に新しい光を当て，その本質を掴むことにする．本書は，認知言語類型論の原理を提示するものであると同時に，西洋（「客観」）という名のパースペクティブの絶対性を問い直す，哲学・文学・言語教育分野の論考でもある．

　本書は，4 部から成る．第 1 部では，「認知言語学」と呼ばれている言語学が，「形式意味論」とか「生成文法」とか呼ばれている言語学に対して，どのように異なる言語観を持っているのかが概括される．その後，「認知文法論」の創始者であるロナルド・W・ラネカー（Ronald W. Langacker）のパースペクティブの限界を明らかにすることで，「認知言語学」が近現代哲学においてどのような位置づけにあるのかが論じられる．哲学・認知言語学に深い問題が投げ掛けられることになるが，一般的には読み飛ばされても差し支えない．第 2 部・第 3 部・第 4 部が先に読まれ，そこでの論理展開が納得のいくものであるならば，第 1 部に戻って読んでもらうことで，本書の全体像と問題意識が理解されるものと考える．

　第 2 部では，英語の「主語／目的語」・「他動詞／自動詞」・「時制」・「態」といった文法カテゴリが，何故生まれてきているのか（認知言語学ではこれを「創発（emergence）」と呼ぶ）が説明される．認知言語類型論という研究分野は，各言語が何故その言語固有の形式・文法を創発させているかを，普遍的なパースペクティブによって説明できるかどうかが問われる学問分野である．したがって，各言語の構文・文法カテゴリの創発理由を明らかにしていない言語研究が，認知言語類型論と呼ばれることはない．「認知モード（modes of cognition）」を介した「事態把握（認知言語学ではこれを

はじめに　3

「解釈(construal)」と呼ぶ)」のあり方を通して，英語の文法カテゴリの創発理由が説明される．英語の文法の何故が，説明されることになる．

　第3部では，英語に対して日本語が，どのような「認知モード」によって，その「事態把握・世界解釈」を言語形式・文法として創発させているのかが解明される．その結果，この部においては，今まで当たり前だとされていた日本語の文法カテゴリが，実は日本語に妥当していないことが明らかになる．日本語文法の新しい世界と重要な問題が提示されることになる．

　第4部においては，「日本語(やまとことば)」において特有だと思われた世界解釈・事態把握のあり方が，実は英語の中にも存在することが述べられる．英語の「中間構文」と呼ばれているものを分析することで，このことが明らかになる．「日本語(やまとことば)」及び英語の「中間構文」の分析と，英語の通時的な変遷を見る中で，世界中の言語の構文・文法は，始原的な「認知 PA モード」による世界解釈・事態把握と，客観的な「認知 D モード」による世界解釈・事態把握の間で創発していると予測されることになる．また，言語には，「認知モード」のシフト現象が存在することも判明する．その現象の一部が，日本語の語彙形成の中にも潜んでいることが明らかになる．それでは，広大な言語の海原へと，読者と共に漕ぎ出してみたい．

第 1 部

「客観」という名の主観

· ἐν ἀρχῇ ἦν ὁ λόγος, καὶ ὁ λόγος ἦν πρὸς τὸν θεόν, καὶ θεὸς ἦν ὁ λόγος.
 (In the beginning was the Word, and the Word was with God, and the Word was God).
 はじめに言葉ありき. 言葉は神とともにありき. 言葉は神であった.

John, 1, 1

第 1 章

本書の目的と理論的背景

　認知言語学の言語研究アプローチは，言語を外部世界に対する解釈（construal）のモードや外部世界のカテゴリ化とその意味づけ等，人間が持つ認知能力や運用能力の反映として捉える，「主体」性重視の言語観に基づいている（cf. 山梨 2000・2004a・2004b・2009）．クロフト＆クルーズ（Croft and Cruse 2004）においては，認知言語学の言語に対する研究姿勢が，大きく分けて次の 3 つのテーゼ（定言）としてまとめられている．

①　language is not an autonomous cognitive faculty
　　言語は自律的な認知能力ではない
②　grammar is conceptualization
　　文法とは概念化である
③　knowledge of language emerges from language use
　　言語知識は言語使用から創発する　　　　　　　Croft and Cruse（2004: 1）

　①は，「言語」は特定の自律的な認知能力に基づく生得的な知識ではなく，一般的な認知能力の発現として記述・説明できるというパースペクティブによるテーゼである．②は，「意味」は構成性の原理によって還元主義的に捉えられる様な静的なものではなく，事態把握（construal）・語用論的側面（pragmatic phenomena）を含める動態的な「概念化（conceptualization）」であるというパースペクティブによるテーゼとなっている．③は，「言語」という現象は言語知識（competence）からではなく，言語単位の定着・慣習化及び頻度などの「用法」を基盤とした言語運用（performance・usage）から記述・説明できるというパースペクティブによるテーゼである．

8 第1部 「客観」という名の主観

　こうした，「言語現象」を「意味」の側から記述・説明を行おうとする
認知言語学の研究アプローチに対して，従来の形式意味論や生成文法など
の研究アプローチは，自然言語を一種の静的形式体系と捉え，文の「意
味」は言語と外界との直接的な指示対応関係を措定することで，文の要素
から一定の手順によって構成的に決定される，または，変形規則等による
「形式」の操作により説明できるという，「機械・計算」主義的な言語観に
基づいたものであった．認知言語学の言語観及び研究アプローチは，こう
した形式意味論や生成文法などの言語観や研究アプローチとは根本的に異
なり，相容れない．言語研究に対して拠って立つパラダイム自体が異な
る．認知言語学の言語学における歴史的意義とは，言語を人間の認知活動
が反映される現象として捉えることで，すなわち，「意味」を「概念化」
と捉えることで，言語の「意味」を「形式」の結果として捉えるのではな
く，原因として捉えたことにある．つまり，従来からの言語学のアプロー
チのあり方を，「形式」から「意味」へと，180°転換させたのである．こ
のことは本来，20世紀の一大知的ムーブメントであった「構造主義」の
中心課題でもあったのだが，問題の本質が理解される前にポストモダンと
いう名の下に消費されてしまった．また，現在，こうしたパラダイムに関
わる問題意識を基盤に据える研究は多くない．一見興隆している様に見え
る認知言語学各分野の研究自体にも，ある種の閉塞感が漂っていることの
原因の一つに，上記の様な研究パラダイムに関わる問題意識の消失を挙げ
らることができる．「構文」と「構文」の関係をネットワークとして見て
いく研究（「構文主義」）は多いが，何故特定の「構文」及び「構文ネット
ワーク」自体が，特定の言語においてその様態として創発するのかを説
明・解明する研究は，驚くほど少ない．クロフト＆クルーズ（Croft and
Cruse 2004）においても，このことは明確に意識されている．

　Generative grammar and truth-conditional semantics are of course still vigorous research
paradigms today, and so cognitive linguists continue to present arguments for their basic
hypotheses as well as exploring more specific empirical questions of syntax and semantics within

the cognitive linguistic paradigm.

　生成文法及び真理条件的意味論は，もちろん今日でもなお活発な研究パラダイムであり，それゆえ認知言語学も，認知言語学のパラダイム内で統語論及び意味論に関わるさらなる特定の実証的問題を研究するだけでなく，基本的仮説に対する論拠を提示し続けなければならない．　Croft and Cruse（2004: 2）下線部強調筆者

　生成文法は，その研究の拠り所である形式・計算主義というパラダイムを守るために，多くの文法的・意味論的現象を周辺的（peripheral）な問題としてラベルづけし，無視する方略を採ってきた．その結果今では，生成文法は「言語現象」における多様な「意味」の問題を記述・説明することを放棄し，計算主義的な形式操作（併合操作）により，その形式派生が説明できると予測される現象だけを「言語現象」と見なすところにまで，その学問領域を閉ざしている（cf. Chomsky 2004）．生成文法の学問的帰結は，多種多様な「言語現象」を機械・計算・経済主義的な「形式」操作によって定式化が可能な記号集合にまで微小化し，その微小化された記号集合の内部だけを「言語現象」として取り扱うことにある．そこには，多種・多様なあるがままの「言語現象」の記述及び説明を可能とする言語理論の構築を志向する，学問・研究姿勢は存在していない．はっきりさせておかなければならないが，生成文法は，自然言語の種々多様な「言語現象」が，何故その言語固有のあり方で創発するのかの記述・説明を目指してはいない．認知言語学，特に認知文法論・認知言語類型論が目指すべきものは，多種多様な「言語現象」や「意味」の問題を言語学の周辺問題として放逐することなく，何故それぞれの言語においてその言語固有の「形式」が必要とされているのかを，個別的であると同時に，類型論的な普遍性を持って，統一的に記述・説明できるパースペクティブを提示することにある．また，そのパースペクティブの妥当性を証明していくことにある．したがって，認知言語学（文法論・類型論）においても，言語を研究する際に拠って立たねばならない基本的なパラダイムが存在する．

　認知言語学が言語研究に提示できるパースペクティブの1つは，次のよ

うなものである．すなわち，「意味(semantic potentiality)」は「形式(linguistic form)」より遙かに豊穣であり，「形式(construction・grammar category)」は「意味(construal and conceptualization)」の創発結果として在る．しかし，「意味」＝「形式」という関係によって創発している言語現象は，静的・安定したものではなく，常に動態的な緊張関係(dynamically strained relations)として存在しているというものである．つまり，特定言語の言語現象（「意味(解釈・概念化)」＝「形式(構文・文法カテゴリ)」としての創発）とは，その言語特有の「主観」に動機づけられた「認知モード(cognitive modes)」による事態把握・解釈の「形式」としての創発であり，同時に，事態把握・解釈の創発結果である「意味」＝「形式」の関係は，決して静的・安定したものではなく，通時的に「形式(構文・文法カテゴリ)」に拡張及び変容がもたらされる，動態的な状況に留め置かれているというパースペクティブなのである．このことは，「意味(semantic potentialities)」≫「概念化(construal・conceptualization)」≧「形式(construction・grammar category)」(中野 2010)とまとめられる．

　ジョルジュ・ムーナン（Georges Mounin）が，言語学分野から見て読むべきではないとしている人物リストには，レヴィ＝ストロース（Lévi-Strauss），メルロ＝ポンティ（Merleau-Ponty），ロラン・バルト（Roland Barthes），アンリ・ルフェーヴル（Henri Lefebvre），ミッシェル・フーコー（Michel Foucault），ジャック・ラカン（Jacques Lacan）等の名が挙げられている．言うまでもなく彼等は，現代思想史において「構造主義(structuralism)」及びその後の「ポストモダニズム(postmodernism)」の系譜へと繋がっていった哲学者・思想家達であり，「構造主義」は 20 世紀の西洋哲学及び現代思想において，圧倒的な影響力を持つ知の源流となったものである．「構造主義」によってもたらされた知のパラダイム転換の中に秘められていた可能性はその後，人文の各学問分野において十分に咀嚼されることなく，「一極主義的なグローバリズム」及び「市場資本主義 vs. 国家資本主義」という時流の中で，ポストモダニズムとして見失われていった．ムーナンは，「構造主義」の哲学者・思想家達が，「言語学から諸概念を借用するが，その用法には議論の余地が大いにあり，間違っていることもよくある」とし

第1章　本書の目的と理論的背景　11

て，彼らの本を読むべきではないとしている（ムーナン 1970: 6 -11）．しかしながら，認知言語学が生成文法に対抗して言語分野で提示したパースペクティブは，実は 1949 年に刊行されたクロード・レヴィ＝ストロース（Claude Lévi-Strauss）による『親族の基本構造（*The elementary structures of kinship*）』から始まる「構造主義」が，「実存主義(existentialism)」に対抗して哲学・社会学分野で提示したパースペクティブと，近似の関係にあることを知っておく必要がある．

「構造主義」自体は，近代数学の思想とフェルディナン・ド・ソシュール（Ferdinand de Saussure）言語学のパースペクティブとフランス社会学の思想が，レヴィ＝ストロースによって統合・融合される中で，文化人類学の思想として登場してきたものであった．しかしながら文化人類学の思想として登場した「構造主義」は，ルートヴィヒ・ウィトゲンシュタイン（Ludwig Wittgenstein）やマルティン・ハイデガー（Martin Heidegger），チャールズ・サンダース・パース（Charles Sanders Peirce）という，その同時代の思想の影響の下に単なる文化人類学の思想として留まらず，知的革命として現代哲学に言語論的転回をもたらした．すなわち現代哲学の中心課題が，「人間」から「言語」へと転回したのである[1]．「構造主義」はそれが依拠するパラダイムから，「構造主義」自体の限界をも露わにさせる知的運動であったが，そこで見出された問題は，今なお言語学の中心課題に他ならない．

「構造主義」が現代思想において見出した中心課題とは，「世界から分離された人間」というパースペクティブへの批判であり，すなわち，神の代理として「世界を外部から観察する」，「世界を客観的に捉える」と称する「科学主義」という名の認識様式への批判だったのである．現在の認知言語学においてさえも，「事象生起の場(immediate scope・onstage region)」の外部から，「認知主体(conceptualizer)・観察者(viewer)」が「事象」の生起を「客

---

1)　Rorty, Richard M. *Linguistic Turn. Recent Essays in Philosophical Method*. The University of Chicago Press, 1967（1992）.

観的」に観察 (perceptual relationship) するという「認知様式(cognitive mode)」が，「客観」という名の「主観」に動機づけられた事態把握を，「言語形式」に創発させていない言語を研究する際においても，基本的なパースペクティブとして用いられている．このことが原因となって，未だに日本語の文法が論理的に解明されないままなのである．さらに，このことが重要なのだが，「客観主観」に動機づけられた認知様式による「言語形式(構文・文法カテゴリ)」を持たない言語とは，実は「文字」を持たない言語のことであり，その「文字」を持たない言語独自の事態把握の創発現象を説明する際にも，「客観主観」に動機づけられたパースペクティブにより創発している文法概念・定義・カテゴリが，検討・批判されることなく適用されているのである．言語学は，「客観主義・科学主義」というパラダイムの陥穽に陥ったままなのである．それはちょうど，グローバリズムというパラダイムの陥穽から，日本及び世界が抜け出せずにいる状況とよく似ている．

　世界各地の各共同体は，それぞれ独自の世界解釈のあり方に基づいたコミュニケーション論理を有しており，それら独自のコミュニケーション論理を創発させる言語形式を用いている．全ての共同体が，「客体化・客観化」された言語形式の交換という様態でコミュニケーションを行っているわけではない．ある共同体においては，事態把握の共有化が主観され，「事態把握共有の場」という様態でコミュニケーションが図られる．日本語の論理は，まさにこの「事態把握共有の場」を主観することにあり，この「主観」による「主体化」という言語現象が，日本語の深層(「やまとことば」)において生じている．この「主体化」という言語現象を捉えるためには，日本語の論理に徹底して寄り添うことが求められる．日本語に生じている言語現象を「客観的」に捉えようとする刹那，日本語の論理(事態把握のあり方)は指の間から滑り落ちていく．「主体化」という言語現象を捉えることの方法論的難しさがここにある．つまり，日本語における「主体化」という言語現象を「客観的」に捉えようとする時，それは「日本語」の論理による事態把握から，近代ヨーロッパ標準諸語[2]の論理

による事態把握へと，認知モードのシフトがもたらされてしまうのである．通時的に日本語の事態把握は，この認知モードの変遷・シフトによって拡張・変容されており，この陥穽に嵌ることなく日本語の論理（事態把握のあり方）の解明をなし得た者はいない．山田孝雄（1908・1922a・1922b・1936・1950（2009）），時枝誠記（1941（2007）・1955（2008）・1956），大野晋（1978），川端善明（1978・1979・2004），阪倉篤義（1966・1975・1978（2011）・1993），渡辺実（1971・1974・1996・2002），山口明穂（1989・2000・2004），熊倉千之（1990・2011）という国語学・国文学の系譜の中で，また，佐久間鼎（1943），三尾砂（1948（2003a）・1957（2003b）），三上章（1953（1972）・1955a（1972a）・1955b（1972b）・1960・1963a, b）といった認知言語学的な日本語学の系譜の中で，さらに松本克己（2006・2007）という類型論の系譜の中で，「日本語」における「主体化」現象は，明確に意識されていようがいまいが，常に中心的な課題だったのである．

　「構造主義」及びその後の「ポストモダニズム」へと繋がった現代思想が，その核心において，言語学，延いては認知言語学に示唆しているのは，すべての言語において事態把握は「客観的」に行われており，「言語形式(構文・文法カテゴリ)」とは事態把握の「客体化」であるというパースペクティブが，実は人間の認知活動の一部を捉えたものでしかないという事実なのである．事態の「外部」に位置する観察者が，事態を「客観的に観察するという認識様式」をパラダイムとする言語においては，観察される対象は，すなわち観察される言語自体も，観察者自身が依拠するパラダイムを母体とするパースペクティブによって，観察されてしまうのである．つまり，ある対象言語を「客観主義的・科学主義的」に観察するという研究姿勢そのものが，その対象言語に内在している固有のパラダイムに動機づけられた事態把握のあり方により創発している「言語形式(構文・文

2）　ここでいう近代ヨーロッパ標準諸語とは，ゲルマン諸語であるスウェーデン語，デンマーク語，ノルウェー語，オランダ語，ドイツ語，英語と，ラテン語派生であるロマンス諸語のフランス語，ロマンシュ語を指す．これらの言語において初めて，「主語(subject)」という文法カテゴリが言語において義務的な統語規則となっている．

14   第1部 「客観」という名の主観

法カテゴリ）」を，観察者自身が用いる言語（特に言語研究の場合，英語を含む近代ヨーロッパ標準諸語）のパラダイムで再解釈し，再カテゴリ化してしまうのである．すなわち，「主格(nominative case)／対格(accusative case)」，「主語(subject)／目 的 語(object)」，及び「語 順(word order)」・「態(voice)」・「時 制(tense)」等と言った文法カテゴリを創発させていない言語に，こうした文法カテゴリの強制的な付与を行ってしまうのである．

　このことは，中村（2004: 37）で示された「認知 D モード(Displaced mode of cognition)」に依って世界解釈を行っていない言語の諸々の形式・文法を，「認知 D モード」によって再解釈する事態が生じていることを表している(cf. 中野 2005・2008a, b・2010・2011・2012・2013a, b)．

　平成 19 年 4 月から 6 月にかけて月刊『言語』に掲載されたマイケル・シルヴァスティン（Michael Silverstein）と山口明穂の対談も，言語研究を研究する上で，その研究が拠って立つパラダイムが，研究者自身が意識し得ないところで，その研究のあり方や視点自体を制約してしまうことを指摘している．シルヴァスティン（cf. Silvertsein 1976・1980（1993））は，言語を研究する際に，研究者はその言語を，先入観を排した当該言語の「内側から観る(emic)視点」と，比較言語的・言語類型論的に当該言語の「外側から観る(etic)視点」が必要であることを強調している．イーミックな当該言語内部の視点とエティックな当該言語外部の視点を組み合わせる三角測量によって，言語現象の本来の姿を捉えることが可能であると述べているのである．山口は，日本語における「が /ga/」の研究（山口 1989・2000・2004）を通し，日本語の「が/ga/」が，近代ヨーロッパ標準諸語を中心とした言語研究から見出された「主格」・「主語」という文法カテゴリとは一致しないことを述べている．

　　日本語と英語とは，表現の形式が違う．つまり，考え方が違う．となると，英語の論理で，日本語を考えたりすれば，日本語を見誤る結果になる．それは絶対に避けたい．『日本語を考える』の中では，助詞「が」を主格とする問題も扱った．そこでは，日本語の「が」は主格の表示とすべきではないと結論した．<u>「が」という形</u>

式に載る理論が何かを，日本語の中から帰納すべきであるのに，それを西洋から主格（主語）という概念を取り入れ，「が」に当てはめたことが，日本語を考えるときの，間違いの基となっているとした．本書の中でも，前著を基にして，その後，考えた主語の問題を論じている．考えるたびに，日本語の中での主語の問題は大きいとつくづく感じ，今後，究明されるべき点は多いと思った．

山口（2004: 5）下線部強調筆者

　日本語の「が/ga/」の問題を日本語の論理で捉えたときに，それが「主格」・「主語」と言われている統語・文法カテゴリと一致しないという国語学からの指摘は重要である．池上嘉彦は次の様に述べている．

類型論的な議論をしようとする場合，でき得る限り多くの個別言語についての記述が欠かしえないのは当然であるが，（中略）…対象言語について，それを母語とする話し手と同じ習熟度に達することはまず不可能という絶対的な制限があるということなのであろうが，同時に科学的な厳密性志向のため危ういことには手をつけないという志向性，そしてもう一つは，お決まりの記述形式に安住して，問題となる言語にふさわしい新しい視点で観察するという姿勢の欠如ということもあると思われる．

池上（2004: 48）下線部強調筆者

　この本の目的は，第一に，従来の類型論においてア・プリオリに是認されてきた種々の日本語の文法カテゴリの根拠を，「日本語」という論理から問い直すことにある．類型論にとって普遍的な類型基準を見出すためには，個別言語の論理（事態把握のあり方）が，その個別言語の論理に沿って解明されなければならない．当該言語の論理の解明に，別の言語の論理を用いてはならないのである．

　日本語においては，事態把握は「主体化」という認知メカニズムにより行われており，日本語が「主体化」という認知メカニズムを介して事態把握を行う理由は，「日本語」が「文字」を発明しなかったことを契機とする．「文字」を発明しなかったということは，コミュニケーションが「音声」が届く範囲内，「音声」が持続する時間内に限られる，言葉を換えるならば，コミュニケーションが「ココ」と「イマ」に限られたということ

16 第1部 「客観」という名の主観

である．コミュニケーション成立が「ココ」に限られている場合，聞き手は常に話し手の眼前に存在し，話し手も常に聞き手の眼前に存在している[3]．このような条件下で行われるコミュニケーションにおいては，話し手がコミュニケーションの「場」において「客体化」される必要がなく，また，聞き手も「客体化」される必要がない．したがって，「日本語」のコミュニケーション様態では，話し手・聞き手の「客体的」把捉によって創発している「主語」及び「目的語」という英語に代表される文法カテゴリを，構文・文法カテゴリとして創発させる認知的動機が存在しないのである．また，コミュニケーションの成立が「イマ」に限定されたということは，そこで図られる事態把捉の創発である構文・文法カテゴリに，絶対時間軸という観念に依拠する「客体的な時制としての過去(objectively tensed past)」を創発させる認知的動機が存在しないことを意味する．

　「日本語」の論理が，「イマ・ココ」に依拠した「文字」を持たない言語の論理であることを明らかにすることが，当該言語を当該言語固有の論理で解明することに他ならない．「日本語」は「文字」を持たない言語として，「主体化」という認知メカニズムにより事態把捉を行っている．ただし，通時的に観ると，「日本語」の論理は，中国からの「文字(漢字)」の借用，近代ヨーロッパ標準諸語からの「客観」という観念の導入により，拡張・変容がもたらされているのである．この日本語の「主体化」という事態把捉のあり方（認知メカニズム）を解明するために，近代ヨーロッパ標準諸語のパラダイムである「客観」という「主観」を用いてはならない．またそれは，用をなさないのである．

　この本の第二の目的は，「主体化」という認知メカニズムを経て，「類像性(iconicity)」を介して言語形式として創発した文法カテゴリと，「客体化」

　3）　日本語の「伝聞」というコミュニケーション様態においては，伝えられる内容は，伝える者によって「主体化」されており，したがって，その「主体化」された内容の真偽判断に関わっては，「権威」が必要となる．伝える者に「権威」が伴っていない場合，伝えられる内容は真と判断されない．それが日本の歴史もの（例えば『大鏡』等）において，語り手が190歳を超えた者にならなければならない理由である．

の認知メカニズムを経て，「類像性」を介して言語形式として創発した文法カテゴリ間では，互換が成立しないことを論証することにある．言い換えると，日本語の文法カテゴリと，英語を含む近代ヨーロッパ標準諸語との文法カテゴリ間での互換は成立せず，結論として日本語の言説と近代ヨーロッパ標準諸語の言説とを，相互に翻訳し合うことはできない．言語の翻訳が可能とする主張は，倒錯した前提を社会内部に織り込むことで成り立っており，近代ヨーロッパ標準言語と日本語の間では，翻訳の不可能性が存在している[4]．

　第三の目的は，「客体化」により事態把握を図る言語においては，その言説は言語形式(構文・文法カテゴリ)において「客体性」が保証されているが，「主体化」により事態把握を図る言語においては，その言説が言語形式として「客体性」を保証されないがために，論理学的な真偽判断に依拠する「命題(proposition)」という観念が妥当しないことを論証することにある．従来の哲学・言語学・論理学におけるパラダイムの転換が求められることになる．

　認知言語学のテーゼが，「ある人間・民族が用いる言語形式(構文・文法カテゴリ)とは，その人間・民族の認識のあり方 (事態把捉・世界解釈) の具象化である」というものであるならば，認知言語学はそのテーゼによって，それぞれの各言語には何故その言語固有の構文が存在するのか，つまり，各言語は何故その言語固有の構文を創発させる事態把握を行っているのか，という問いに答えなければならない．言語学の意義は，延いては認知言語学 (文法論・類型論) の意義も，ここを離れては存在しない．

　上記の問いに答える手立ての鍵として，先に提示した「類像性(iconicity)」を挙げることができる．「類像性」とは，各言語の「形式(構文・文法カテゴリ)」には，その「形式」に「意味」を創発させる際の「事態把握のあり方」，別の表現を用いるならば「認知のモード(cognitive modes)」の様態

---

4) 近代ヨーロッパ標準諸語と日本語の間には翻訳の不可能性が存在しているが，本書においては読者の理解の便宜を図るために，可能な限り日本語の対訳をつけておく．

18　第1部　「客観」という名の主観

が，類像的に創発するという原理である．つまり，「格(case)」という統語・文法カテゴリを持つ屈折言語（インド・ヨーロッパ言語）なり，英語を例とする，屈折言語同士の衝突の中から創発した「語順」というカテゴリを統語・文法規則の第1位に据えている言語なりが，何故「能動態(active voice)・受動態(passive voice)」や「時制」等といった高次の文法カテゴリを創発させているのか，また，何故「主格／対格」や「人称(person)」，「数(number)」，「主語／目的語」や「他動詞(transitive verb)／自動詞(intransitive verb)」といった下位の統語・文法カテゴリを派生させているのかの認知的動機・理由は，中村（2004: 37）が認知図化した「Dモード(Displaced mode of cognition)」様態での事態把握の類像的創発現象として，記述・説明することが可能である．

　言語研究において，「類像性」という様態で「意味(解釈・概念化)」が「言語形式(構文・文法カテゴリ)」に顕現するというパースペクティブの可能性が，ロマーン・O・ヤコブソン（Roman O. Jakobson 1960）以来，タルミー・ギヴォン（Talmy Givón 1984-1990），ロナルド・W・ラネカー（Ronald W. Langacker 1985・1991），ジョン・ヘイマン（John Haiman 1980・1983・1984・1985・1999・2000）等で議論されてきた．しかしながら，「類像性」というパースペクティブの可能性の中心が何なのかは，これまで十分に解明されることはなかった．各言語の形式（構文・文法カテゴリ）とは，各言語の事態把握（意味・概念化・論理）が類像的に創発した結果であり，各言語の事態把握は，類像性において解明される．言語形式・文法を，類像性を介して記述・分析することで，各言語の事態把握（意味・概念化・論理）が露わになってくる．言語類型論において，「類像性」こそが，言語形式とその言語の論理（意味・概念化）との関係を解く，鍵なのである．「類像性」を言語現象の解明の中心に据えることから，本類型論は認知言語類型論となっている．

第 2 章

言語類型論における「客観」主観の限界

エスノローグ（Ethnologue[1]）によると，現在 7300 程度とされる世界中の言語に対して，マックス・プランク進化人類学研究所（Max Planck Institute for Evolutionary Anthoropology）のマシュー・S・ドライヤー（Matthew S. Dryer）やマーティン・ハスペルマス（Martin Haspelmath）等を中心に類型論的研究が精力的に行われてきた．またその成果は，WALS（The World Atlas of Language Structures）Online において積極的に公開されてきた．類型論的な研究において言語分類の基準になるものは，従来の言語学からの伝統的文法カテゴリである word class（品詞）や case（格），また word order（語順）の制約の下に subject－transitive verb－object（主語－他動詞－目的語）を第 1 規範構文と位置づける SVO 基準等である．これらの文法カテゴリの存在を前提として，tense（時制）や active・passive voice（能・受動態）なども，世界中の言語に妥当する文法カテゴリとして，分類基準に用いられる．しかしながら，言語分類において自明とされるこうした伝統的な文法カテゴリでさえも，各言語を研究する際に妥当な基準であり得るのかが，認知言語類型論においては問われなければならない．

1 － Langacker のパースペクティブと「主体化(subjectification)」

言語学において，類型論的に最も普遍的な基準を得ようと努力してきた

---

1) キリスト教系の少数言語の研究団体「国際 SIL」の公開しているウェブサイト（http://www.ethnologue.com/ethnoblog/m-paul-lewis/ethnologue-launches-subscription-service#.V7qdjvmLSM-）．

20　第1部　「客観」という名の主観

研究者のひとりとして，ロナルド・W・ラネカーの名が挙げられることに
異論はないと思われる．彼の理論の革新性は，用語の難解さと説明方法と
して認知図が用いられることとが相まって，その本質が理解され難いが，
ラネカー自身が普遍的な類型論基準を得る上で拠り所としているのは，人
間の認知のあり方（construal：事態把握・世界解釈）である．言語形式（構文・
文法カテゴリ）とは，認知主体の事態把握・世界解釈の反映，すなわち概
念化の創発（grammar is conceptualization）であると規定したことは，革新的な
パースペクティブであり，ここにおいて言語学は現象記述の学問から，初
めて現象解明の学問へと歩を進めることができたものと言える．しかしな
がらこの段階でさらに問題となるものは，認知主体の事態把握・世界解釈
のあり方に対して，ラネカー自身も1つの認知パターン（認知モード）し
か提示できないことにある．正確に言うなら，認知主体の事態把握・世界
解釈のあり方として，西洋の知を代表するラネカーでさえも，1つの認知
パターンしか意識化することができないことこそが，また，近代ヨーロッ
パ標準諸語とまったく違う言語論理を用いている言語話者が，その話者自
身が用いている言語の論理を，近代ヨーロッパの思考の枠組みである「客
観」によって説明できないことこそが，言語学という学問の中核問題なの
である．1種類の「認知のモード」による事態把握・世界解釈のあり方が，
世界中の言語形式全体に反映しているとア・プリオリに前提してしまうこ
とに，「客観」という「主観」に依拠せざるを得ないラネカーの，または
西洋の，認識・知・学問の限界が存在している．

　ラネカーの認知文法においては，認識の「主体」と「客体」の非対称性
を前提として，'subjective（「主体」）'／'objective（「客体」）'という用語が，外
部観測的な認知モードのあり方を説明するステージ・モデルと共に用いら
れる．

　　Grounding thereby reflects the asymmetry between the **subject** and **object** of conception:
that is, the conceptualiz**er** and what is conceptualiz**ed**. The subject and object roles are two facets
of a conceptualizing relationship, sketched in figure 9.1. The subject（S）engages in

conceptualizing activity and is the locus of conceptual experience, but in its role as subject it is not itself conceived. An essential aspect of the subject's activity is the directing of attention. Within the full scope of awareness, S attends to a certain region — metaphorically, the "onstage" region — and further singles out some onstage element as the focus of attention. This, most specifically, is the object of conception (O). To the extent that the situation is polarized, so that S and O are sharply distinct, we can say that S is construed **subjectively**, and O **objectively**. S is construed with maximal subjectivity when it functions exclusively as subject: lacking self-awareness, it is merely an implicit conceptualizing presence totally absorbed in apprehending O. Conversely, O is construed with maximal objectivity when it is clearly observed and well-delimited with respect to both its surroundings and the observer.

図 1. Langacker の基本認知図

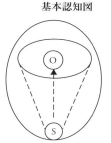

S = subject of conception　　O = object of conception
↑ = direction of attention　　◯ = full scope of awareness
◯ = "onstage" region

従って，グラウンディングは概念の主体と客体間の非対称を反映している．すなわち，概念化者と概念化されるものである．主体と客体の役割は，図 9.1（本書図 1）として概略化された概念化の関係に見出される2様相である．主体（S）は概念化活動に携わり，概念的認識経験の中心に位置しているが，その主体としての役割において主体自体の存在に意識が向けられることはない．主体が行う認知活動の本質的な様態は，意識の方向づけにある．認識範囲の最大限度内で主体は特定の領域に関心を向け，──この領域を隠喩的に表現すれば「オンステージ」領域となり──さらに意識の焦点としてオンステージの何らかの要素を選出する．厳密化すれば，この意識の焦点が概念化における客体（O）である．概念化が分極化された状態になると，S（主体）及び O（客体）は明確に分離し，S（主体）は主体的に解釈されることになり，O（客体）は客体的に解釈されることになる．S（主体）がもっぱら主体として機能しているとき，S（主体）は最大限の主体性を伴って解釈されていることになる．つまり自意識のない状態で，主体は単に O（客体）の把捉に同化しきった潜在的な概念化者として存在している．このことを逆に述べると，O（客体）がはっきりと観測され，環境と観測者の両方から十分に区分されている場合，O（客体）は最大限の客体性を伴って解釈されていることになる．

Langacker（2008: 260）

22 第1部 「客観」という名の主観

　ここにおいては，主体が自己意識を持たずに認知対象の把捉活動に同化した，潜在的な概念化を行う存在であるとき，主体は専ら主体として機能し，主体が最大限「主体的に(subjectively)」解釈されていることになると説明されている．また主体と客体が非対象関係を持つことを前提に，客体が明瞭に認められ，観察者と客体を取り巻く環境の両方から明確に区別されるとき，客体は最大限「客体的に(objectively)」解釈されていると説明される．しかしながら 'subjective construal（主体的解釈）[2]'／'objective construal（客体的解釈）' というパースペクティブが，上の図1の認知図においてどのような状態と対応するのかが明らかではなく，また，Langacker（1990:5-38, 1998: 71-89, 2000: 297-315）等で挙げられる 'subjectification（主体化）' という言語現象の説明は，彼の認知図との対応関係において，その論理的整合性を維持することができないままである．

Subjectification is a shift from a relatively objective construal of some entity to a more subjective one. The cases considered here involve *attenuation* in the degree of control exerted by an agentive subject. When carried to extremes (as it is in highly grammaticized forms), attenuation results in the property of *transparency*, which has important grammatical consequences.

主体化とは，ある事物の相対的に客体的な解釈から，より主体的な解釈へ移行することを言う．ここで考察される事例には，動作主主語による支配（力動性の伝達）の度合における「希薄化」の現象が含まれる．（高度に文法化された言語形式に認められるように）「希薄化」が極限にまで至ると「透明化」という特性に帰結する．このことが文法化という現象に結びついている．

Langacker（2000: 297）下線部強調筆者

　ラネカーは 'subjectification' という言語現象は，動作主として主語化されたものにより行使される支配力（力動性の伝達）の透明化であり，「客体

───────────

2 ）　この部分の主張の理解の困難さは，'subjective construal（「主体・主観的解釈」）' という語表現自体が，'objective construal（「客体・客観的解釈」）' による語表現であることによる．つまり英語の表現（「客体化・文字化」論理）によって，'subjective construal（「主体・主観的解釈」）' を「主体・主観的」に説明することができないのである．

的」に把握されていたものがその「客体性」を徐々に失い，もともと内在していた「主体的な把握」しか残らなくなる様な 'semantic change（意味論的変化）'（Langacker 2002: 324）であると説明する．そして 'subjectification' が 'grammaticization（文法化）' として具現化する現象を，*have* という他動詞構文によって示す．

（1）a. *Be careful—he has a knife!*　　　　　　　　［source of immediate physical control］

　　　　「注意しろ—彼はナイフを持っている！」

　　　　　　　　　　　　　　　　　　　　　　　　［顕在化している物理的支配が意味の源］

　　　b. *I have an electric saw（but I seldom use it）.*　　　［source of potential physical control］

　　　　「私は電動鋸を所有しています（でも，めったに使いません）」

　　　　　　　　　　　　　　　　　　　　　　　　　　［潜在的な物理的支配が意味の源］

　　　c. *They have a good income from investments.*　　　［locus of experience, abstract control］

　　　　「彼等は投資からの十分な収入がある」　　　［経験の所定化，抽象的支配］

　　　d. *They have three children.*　　　［locus of social interaction, generalized responsibility］

　　　　「彼等は 3 人の子持ちだ」　　　［社会的相互関係の所定化，一般化された責任］

　　　e. *He has terrible migraine headaches.*　　　　　　　　　［passive locus of experience］

　　　　「彼は偏頭痛持ちである」　　　　　　　　　　　　　［経験の受動的所定化］

　　　f. *We have some vast open areas in the United States.*

　　　　　　　　　　　　　［locational reference point, diffuse locus of potential experience］

　　　　「合衆国には広大な未開拓地が存在する」

　　　　　　　　　　　　　　　　　［位置に関わっての参照点，潜在的経験の広範的所定化］

　　　　　　　　　　　　　　　　　　　　　　　　　　　　Langacker（2000: 307）

　ラネカーはここにおいて，直接的または物理的な「所持」（1）a から「所有」（1）b の意味に拡張され，抽象的なものを所有する「経験の所定化表現」（1）c，一般的に責任が生じる「社会的相互関係の所定化表現」（1）d，「経験を受動的に所定化する表現」（1）e，「存在に関わる位置関係を所定化する表現」（1）f へと，具体的な叙述内容が希薄化している過程を，'subjectification' という言語現象の具体事例として挙げている．つまり彼は，'subjectification' とは，ある具体的な意味内容を持った語が徐々

にその意味内容を希薄化させ，主体的把握という認知プロセスとのみ対応する様になった過程と説明するのである (cf. 中村 2004). そして，'initial configuration(初期様態)' から 'attenuation(希薄化)' を経て，'subjectification (主体化)' へと変容する認知のあり方を，次の様な認知図によって説明しようと試みる.

図2. Langackerの認知図：'subjectification（主体化)'と対応事例

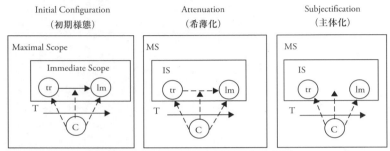

tr=トラジェクター　lm=ランドマーク　T=時間　C=概念化者(conceptualizer)

Langacker(2000: 298)

(1) a. *Be careful―he has a knife!*　　d. *They have three children.*　　f. *We have some vast open areas in the United States.*

　　[source of immediate physical control]　　[locus of social interaction, generalized responsibility]　　[locational reference point, diffuse locus of potential experience]

Langacker（2000: 307）下線部強調筆者

ラネーカーの認知文法においては，認知的に「際立ち(prominence)」が高く，第一に注目される参与体は「トラジェクター(trajector)」と呼ばれ，その次に際立ちの高い第2に注目される参与体は「ランドマーク(landmark)」と呼ばれる．そして文レヴェルでは，「トラジェクター」が「主語」として，「ランドマーク」が「直接目的語」として表されるとする (Langacker 1987: 231-236)．さらに，他動詞 *have* の用いられ方に認知能力としての参照点能力が関与するとし，「参照点(reference point)」は「主語」で表現され，認知の「対象(target)」は「直接目的語」で表現されるという説明を取る (Langacker 1993: 1-38)．それに併行して，一般動詞としての *have* が最終的に

は完了形に用いられる助動詞という文法要素まで拡張していく過程が'grammaticization(文法化)'と呼ばれ，その「文法化」には意味内容が「希薄化」する'subjectification(主体化)'と呼ばれる認知過程が伴うという説明がなされる（Langacker 1998・1999, cf. Traugott 1995, Hopper and Traugott 2003）．しかしながら，ラネカーが明確にしようとして，なお明確にし切れていない認識・思考の可能性の中心は，ある具体的な意味内容を持った語が徐々にその意味内容を希薄化させる「主体化(subjectification)」とは，どのような動機に裏づけられた認知メカニズムに由るものなのかを問いかけることにある．「もともと内在していた主体的な把握」における「もともと内在していた把握」・「主体的把握」とは何であり，また，「客体的把握」から「主体的把握」へと移行する言語現象が，どのような認知メカニズムに基づいて生じるのかを問いかけることこそが，ラネカーの認知図式の中核の問題に他ならない．それを解く鍵は，彼の認知図の'discrepancy(矛盾)'に在る．

図3．Langackerの認知図：'subjectification', 'grounding', 'objective construal'．

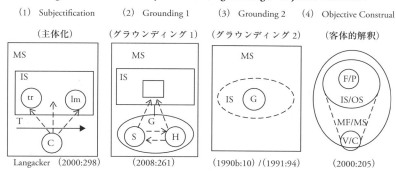

(1) f. <u>We have</u> some vast open areas in the United States.
　　　[locational reference point,　diffuse locus of potential experience]

Langacker（2000: 307）下線部強調筆者

ラネカーは（1）fの文を以って，「主体化(subjectification)」の具体事例としている．そして，この「主体化」という言語現象が，図3（1）の様

に 'trajector' から 'landmark' への 'control(支配・力動性の伝達，文法的には「他動性(transitivity)」，認知図においては → の記号)' が消滅することを意味するならば，'subjectification' を表す図2において，トラジェクターがトラジェクターであることの，また，ランドマークがランドマークであることの意味論的存在基盤がなくなることになる．意味(役割)レヴェルで，トラジェクターなりランドマークなりが，その意味論的基盤を失うということは，統語・文法レヴェルにおいて「主語」の「主語性(subjecthood)」及び「目的語」の「目的語性(objecthood)」も失われることを意味する．何故ならば，ラネカーの定義に従うならば，「主語／目的語」といった統語・文法カテゴリは，「他動詞」が「力動性の伝達」を内包・反映して初めて成立するカテゴリであり，「動作主(agent)・トラジェクター」＝「主語」，「被動作主(patient)・ランドマーク」＝「目的語」といった，意味役割・意味論的基盤と統語・文法カテゴリとが一致していなければ，創発の仕様がない文法カテゴリなのである．したがって，'subjectification' という言語現象が創発しているこの構文においては，統語・文法カテゴリと意味のレヴェルにおいて，*have* がその「他動性(transitivity)」及び「力動性(force dynamics)の伝達」を喪失することに伴って，*we* もその「主語性」と「動作主性(agentivity)」を失い，*some vast open areas* もその「目的語性(objecthood)」と「被動作主性(affectedness)」を失うことになる．つまり，'subjectification (主体化)' を表す認知図は，本来，次の様な表記となる．

図4．認知図：'subjectification (主体化)'

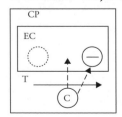

f. <u>*We have some vast open areas*</u> in the United States.

CP=conceptualizing potentialities

EC=emerged construal　　◯ =argument in a state

Langacker の MS (maximal scope) 及び IS (immediate scope) 表示は，本来，「概念化可能領域(CP)」と「創発された解釈(EC)」を表している．

また言語形式(構文・文法カテゴリ)上，*we* が「主語」として用いられているということは，話し手(speaker)と聞き手(hearer)から成る ground 自

第 2 章　言語類型論における「客観」主観の限界　27

体が 'onstage' に在る，言葉を換えるならば 'immediate scope' 内に在る[3]ということであり，図3の認知図における事態把握の状態が，（2）Grounding 1 から（3）Grounding 2 にシフトすることになる．したがって，図4の認知図も，さらに次の様に変更されなければならない．

図 5．認知図：'subjectification（主体化）'

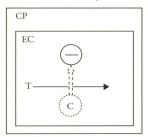

f. <u>We have some vast open areas in the United States.</u>

CP=conceptualizing potentialities

EC=emerged construal　　◯=argument in a state

C 及び矢印の破線は，
ConceptualizerとEmerged Construalとの認識論的連続性
（認識論的距離，形式においては「主語性」及び
「力動性」・「他動性」の消失）を示す．

　この事態把握においては，speaker（話し手）と hearer（聞き手）から成る ground 自体が 'immediate scope' 内，言い換えると 'onstage' に存在することになる．つまり，形式において互換性は成立しないが，We have some vast open areas in the United States というラネカーが指摘する 'subjectification' 現象を反映した英語の構文を，日本語の構文に置き換えてみるならば，「合衆国には広大な未開拓地が存在する」という叙述になる．この日本語の叙述においては，「動作主」と「主格」の一致で生じる「主語」と呼ばれる統語・文法カテゴリも創発しないし，「他動詞」と呼ばれる文法カテゴリも創発しない．英語の 'subjectification' 構文の事例である We have some vast open areas in the United States において，言語形式・意味役割から「主語性・動作主性」や「他動性・力動性」が消失するという言語現象を，逆のパースペクティブによって捉えてみれば，統語・文法カテゴリにおいて「主

---

[3]　ground が onstage（immediate scope 内）に在るということは，逆に言えば immediate scope が ground に顕現していることになる．maximal scope とは，認知主体者にとって概念化が可能な領域（conceptualizing potentialities）のことであり，immediate scope とは，認知主体者が行う事態解釈（construal）が顕現している（emerge）現象を意味する．そういった意味付けからすれば，maximal scope 及び immediate scope という概念の使用も検討が必要となる．

28　第1部　「客観」という名の主観

語」や「他動詞」を創発しない事態把握のあり方が，「主語」や「他動詞」を形式として強制する論理の言語に創発しているということである．つまり日本語構文への置き換えから見られる様に，「主語」や「他動詞」といった統語・文法カテゴリの創発を必要としない事態把握（「意味（概念化）」）が，「主語」や「他動詞」といった統語・文法カテゴリの使用を強いられて「形式（構文・文法カテゴリ）」として創発しているのが，ラネカーの指摘する英語における 'subjectification（主体化）' と呼ばれる言語現象の本質なのである．言語の「意味（conceptualization）」と「形式（linguistic forms・grammar）」の関係は，決して静的安定状態として在るのではなく，互いに闘（せめ）ぎ合う動的緊張関係として在る（cf. 中野 2008a・2008b・2010・2011・2012・2013a・2013b）．

　'subjectification（主体化）' という言語現象に対して，英語を成立させている「客体化の認知モード（objective mode of cognition）」を用いて観察・思考を続けていても，have という「他動詞」の意味内容と，we という「主語」の意味内容が，何故希薄化し，延（ひ）いては透明化するのかといった言語現象の認知メカニズムを明らかにすることはできない．また，'immediate scope（onstage）' という認知状況が，どのような実相を伴っているのかも，「客体化の認知モード（客観）」を用いては明らかにすることができない．ただ単に，'semantic change（意味論的変化）' と述べる他，術がないのである．

2 － 英語における「主語性（subjecthood）」と「他動性（transitivity）」の消失現象

　私達は，英語の「形式（構文・文法カテゴリ）」から「主語性（subjecthood）・動作主性（agentivity）」及び「他動性（transitivity）・力動性（force dynamics）」が失われる言語現象の事例を，日常の言語使用の中に，いくつも観察することができる．

（2）a. *They sell used books at half price at the store.* ⇔
　　a'. 「その店では古本を半額で売っている．」

b. *They serve a bottomless cup at Kate's.* ⇔

b'. 「ケイトの店ではおかわり自由です。」

c. *We'll have a sunny day tomorrow.* ⇔

c'. 「明日は晴れるでしょう。」

d. *On the way, you can see Mt. Fuji.* ⇔

d'. 「途中，富士山が見えます。」

e. *We can hear the murmuring of the stream.* ⇔

e'. 「小川のせせらぎが聞こえる。」

f. *I feel chilly.* ⇔

f'. 「悪寒がする。」

g. *I feel something tickle the back of my neck.* ⇔

g'. 「首の後ろが何かくすぐったい。」

（2）a・bにおいては，統語形式上「主語」位置に *They* が来ているが，この *They* の実質的な意味内容は希薄化しているか消滅している．したがって「他動詞」もその「他動性」を失い，「自動詞」の様な意味様相を呈している．（2）c・d・e・f・gにおいても同じである．*We, you* 及び *I* の意味内容は希薄化もしくは消滅し，「他動詞」もその「他動性」を失っている．私達が日本の教育現場で，生徒に英語を教えようとする場合に直面する最大の習得困難理由がここに存在している．つまり日本人の英語学習者は，「主語」とか「他動詞」とか言った統語・文法カテゴリを創発させる必要がない「認知モード」で事態把握を図っている「主体化論理」の主体者から，「主語」及び「他動詞」といった統語・文法カテゴリを強制的にも創発させなければならない「客体化論理」の主体者へと，認識論的に変容することが求められるのである．事態把握のあり方を変えるということは，認識論的に主体も変容することを意味する．何故ならば，事態把握のあり方（「認知モード」）を変えるということは，世界に対する自身の解釈（construal）を変えることであり，それはつまり，目の前に観えている世界を，意識的に異なる世界に見える様にすることなのである．したがってそのためには，必然的に多大の努力と非常な困難が伴う．日本語に「主

30　第1部　「客観」という名の主観

語」や「時制」という統語・文法カテゴリは存在しないと自覚する者の多くが，日本語を母語としない学習者に対して，日本語を教える立場の者達であることには，重大な注意が払われなければならない（cf. 金谷 2003・2004，熊倉 1990・2011，森田 1995）．日本語を，例えば近代ヨーロッパ標準諸語等を母語とする話者に教えようとするとき，言語教育者として彼等は，この問題と上記の認識に行き当たるのである．

　英語において 'subjectification（主体化）' という言語現象が構文に現れる場合，その構文は，文法・意味役割レヴェルにおいて，「主語性・動作主性」及び「他動性・力動性の伝達」が失われる．同時に，この「主語性・動作主性」及び「他動性・力動性の伝達」が失われる言語現象は，図3の（3）Grounding 2 という認知図において生じる現象であった．図3の（3）Grounding 2 においては，speaker と hearer から成る 'ground' が，そのまま 'immediate scope' 内，つまり 'onstage' に在った．speaker と hearer から成る 'ground' が，そのまま 'immediate scope' 内（'onstage'）に在る時に，構文の文法・意味役割レヴェルにおいて，「主語性・動作主性」及び「他動性・力動性の伝達」の透明化という言語現象が生じた．この図3の（3）Grounding 2 で生じた「主語性・動作主性」の透明化や「他動性・力動性の伝達」の透明化といった言語現象（subjectification）に，図3の（1）の 'Subjectification' の認知図は対応していない．何故ならば，'conceptualizer（概念化者）' 自体が 'ground' の一部である speaker として，'onstage（immediate scope）' 内にあるということは，図3の（1）の 'Subjectification' の認知図の様に，'conceptualizer' が 'onstage（immediate scope）' から認識論的距離をとって，「客体的な解釈（objective construal）」を行っているという認知様態と矛盾するからである．つまり，speaker（conceptualizer）が hearer あるいは object と共に 'immediate scope（onstage）' 内に現れることで生じる 'subjectification（主体化）' という言語現象に対して，図3の（1）の様なラネカーの「客体的な認知図（中村 2004 が述べる「認知 D モード」）」は対応しないし，その認知図を以って，'subjectification' という認知プロセスを説明することはできないのである．'subjectification' という言語現象を説明する際

第 2 章　言語類型論における「客観」主観の限界　31

に用いられるラネカーの認知図のこの 'discrepancy（矛盾）' こそが，英語における 'subjectification' という事態把握の言語形式への創発事例である *We have some vast open areas in the United States* という構文の日本語対応訳「合衆国には広大な未開拓地が存在する」に，「主語」と「他動詞」が創発しない理由となっているのである．この英語の構文から日本語の構文へと訳そうとするときの事例が示す様に，日本語は事態把握を「主体化（subjectification）」という認知モードにより図っているので，その事態把握が構文へと創発する際に，「主語」や「他動詞」と言った文法カテゴリは創発しないのである．何故ならば，「主体化」という言語現象の本質は，概念化の主体と対象の間に，認識論的距離がない状態を指すからである．「主体（英語の言語形式では'subject'）」と「対象（英語の言語形式では'object'）」が分離しない認知状態において，「主体化（subjectification）」という言語現象が生じるのである．したがって，「主語」や「他動詞」と言った文法カテゴリを創発させない 'subjectification（主体化）' という認知様態（「認知モード」）で事態把握を図っている言語に対して，一般的に信奉されているＳ・Ｖ・Ｏといった類型論的分類基準は，その意味論的な存在基盤を維持できないのである．

　ラネカーも，この 'subjectification（主体化）' という言語現象が生じる認知プロセスを，自身が用いる認知図では説明しきれないことを意識している．

As a special case, the connection between the ground and the onstage situation consists in selecting some facet of G as a focus of attention, onstage and objectively construed. The pronoun *you*, for instance, puts the hearer onstage as its profile. In figure 9.2(c) this is shown by means of a correspondence line equating H with the profiled thing. This notation has the advantage of explicitly indicating the hearer's dual role as both subject and object of conception. We obtain the alternate representation in figure 9.2(d) by collapsing the corresponding elements. This notation has the advantage of directly indicating the hearer's onstage role as the nominal referent.

Somewhat obscured, however, is the hearer's simultaneous role as subject.

　特別な事例として，グラウンドとオンステージの状況間の関係が，オンステージ

で客観的に解釈された注意の焦点として，G（グラウンド）のある相としての選択になっている場合がある．例えば「あなた」という代名詞は，聞き手をプロファイルして（焦点化されたものとして）オンステージに配置することになる．このことは図 9.2（本書図 6-1）において，H（聞き手）をプロファ

図 6．Langacker の認知図

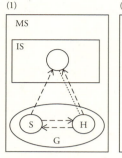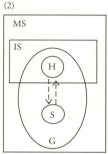

イルされたモノと一致させる対応線（図中の点線）によって示されている．この表記法には，概念が言語形式に創発されるに際して，聞き手が（聞くことにより）概念化の主体であり，（言語形式化されることにより）客体であるという，2 重の役割を明示的に示すことができる利点がある．対応要素を G（グラウンド）から IS（即時・直接スコープ）へ崩し入れることによって，図 9.2（本書図 6-2）という交替表記が得られることになる．この表記のあり方は，オンステージでの聞き手の役割を名詞類の指示対象として直接示すことができる利点がある．しかしながら，<u>聞き手が，グラウンドの構成要素である主体の役割と同時に，言語形式上の主語の役割も持つという表記の在り方には，幾分曖昧さが伴っている</u>．

Langacker（2008: 262）下線部強調筆者

そして Langacker（2008）の 13 章 2 節 2 項においては，「認知文法論」，延いては言語学という名の学問分野で，パラドックスが生じるところまで論考が突き詰められることになる．その地点において，彼自身の論理は限界を呈することになるのだが，その限界こそが，「主体化」及び「客体化」といった認知メカニズムに依拠する人間の認識のあり方に，転換（シフト）が存在することを示す左証となっている．ラネカー自身はこのパラドックスが生じる理由を説明できていないが，彼の学者としての凄みは，その地点まで論考を推し進める知的強靭さと，類型論においてパラドックスが生じる地点を見抜く語学センスにある．

<u>Imperatives are a striking example of how the viewing arrangement affects an expression's</u>

form. Let us first consider the nonimperative *She ordered him to leave*. As a declarative, it merely **describes** an act of ordering instead of **constituting** one. In figure 13.4(a), this action is shown as a double arrow to indicate its force-dynamic nature: through verbal means, the trajectory exerts social and psychological force on the landmark with the intent of causing the latter to do something. The expression profiles their interaction, which is thus the focus of attention within the immediate scope. There being no overlap with the ground, the event and its participants are objectively construed. Sentence (b), *I order you to leave!* represents the opposite extreme, where the profiled event and the speech event do not just overlap but are fully coincident. A sentence like this is called a **performative**, since its utterance (under appropriate conditions) constitutes a performance of the act described (Austin 1962). As shown in figure 13.4(b), the speaker-hearer interaction in the ground is itself an instance of ordering (not the default of simply stating). The speech event is thus identified with the profiled event onstage, and the interlocutors with its participants. Their identification produces a special viewing arrangement in which the objective content subsumes the entire ground. We can show this directly by superimposing corresponding elements, thereby obtaining figure 13.4(c). The diagrams in 13.4 (b) and (c) are equivalent (notational variants).

　命令文は，視点配置がいかに表現形式に影響を与えるかを顕著に示す．初めに *She ordered him to leave.* という非命令文を考察してみよう．この文は叙述文として命令行為自体を構成するのではなく，単に叙述しているだけである．図13.4（a）[本書では図7．(a)] において，この命令行為はその力動性を示すために，太矢印で示されている．つまり言語での表現手段を通して，トラジェクター（認識論的に第1に際立っている存在）はランドマーク（認識論的に第2に際立っている存在）に何かをさせる意図で社会的・物理的力を行使する．その表現はトラジェクターとランドマークとの相互関係をプロファイル（言語表現として焦点化）しており，したがってその相互関係が即時・直接スコープ（IS）内での注意の焦点となっている．即時・直接スコープ（IS）とグラウンドとが重なる現象は存在せず，イベント（事象）とイベントの参与者が客体的に解釈されることになる．文（b）の *I order you to leave!* はその対極を表すことになり，そこではプロファイルされたイベントと発話イベントとが単に重なるだけでなく，完全に一致している．このような文は遂行発話文と呼ばれる．というのは，（適切な状況下では）その発話が叙述された行為の遂行を引き起こすからである（Austin 1962）．図13.4（b）[本書では図7．(b)] で示されるように，グラウンドにおける話し手－聞き手の相互関係そのもの

が，(単なる主張の既定形式ではなく) 命令事例そのものになっている．このように発話イベントはオンステージ (現行) のプロファイルされたイベントと同定され，また，イベントの参与者は会話者と同定される．こうした同定が特殊な視点配置を生じさせることになり，その視点配置内においては，客体化された内容がグラウンド全体を包含することになる．グラウンドとオンステージの一致要素を重ね合わせることで，この状況を直接示すことができ，それで得られる図が 13.4 (c) [本書では図 7. (c)] である．<u>13.4 (b) 及び (c) の略図は同等 (表記上の変異形) である</u>．

Langacker（2008: 469-470）下線部強調筆者

図 7. Langacker の認知図：'grounding'

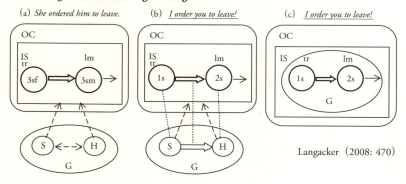

Langacker（2008: 470）

ラネカーはここにおいて，「命令文 (imperatives)」を事例として集中的に 'grounding (グラウンディング)[4]' の問題を述べている．彼は，'grounding' 及び 'subjectification (主体化)' の問題を解く鍵は「命令文」，ジョン・ラングショー・オースティン (John Langshaw Austin 1962) に倣えば「遂行発話文 (performative sentence)」という言語現象にあることに気がついている．そのために彼は上に引用した様に，集中的に「命令文」という言語現象の核心を突き詰めようとする．その結果彼は，*I order you to leave!* という「遂行

---

4) 'ground (グラウンド)' は，①参与者と②発話事象と③発話時の状況 (時間・場所等) から構成され，'grounding (グラウンディング)' とは，認知主体者の判断が①と③の要件を含んで，コミュニケーション状況において語用論的に適切に②として「客体化」されるという言語学の説明概念．

発話」に対して，2通りの認知図を提示することになる（図7（b）・（c））．そしてラネカーはこの地点において，「遂行発話」に対応する2通りの認知図は同等のものであり，表記上の変異形（notational variants）に過ぎないと結論づけることになる．しかしながら，この2通りの認知図が表記上の変異形に過ぎないと述べる段階で，彼の理論は限界を呈する．何故ならば認知言語学において，「意味（meaning）」とは「概念化（conceptualization）」であると定義され，その「概念化」が「類像性（iconicity）」を介して「言語形式（linguistic constructions・grammatical categories）」に創発する（cf. Croft and Cruse 2004: 1）というのが，言語学の歴史において，認知言語学・認知文法論が見出した最も重要なパラダイムのはずである．したがって「意味」または「概念化」（ここにおいては認知図として表示されている「認知モード」による事態把握）が異なるならば，論理的帰結として，「構文・文法カテゴリ」も異なりを示さなければならない．このパラドックスに対して，彼が持つ「客体化・客観化」という名の「主観」に依拠するパースペクティブでは，答えを出すことができない．ただ彼はその事実を提示し，これは表記上の変異形であると述べるしか術がなくなる．しかしこれは，単なる表記上の変異形ではない．異なる認知図（「認知モード」）による事態把握であるのに，同形の言語形式（構文・文法カテゴリ）が顕れるこのパラドックスにこそ，認知文法論的にも認知言語類型論的にも，重要な意味が宿っている．このパラドックスの意味は，「命令文・遂行発話」におけるコミュニケーションの実相を明らかにすることによって，解かれることになる．

While performatives are more explicit, simple imperatives have the advantage of being more succinct. We do not need a verb like *order* to issue a command: saying *Leave!* or *You leave!* is usually quite sufficient. As a salient feature of the conceptual substrate, the speaker-hearer interaction is part of an expression's meaning, whether or not it is put onstage and profiled. Leaving it implicit does, however, greatly affect an expression's form. Shown in figure 13.4(d) and(e), the simple imperatives consist of just a single clause, with or without an overt subject. Since the ordering is offstage and subjectively construed, the leaving stands alone as the object of description. The presence or absence of *you* depends on whether the hearer is coded as a participant or as an interlocutor.

　遂行発話文は，意味構造が明白である一方，単純命令文は遂行発話文に比べて簡潔であるという利点がある．ある命令を発するのに order のような動詞は必要とされない．つまり，*Leave!* もしくは *You leave!* と述べるだけで，通常十分である．命令という概念が成立する上での際立った特質は，話し手－聞き手の相互関係がオンステージに定められプロファイルされていようがいまいが，その相互関係が命令表現の表す意味の一部になっていることである．しかしながら，その相互関係を黙示的なままにしておくことが，命令表現の形式に重大な影響を与えているのである．図 13.4 (d) 及び (e) ［本書では図 8. (d)・(e)］に示されるように，単純命令文は明示的な主語が伴う場合あるいは伴わない場合もあるが，単節により構成される．命令というのはオフステージで主体的に解釈されるので，「去る」という内容だけが叙述対象として現れる．<u>*You* が表現内に現れるか，現れないかは，聞き手が参与者もしくは会話者として表現内にコード化されるかに依る</u>．

Langacker（2008: 469-470）下線部強調筆者

図 8．Langacker の認知図：'grounding'

(d) *You leave!*　　　　　　　　　　　　(e) *Leave!*

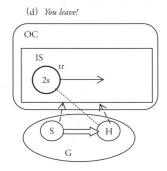
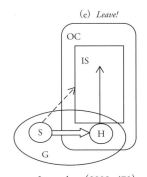

Langacker（2008: 470）

　この認知図の提示に先立って彼は，「命令文」または「遂行発話」という言語現象の本質的意味が，この言語現象が生じる「状況(situation)」にあることに気がつき，それを述べている．そしてこの認識のために，それまで認知図において MS（Maximal Scope）と表示していた領域を，OC（Objective Content「客体的(に概念化される)内容」）に戻している[5]．

第 2 章　言語類型論における「客観」主観の限界　37

On the conceptual side, <u>we can identify the core channel as the situation being described.</u> Reflecting its role as object of description, we can call this the **objective content**. The objective content itself has central and more peripheral elements, the center being an expression's profile. It further subsumes the expression's immediate scope（the onstage conceptual content）, as well as any other content evoked.

　概念の側では，<u>グラウンディングの中核的経路が状況として叙述されているものと言える</u>．状況が持つ役割を叙述対象として反映させるとき，反映された状況は客体的内容と呼ばれ得る．その客体的内容自体が中心的及びより周辺的な要素を有しており，その中核は表現がプロファイルするものとなっている．客体的内容は喚起される他の内容と同様，さらにその表現の即時・直接スコープ（オンステージの概念化された内容）を包含する．　　　　　Langacker（2008: 462）下線部強調筆者

　ラネカーは，記述中の「状況(situation)」こそが，「客体的(に概念化される)内容(OC：objective content)」だとしている．そして，図 8 (e) の「命令文」の事例 *Leave!* において，聞き手（hearer）は OC 内に在り，'immediate scope' に接しながら，'immediate scope' 内に力動性が発動される認知図を提示している．しかしながら，「命令文」*Leave!* という構文は，話し手（発話者）及び聞き手（受話者）が言語形式において文法化されていなくとも，双方が 'immediate scope' 内，言い換えると 'onstage' に存在している状況（ラネカーでいうところの objective content）を内包しているはずである．何故ならば，「命令文」または「遂行発話」においては，話し手は眼前に聞き手が居て初めて「命令」できるのであって，聞き手が，発話が聞こえる「イマ・ココ」に居合わさなければ，「命令文」または「遂行発話」は成立しないからである[6]．すなわち，'immediate scope' と 'ground' 自体が重なる状況，そこにおいては 'ground' と 'objective content' も必然的に地続きであり，こうした 'modalize(主体化)[7]' された認知状況（これが日本語

---

5)　situation を内包した Objective Content とは，とりも直さず conceptualizing potentialities に他ならない．

6)　ここにおいては，「遂行発話」が文字に書かれていたり，録音されていたりといった状況が，考察対象になっているわけではない．発話直時の状況が，考察対象となる．

38 第1部 「客観」という名の主観

の「場」に当たる）において初めて，「命令文（遂行発話）」は「命令文（遂行発話）」たり得る．そして，「イマ・ココ」での，もしくは「イマ・ココ」からの，行為の遂行が求められる．したがって，「命令文」*Leave!* は，*Left!* という表記をとることができない．当たり前のことに思われるが，このことは非常に重要である．つまり，話し手と聞き手が「イマ・ココ」に存在しなければ成立しない「命令文」において，「過去時制(sentenced past)」という文法カテゴリは創発しないのである．また，話し手及び聞き手は‘ground(場)’ の構成要件であり，‘immediate scope’ と重なる（「イマ・ココ」の存在である）がために，言語形式化される必要がない．故に，「命令文」において聞き手が「主語」という文法カテゴリも，形式（構文）として創発する必要がないのである[8]．‘ground(場)’ 自体が，「命令」というモダリティ性を介在に ‘immediate scope’ として「言語形式（構文・文法カテゴリ）」に創発すること，表現を換えるならば，認識論的距離の設定を動機とする「抽象・客体化された認知状況」ではなく，「主体化(modalize)」されている認知状況の「言語形式」への創発こそが，「命令文」または「遂行発話」という言語現象の本質なのである．このことから，「命令文」または「遂

---

7) 本書では，「主体化」の本質はモダリティ化であることを明らかにするため，「主体化」の英訳語には ‘modalization’ という語を充てる．

8) *You, leave!* は「命令文」・「遂行発話」であっても，*You leave!* が「命令文」・「遂行発話」である保証はない．何故ならば，この形式が表す内容は，驚きもしくは嘆きかも知れないからである．「命令文」の *You, leave!* の *You* は，その音韻情報・形式から見て，「主語」とカテゴライズすることはできない．コミュニケーション論の視点から見れば，「命令文」・「遂行発話」が向けられた対象と捉えられる．「意味」が「言語形式（構文・文法カテゴリ）」に創発する現象は，文を単位とすることではなく，コミュニケーションにおいてその表現が担っている機能として，観察・考察されるべきである．したがって，「日本語」の「が/ga/」と「は/wa/」の使用をコミュニケーション論の観点から見れば，「は/wa/」は共同注視の対象と主観されているものをコミュニケーションの主題として設定する場合に用いられ，「が/ga/」はコミュニケーションの場に，話し手のみが気づくもしくは知っていると主観するものを導入する場合に用いられていることが判る（cf. 中野 2008a, 2008b・2010・2011）．言語の形式（構文・文法カテゴリ）を問題にする場合，その言語形式（構文・文法カテゴリ）が担っている認知論的及びコミュニケーション論的創発動機という観点から観察・考察されなければ，言語現象の本質が捉えられない．

行発話」の認知図は次の様なものになる．

図9．認知図：「遂行発話(performative sentence)」または「命令文(imperatives)」と 'modalization(主体化)'

(d) *You leave!*   (e) *Leave!*

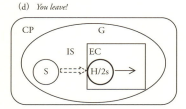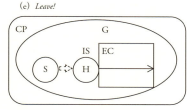

CP=conceptualizing potentialities　G=ground　EC=emerged construal　IS=immediate scope

　上記認知図が示すコミュニケーション様態が，何故「命令文・遂行発話」において「主語」が不要となり，また，「時制的過去」を創発し得ないのか，その意味論的理由を示している．つまり，(本来，日本語の「場」に当たる) ground の構成要件たる語り手と聞き手が onstage であり，その状況自体が immediate scope であるような事態把握の場合，言葉を換えるならば ground と immediate scope 間に認知的距離が存在しない場合，事象が客体・客観的に存在することはなく，またその状況を創発させた言語形式に，主語及び時制といった客体・客観的な文法カテゴリは顕現しないのである．

3 − 「主体化されたトキ(modalized time)」と「客体化されたトキ(abstracted time)」

　前節において図化されたコミュニケーションの様態が，ラネカーの認知図 7 (b) は「過去時制文(下記図 10 (b'))」を形式（構文・文法カテゴリ）として創発できるが，認知図 7 (c) が「過去時制文(下記図 10 (c'))」を形式として創発できない，意味論的理由である．

図 10. Langacker の認知図：'grounding' のパラドックス

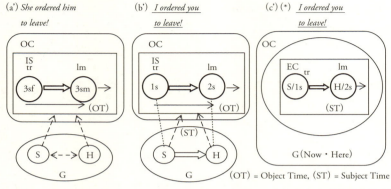

Langacker (2008: 470) を改変　下線部強調筆者

　ラネカーの認知図 7 (c) は本来，認知図 10 (c') の認知状況を指すものであり，そこにおいては，'Immediate Scope (Emerged Construal)' と 'Ground (「イマ・ココ」)' 間に認識論的距離 (「客観」という「主観」) は存在していない．したがってこの認知様態において，「時制 (tense)」という文法カテゴリが創発する意味論的理由は存在しない．認知図 10 (b') において 'ground' と 'immediate scope' との間に認識論的距離が存在し，それが「時制」という文法カテゴリの創発動機となっている．「時制 (tense)」とは，時間を「客体・客観的」な認知空間上の距離として把捉することによって初めて創発できる文法カテゴリである．

　'ground' とは，常に話し手と聞き手が「イマ・ココ」にいる認知状況[9]のことであり，その 'ground' 自体が 'emerged construal = 言語形式 (構文・文法カテゴリ)' として 'objective content' 内に創発するに当たっては，'ground' 内に流れる時間 (ST：「主体化された時間」) と，'ground' 内に位置する話者の観点・視点しか，言語形式として創発することができない．この 'ground' 自体が 'immediate scope' 化する，'modalization (「主体化」)' と呼

---

[9]　聞き手は，話し手自身の場合（モノローグ）もある．

ばれる認知様態（「認知モード」）での事態把握においては，話者が居る「イマ」という時と「ココ」という視点だけが，「言語形式」創発の認知的起点なのである．したがって，「イマという時間(ST: Subjective Time)」しかない事態把握のあり方において，「抽象化された時間」としての「現在・過去」が，「時制(tense)」という文法カテゴリとして言語形式に創発することはない．

　「トキ」の留め置き，すなわち「トキ」の「客体化・抽象化(Objective Time:「時制」という文法カテゴリの創発)」は，「文字」の存在により初めて可能となる認識論的現象である．「文字」の存在が，「トキ」を「客体・抽象化」し，「絶対時間」という概念を生み出している．西洋の「客観主観・科学主義」において，「抽象・客体化されたトキ＝絶対時間・時制化された時(Objective Time)」という概念は，単純には Distance（距離）／ Velocity（速度）という概念操作によって見出されるものである．この概念操作が可能となるためには，（文字）記号の存在が不可欠であり，（文字）記号とは，人間の持つ抽象化能力の視覚的な具象化である．視覚的具象化における抽象化能力の結実という，文字というものの存在が，人間の生を「抽象・客体化されたトキ＝絶対時間・時制化された時(Objective Time)」という概念で分節することを可能にしている．しかしながら，「日本語」は元々文字を持たない言語であり，文字を持たない言語においては，「抽象化されたトキ」である「絶対時間・時制化された時(Objective Time)」を見出すための概念操作は行われない．「日本語」における「トキ」は，言語使用者において「生きられるトキ(主体化されたトキ: Subjective Time)」の域を越えることができない．つまり，「日本語」においての「過去(過ぎ去りし事象)」とは，「イマ・ココ」にいる話者の事象に対する心的確定（「た/ta/」）という認知様態でのみ存在するのである．

　この「文字」を持たない事態把握のあり方（「認知モード」）が，日本語の形式（構文・文法カテゴリ）の創発を決定的に動機づけ，制約している．また，「ココ」という場しかない事態把握のあり方において，話者の観点・視点が状況を俯瞰的にとらえる位置（「客観視点の起点」）へシフトする

42　第1部　「客観」という名の主観

ことはない．話者の観点・視点が状況を俯瞰的に捉える位置（「客観視点の起点」）へシフトするということは，「ココ」という場以外に仮想的な場としての「外部」が措定され，その措定された「外部」へ分離または投射された主体から状況を観察するという，二重に構造化された認知プロセス（cf. 中村 2004, 「認知 D モード」）が存在することを意味している．線状不可逆的一方向への力動性の伝達という理想化された認知モデルは，この措定された「外部」からの，すなわち「客体・客観化する視点」からの観察を「主観」することで，初めて合理化されるのである．そして「主語」と言った文法カテゴリは，この認知モデルにおける力動性の伝達の始発点が，言語形式（構文・文法カテゴリ）に反映されたものであり，同時に，「主語(subject) ＋ 他動詞(transitive verb) ＋ 目的語(object)」という形式の創発と恒常的な使用によるその定位が，線状不可逆的一方向への力動性の伝達という理想化された認知モデルの共有化・社会化を可能にしている．

　「イマ」と「ココ」のみに限定される事態把握とは，コミュニケーションの成立が，「音声」が届く範囲内，及び「音声」が存続する「トキ」内のみに限定される言語のものである．「音声」が届く範囲，及び「音声」が存続する「トキ」内のみに「形式(構文・文法カテゴリ)」の創発が条件づけられている言語の事態把握とは，それは取りも直さず，「文字を持たない言語」の事態把握のことである．すなわち，英語においての「命令文・遂行発話」が成立している言語状況下での事態把握のことなのである．「命令文・遂行発話」が成立する言語状況及び「文字を持たない言語」状況においては，話し手と聞き手が常に「イマ・ココ」に存在しなければならず，この条件下において，話し手及び聞き手の存在が「客体化」される必要性，すなわち，「主語」化及び「目的語」化される認知的動機は無いのである．また，常に「イマ」しかないので，「抽象化されたトキ」である「現在・過去」で表される「時制(tense)」といった文法カテゴリが創発する認知的動機も存在していない．こうしたことが，図7 (b)・(c) において，ラネカーが1つの言語形式 I order you to leave! に対して，2つの認知図を提示せざるを得なかった理由となっている．つまり，図7 (b) は I or-

der you to leave! に対する「客体化」の論理による事態把握に対応する認知図となっており[10]，図7 (c) は *I order you to leave!* に対する「主体化」の論理による事態把握に対応する認知図となっていたのである．英語の場合，「命令文」または「遂行発話」というコミュニケーション状況において，「主体化認知モード」による事態把握と，「客体化認知モード」による事態把握が，「言語形式（構文・文法カテゴリ）」への創発動機として鬩ぎ合う様相を呈しているのである．この鬩ぎ合いの様相は，「文字を持たない言語」の事態把握の創発のあり方から，「文字を獲得した言語」の事態把握の創発のあり方への，転換・シフト域を表しているのである．

図11. Langacker の認知図：'grounding'（図7）の修正

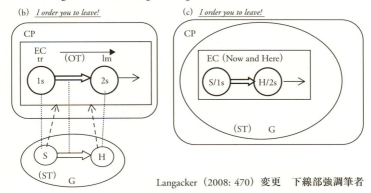

Langacker（2008: 470）変更　下線部強調筆者

英語という言語は，成立過程の通時的事情から言って，「形式（構文・文法カテゴリ）」の方が「意味（概念化）」を制約する（「形式」＞「意味」）場合も多く，「形式」が「意味」よりも堅固という動態関係によって，英語の「形式」から「意味」が 'attenuation（希薄化）' する，つまり **'modalization（主体化）'** という言語現象が観察される．この英語の「形式」から「主語性・動作主性」及び「他動性・力動性の伝達」が失われる「主体化」とい

---

10) 「客体化の認知モード」による事態把握の創発であるから，I order you to leave に対しての，ダイレクトな話者感情を表すエクスクラメーション・マーク（！）の使用は，本来奇妙である．

44　第1部　「客観」という名の主観

う言語現象が生じる理由は，「客観」という主観を意味論的母体（パラダイ
ム）にしている「認知モード」によって事態把握を図っている言語の論理
及びパースペクティブからは，決して明らかにはならない．

　「文字」を持つということは，「生きられているトキ」が抽象化され，そ
れが視覚的に具象化されることを意味する．「抽象化されたトキ」として
生を分節する「絶対時間」が，線状不可逆的一方向への順次化という様態
で定位するとき，その順次化の差が「類像性」を介した形態的な差（長
短）として，すなわち「時制」という文法カテゴリとして，言語形式に創
発する．「絶対時間」が存在するためには，「生きられているトキ」が視覚
的抽象化・文字記号化されなければならないのである．「生きられている
トキ」が抽象化されるとき，「トキ」が「絶対時間・時制」として構文・
文法カテゴリに創発する．「文字」を持たない言語は「生きられるトキ」
を視覚抽象化する手立てを持たず，したがってその様な言語は，「トキ」
に関しては「絶対時間・時制」という「客体・客観化」された文法カテゴ
リ以外の言語形式によってコミュニケーションを機能させている．

　日本語で通常「時制的過去（'tensed past'）」の標識だとされている「た/ta/」
は，「時制」を表しているのではなく，発話者の心的確信（modality）を表
象している[11]．それが「客体・客観化された時間」カテゴリである「完了
（'perfect'）」へと解釈が拡張されたり，「時制的過去」として解釈が変容さ
せられたりするのは，西洋の論理で世界解釈を行っていない言語が，「主
語／目的語」や「他動詞／自動詞」等の文法カテゴリの場合と同様，近代
ヨーロッパ標準諸語の論理（「客体・客観化」論理）によって再解釈されて
いるからである．「日本語」における過去は，「イマ・ココ」における発話
者の確信として叙述されるものであり，叙述の信憑性を高めるためには，
熊倉（2011）が指摘する様に権威（150年前のでき事を語るのに『大鏡』におけ

────────────

11)　冗長な表現かもしれないが，あえて「心的確信」という表現を用いる．この
　　ことにより，「明日，最初に学校に登校した人が，クラスの花に水をやってく
　　ださい」という様に，現在に留まる主体の意識に引き込まれた未来事象に対
　　する，主体の心的確定性を表す表現として，「た/ta/」は日本語の「未来」に
　　も使用できる．

る 190 歳近い翁の存在等）が必要だったのである.

　年三十ばかりなる侍めきたる者の　せちに近く寄りて　いで　いと興あること言
ふ老者たちかな　さらにこそ信ぜられね　と言へば　翁二人見かはしてあざ笑ふ
重木と名のるがかたざまに見やりて　いくつといふこと覚えず　といふめり　この
翁どもは覚えたぶや　と問へば　さらにもあらず　一百九十歳にぞ　今年はなりは
べりぬる　されば　重木は百八十におよびてこそさぶらふらめど　やさしく申すな
り　おのれは水尾の帝のおりおはします年の　正月の望の日生まれてはべれば　十
三代にあひたてまつりてはべるなり　けしうはさぶらはぬ年なりな　まことと思さ
じ　されど　父が生学生に使はれたいまつりて　下﨟なれども都ほとり　と言ふこ
となれば　目を見たまへて　産衣に書き置きてはべりける　いまだはべり　丙申の
年にはべり　と言ふも　げにと聞こゆ　　　　　　　　　　　　　　　『大鏡』序

　「日本語（やまとことば）」の「トキ」に関しては，第3部において詳細に検討すること
になるが，ここまでで確認しておかなければならないのは，言語において
は，大きく「主体化」の論理と「客体化」の論理が存在していることであ
る．そして，世界中の言語は，この「主体化」の論理と「客体化」の論理
の間で，その「言語形式(構文・文法カテゴリ)」を創発させていることが予
測される．認知言語類型論は，「主体化」論理と「客体化」論理を極とす
る様態の中で，世界中の言語の形式（構文・文法カテゴリ）は創発している
と提言する.

第2部

言語における「客体化」論理：
英語を中心に

・Ego cogito, ergo sum, sive existo（I think, therefore I am, or I exist）.
私は思惟する，故にここにあり，あるいは今に存在する.

Descartes（1637）

第1章

言語類型論における文法カテゴリの諸問題：「格」・「主語／目的語」の類型論における非普遍性

　第1部において，英語を代表とする近代ヨーロッパ標準諸語の論理（「客体化・客観化」）が，類型論的に普遍的なパースペクティブにならないことを，認知文法論の先駆者であるロナルド・W・ラネカーの理論の限界を中心に述べてきた．ラネカーの理論を取り上げたのは，第1部第2章にでも述べたが，彼が言語学という学問分野の次元を，言語現象の記述から，言語現象の説明・解明へ変えることに成功したからである．

　この章においては，'case（格）'・'subject（主語）'といった文法カテゴリが，言語類型論的に普遍的な文法カテゴリでないということを，英語を中心に論じる．英語を中心とするのは，他の言語と比べても，英語が「客体化・客観化」論理の極に位置する代表的な言語だからである．英語というのは，何故そう思い込まれているのかは判らないが，決して普遍性を帯びた言語ではなく，その成り立ちにおいてかなり特殊でローカルな言語である．

　言うまでもないことかもしれないが，'subject（主語）'という文法カテゴリは，単独で創発しているわけではない．'object（目的語）'という文法カテゴリと対の関係にある．同時に，'subject'・'object'という文法カテゴリは，'transitive verb（他動詞）'／'intransitive verb（自動詞）'という文法カテゴリと表裏の関係にもある．さらに'active voice（能動態）'／'passive voice（受動態）'という文法・統語カテゴリと相関関係を持っている．したがって，もし日本語に「主語」という文法カテゴリは創発していないという論が妥当性を有するものであるならば，「他動詞／自動詞」・「能動態／受動態」という他

50 　第 2 部 　言語における「客体化」論理：英語を中心に

の文法・統語カテゴリも，日本語には創発していないという結論が論理的
に導かれることになる．

　「格 (case)」は通常，名詞・代名詞，名詞句，あるいはそれらに相当する
句が，文の中でどのような意味関係を持つのかを示す標識であると定義さ
れている．つまり，言語形式化された事象構成項間の関係を示す文法カテ
ゴリとして認識されているのである．

　　Case ≪格≫（文）　名詞・代名詞が文中で他の語とどのような関係にあるかとい
　うこと（すなわち統語関係）を示す文法範疇．統語機能にその基盤を置く点で，性
　（GENDER）や数（NUMBER）に比べ，文法的性格が特に強い．印欧諸語を中心と
　する伝統文法では，屈折（inflection）に基づき，原則として異なる語形をもつ場合
　にだけ格を認めてきた．例えば，サンスクリットの八格（主・対・与・奪・属・
　処・具・呼），ギリシャ語の五格（主・対・与・属・呼），ラテン語の六格（主・
　対・与・奪・属・呼）は，すべて上述の基準に基づいて設定され，それぞれの語
　形変化（⇒ PARADIGM）を形成する．各々の語形は特定の意味領域と対応すると
　考えられている．例えば，主格（NOMINATIVE）は陳述の主体，対格（ACCUSA-
　TIVE）は動作の客体，属格（GENITIVE）は名詞の限定，呼格（VOCATIVE）は
　呼びかけを表す．　　　　　　　　　　　　『現代言語学辞典』（1987: 77）下線部強調筆者

　　A case system is used to mark the function of a core argument（S, A, O）and/ or to mark
　spatial, temporal, and other relations on peripheral arguments.
　　格システムは，（S, A, O などの）中核項の機能，及び/または，周辺項に関わっ
　て空間的，時間的，及び他の関係を標示するために用いられる．
　　　　　　　　　　　　　　　　　　　　　　　Dixon（2010a: 224）下線部強調筆者

　　Case has quite different grammatical status, marking the function an NP has in its clause. It
　may be shown by a grammatical word or clitic at the end of the NP, or by a morphological
　process which applies either to every word, or just to one（or more）word(s) ―it may be the
　last word, or the first, or the head.
　　格は，文法的にまったく異なった位置づけを有し，格が用いられる節において，
　名詞句が有する機能を標示する．名詞句末における文法語または接語によって示さ
　れることもあれば，あらゆる語にか，もしくは，ひとつ（またはそれ以上）の語に
　形態的変化をもたらすことで示されることもある．末語のこともあれば，初語，主

要部のこともある.　　　　　　　　　　　Dixon（2010b: 55）下線部強調筆者

　「主語(subject)」は，「動作主(agent)」と「主格(nominative)」の一致する名詞句が，「語順(word order)」構造の中で階層的に動詞句よりも外側に位置する場合の文法カテゴリと規定される．同様に「目的語(object)」は，「被動作主・受動者(patient)」と「対格(accusative)」の一致する名詞句が，「語順」構造の中で動詞句を挟んで「主語」と対置する場合の文法カテゴリとして規定される（cf. 次頁の事例（3））．これに談話機能的な「主題(theme)」という異なるレヴェルの概念が，「語順」を第1統語原理とする言語において融合概念化して，「主語(subject)」という文法カテゴリは創発している．「主語／目的語」が類型論的に普遍的な文法カテゴリであり得るのかは，「格」が世界中の言語に対して類型論的に普遍的な文法カテゴリであり得るのかと同様に，ア・プリオリに是認されることなく検証されなければならない．

　それでは，言語学・言語類型論において統語原理の基準である ‘subject（主語)’ という文法カテゴリが，何故近代ヨーロッパ標準諸語においてア・プリオリに是認されるレヴェルにまで定位したかを概観していく．

1 －現代ドイツ語と古英語の文法・統語カテゴリ： 「格」と「語順」

　マックス・プランク研究所のマシュー・S・ドライヤー達は，類型論的な研究を精力的に推し進め，その研究成果をウォルス・オンライン（WALS Online－"The World Atlas of Language Structures Online"－http://wals.info/）に積極的に公開していることは述べた．世界に存在する 1377 の言語に対して，subject・object・transitive-verb という文法カテゴリをア・プリオリに是認し，適用することで得た結果が次の表である．

52　第 2 部　言語における「客体化」論理：英語を中心に

表 1 ．（a）Values of Feature 81A: Order of Subject, Object and Verb WALS Online by
　　　　Matthew S. Dryer　　　　　　　　　　　　　　　　　　（accessed on 2011-9-5）

SOV	SVO	VSO	VOS	OVS	OSV	No dominant order	Total
565	488	95	25	11	4	189	1377 languages

　ここで用いられる「主語」及び「目的語」という文法カテゴリの妥当性
は，次の様な英語の事例によって前提とされている．

（ 3 ）［*The dog*］*chased*［*the cat*］.
　　　　　S　　　V　　　O
　　　English is SVO（Subject-Verb-Object），because the subject *the dog* in（ 9 ，本書で
　　　は 3 ）precedes the verb while the object *the cat* follows the verb.
　　　事例（ 9 ，本書では 3 ）において，主語の *the dog* が動詞に先行し，目的語の
　　　the cat が動詞に後続するために，英語（の語順）は SVO（主語-動詞-目的語）
　　　である．　　　　　　　　　　　　　　　Dryer（WALS Online 2011: Chapter 81）

　上記ドライヤーによる文は，「主語」及び「目的語」という文法カテゴ
リの存在を，「動詞」に先行または後続するという「語順（word order）」と
名称された統語カテゴリの存在を先験的に是認することによって，既成事
実化している．言い換えると，「主語／目的語」という文法カテゴリを言
語類型論の分類基準に用いることは，「動詞」を構文の中核位置に据える
ことで創発した「語順」と名称される統語カテゴリから派生した文法カテ
ゴリを，言語を類型論的に分類する上でア・プリオリな規定基準にすると
宣言しているのと同じことなのである．この規定基準が言語類型論におい
て妥当性を持つものなのかどうかを，もう少し詳細に見てみることにす
る．

（ 4 ）Eine Frau liebt einen Mann. ⇔　ある女性が，ある男性を愛している．

　現代ドイツ語において，この構文が表す事象の項関係は，「性・格・数」
及び「人称・時制」という対関係にある文法カテゴリによって精緻化され

第1章　言語類型論における文法カテゴリの諸問題:「格」・「主語／目的語」の類型論における非普遍性　53

ている．「性・格・数」及び「人称・時制」によって精緻化されていると
いうことは，事象がより「客体化」されているということに他ならない．
むしろ事象の構成項に文法的「性」というカテゴリが付与されていること
からも判る様に，事象が「客体的」に精緻化されるにあたっても，その精
緻化には「主観」が深く関与している．「客観化・客体化」とは「主観」
の一部，「客観主観」なのである．

（ 5 ）a. **Die** Brille ist auf **dem** Tisch.

⇔ メガネはテーブルの上にある．

feminine noun（nominative）　masculine noun（dative）

b. **Das** Haus ist auf **der** rechten Seite **der** Straße.

⇔ その家は，その通りの右側にある．

neuter（nominative）　feminine（dative）　feminine（genitive）

「格」と「人称」という対関係の文法カテゴリを基準に，事例（ 4 ）の
構文を表示してみれば，構文は次の様に構成されていることが判る．

表 2 ．(a)'case（格）'

Case		
Nominative	**eine Frau**	einer Mann
Genitive	(einer) Frau	(eines) Manns
Dative	einer Frau	einem Mann
Accusative	eine Frau	**einen Mann**

(b)'person（人称）'

Person	
First	liebe
Second	liebst
Third	**liebt**

上記の表が明らかにする様に，事象を構成する項に「性・数・主格／対
格」という情報が，冠詞及び名詞末尾の屈折として，また，その項間の関
係叙述に「 3 人称・現在」という情報が動詞の形態変化として与えられれ
ば，事象構造の叙述は高度に精緻化され，高次の「客体性」が付与される
ことになる．「格・人称」等によって事象構造が精緻化されているならば，
「語順」という統語カテゴリにおいて，語順スロットのどの位置に項及び
関係叙述を配置してみても，基本的に構文の意味は変わらない．すなわ

54　第2部　言語における「客体化」論理：英語を中心に

ち，「語順」という統語カテゴリは，現代ドイツ語の構文の意味に基本的
に変化をもたらさない．したがって「語順」は，ドイツ語にとっては今現
在も絶対的な統語カテゴリではない．

表3．ドイツ語の構文における「語順」

a) **Eine Frau liebt einen Mann**	b) Eine Frau einen Mann liebt
c) Liebt eine Frau einen Mann	d) Liebt einen Mann eine Frau
e) Einen Mann eine Frau liebt	f) Einen Mann liebt eine Frau

　「語順」という統語カテゴリが，構文の意味に変化をもたらさない事情
は，古英語においても同じである．

（6）se cyning geseah þone bodan.　⇔　王が使者を見た．

表4．古英語の構文における「語順」

a) **se cyning geseah þone bodan.**	b) þone bodan se cyning geseah.
c) geseah se cyning þone bodan.	d) geseah þone bodan se cyning.
e) þone bodan se cyning geseah.	f) þone bodan geseah se cyning.

　ここでも，「語順」という統語カテゴリにおいて，語順スロットのどの
位置に項及び関係叙述を配置してみても，基本的に古英語の構文の意味は
変わらない．se が「主格」を表し，þone ＋名詞 n が「対格」を表すとい
う「格」が担う文法機能が，この構文の客体的意味を保証している．した
がって古英語においても，「語順」は第1位の文法カテゴリとは成り得な
い．

　現代ドイツ語においても，定位化方向の「語順」が存在し，実際，Eine
Frau einen Mann liebt よりは，Eine Frau liebt einen Mann の方が優勢であろ
う．このことは，「格」という「文法カテゴリ」により精緻化された事象
叙述が，「主格」を「主語」と，「対格」を「目的語」と一致させる「語
順」という統語カテゴリを基盤とした事象叙述へと変わりつつあることを
示しているのかもしれない．ただ，今現在においても，現代ドイツ語の上

第1章　言語類型論における文法カテゴリの諸問題:「格」・「主語／目的語」の類型論における非普遍性　55

記両構文が「語順」の違いによって異なる意味を持つ事態は生まれていないため，ウォルス・オンラインにおいて現代ドイツ語は優勢「語順」を持たない言語，すなわち，No Dominant Order の言語として類型分類されている．しかしながら，近・現代英語においてこの事情は一変する．近・現代英語においては，「語順」という統語原理が文法原理の第1位に位置するため，「主語」という統語カテゴリが創発し，「主語」が構文成立の必須要件となるのである．

2 ─近代英語の統語・文法カテゴリ: 「語順」と「主語／目的語」

　現代ドイツ語においては，事象叙述は「格」に付与された情報により高度に「客体的」に精緻化されているが，近・現代英語において事象叙述の精緻化に「格」システムを用いることはできない．通時的な言語変遷の中で，格システムが担っていた機能は失われている．事例（6）の古英語の構文 se cyning geseah þone bodan を現代英語に置き換えると，次の様になる．

（7）The king saw the messenger.
　　　（S）　（t-V）　　（O）

　「格」という文法カテゴリが構文の意味にどのような関わりがあるのかを確認するために，英語のこの構文も語句単位で並べ替えてみれば，次の様な表が得られる．

表5．現代英語の構文における「語順」

a) **The king saw the messenger.**	b) *The king the messenger saw.
c) *? The messenger saw the king.	d) *The messenger the king saw.
e) *Saw the king the messenger.	f) *Saw the messenger the king.

は非文（文法的に容認されない文）を，?は容認度が低い文を示す．

　近・現代英語において，ドイツ語で「格」が担っていた事象構造に関わ

56　第2部　言語における「客体化」論理：英語を中心に

る情報機能は，代名詞と所有格等に一部残るだけとなっている．その結果，表5の6つの構文の内で，対応する古英語構文と同じ意味を持つ現代英語の構文は1つしかない．現代英語の6つの構文の内の1構文，The messenger saw the king においては，構文の意味自体が変わることになる．すなわち，近・現代英語において構文が表示する事象構造，つまり構文の意味は，「語順」によって決定的に制約されている．また，上記6つの構文において，古英語の構文（6）の意味を反映する現代英語の規範構文 The king saw the messenger では，古英語の「主格／対格」という統語・文法カテゴリが，現代英語の「主語／目的語」という統語・文法カテゴリと，及び意味役割の「動作主(agent)／被動作主・受動者(patient)[1]」と，呼応一致している．このことは，「主格＝主語」・「対格＝(直接)目的語」といった「格」と「主語／目的語」の文法カテゴリの呼応一致が，「語順」という上位の統語カテゴリの定立によって保証されたものであることを示している．また，この「語順」が英語において統語カテゴリの第1位を占めることによって，「他動詞／自動詞」という「品詞」カテゴリの創発も保証されることが判る．これが，ドライヤーの English is SVO（Subject-Verb-Object），because the subject *the dog* in（9）precedes the verb while the object *the cat* follows the verb という定義の根底に存在する論理である．

　ここにおいて私達は，類型論的に言って非常に重大な一般原理であろうものが顔を覗かせていることに気がつく．すなわち事象叙述に関わって，事象構造の項に関わる情報の精緻化を「格」という文法カテゴリに負っていた言語が，歴史的変遷を理由として，「格」カテゴリが担っていた機能を失った場合，「語順」という統語カテゴリがその機能を肩代わりすることになり，その「語順」と名称される統語カテゴリの定立によって，「主語／目的語」・「他動詞／自動詞」と名称されるローカルな文法カテゴリも創発するという原理である．つまり，「格」という事象叙述の項に関わる

1）「意味役割(semantic roles)」については，分析者の数だけ分類が存在する．ここではとりあえず代表的な分析例である安藤（2005），村田・成田（1996）にならう．

情報機能が失われ，構文の意味が一義的に「語順」によって規定される言語において初めて，「主語／目的語」・「他動詞／自動詞」と名称される文法カテゴリが創発するのである．この原理に関わる類型論的な洞察は，松本（2006・2007）においても指摘されている．

　世界の文法学史と言語類型論の双方からみて，SAE（標準ヨーロッパ語）における主語というものがいかに特異な現象であるかは，これまでの議論でほぼ明らかにされたと思う．ここから，主語についての当面の結論を導くとすれば，まず，主語は「普遍文法」にとって，おそらく，必要不可欠なカテゴリではない．少なくともSAE の主語現象から判断するかぎり，それは一部の言語の表層的統語現象として現れた歴史的所産にすぎないと見られるからである．したがって，このような言語に基づいて築きあげられた文法理論は，もしそれが個別文法の枠をこえた一般性と普遍性を目指すならば，根本的に再検討されなければならない．

松本（2006: 258）下線部強調筆者

　類型論における本質的な問題が見抜かれている．

3 ─言語類型論における「主語」という文法カテゴリのローカル性

「主語(subject)／目的語(object)」・「他動詞(transitive verb)／自動詞(intransitive verb)」といった文法カテゴリは，近代ヨーロッパ標準諸語の通時的な変遷から生まれたローカルな文法カテゴリでしかない．類型論においては，そのローカルな文法カテゴリの普遍化を図るために様々な理論づけが行われてきたが，それは言語学において近代ヨーロッパ標準諸語，特に英語が言語論的ヘゲモニーを維持するための方略であり，その意味において言語学でさえも，イデオロギーと無縁ではないのである．そしてそのイデオロギーは，巧妙に標準化（グローバル化）されている．私達は，こういった世界の多様性を平板化するパースペクティブ及び方略に対して，無自覚であってはならない．

3-1. 英語史から見た「主語」カテゴリのローカル性

　英語が現在の姿を持つまでの歴史を概観してみれば，その成立過程において異なる「格(case)」システムを持つ言語との衝突によって，統語・文法原理に根本的な変更がもたらされてきたことが明らかになる．過去2000年に亘ってヨーロッパの諸語は，言語接触の結果による推移型の状態でOV型からVO型の方向に変化しており，ラテン語からロマンス語への発達途上でその現象が先進的であったことが指摘されている（cf. 松本 2006）．こうした現象は南ヨーロッパから始まり，ヨーロッパの北・東方へ広がって行き，この通時的な経緯の中で英語は「格」が担っていた構文情報機能をほぼ失い，代わって「語順」がその機能を担う様になっていったと考えられる．

　古英語である古ゲルマン語とバイキングが用いていた古ノルド語との衝突，及びラテン語の語彙・書記法が英語にもたらした影響，1066年のノルマン人の征服（Norman Conquest）以降，15世紀末まで続くフランス語との衝突・摩擦の影響は，非常に大きなものであったことが推測される．こうした他言語との衝突・摩擦の中で，古英語に存在していた語尾屈折は消失していき，「語順」が統語原理として文法の第1位に定立していったものと考えられる．古英語［Old English 700-1100］の名詞に存在していた「主格・対格・与格・属格」の4格は，中英語［1100-1500］において，「格」カテゴリから「語順」カテゴリへと優位性が移行する中で，「対格」と「与格」が，現在で言うところの「目的格」へと統合されていく．さらに，近・現代英語においては，「語順」カテゴリの定立と共に，「目的格」は「直接・間接目的語」へと変容していく．英語文法における「格」カテゴリから「語順」カテゴリへの統語制約に関わる通時的変遷は，例えば古英語，中英語，近代英語の *the Bible* を資料テキストとして比較してみると，その一端を窺い知ることができる．

（8）a. Anglo-Saxon Koine（before 1000）　Old English

　　　Fæder ure

þu þe eart on heofonum,

Si þin nama gehalgod. Tobecume þin rice.

Gewurþe ðin willa on eorðan swa swa on heofonum.

Urne gedæghwamlican hlaf syle us to dæg.

And forgyf us urne gyltas, swa swa we forgyfað urum gyltendum.

And ne gelæd þu us on costnunge, ac alys us of yfele. Soþlice.

b. Wycliffite Bible（c. 1395）[2]　Middle English

Oure fadir that art in heuenes, halewid be thi name;

thi kyngdoom come to; be thi wille don in erthe as in

heuene; gyue to vs this dai oure breed ouer othir substaunce;

and forgyue to vs oure detis, as we forgyen to oure dettouris;

and lede vs not in to temptacioun, but delyuere vs fro yuel. Amen.

c. King James Version（1611）　Eary Modern English

Our Father which art in heaven, Hallowed be thy name.

Thy kingdom come, Thy will be done in earth, as it is in heaven.

Give us this day our daily bread.

And forgive us our debts, as we forgive our debtors.

And lead us not into temptation, but deliver us from evil: For thine is the kingdom, and

the power, and the glory, for ever. Amen.

d. Modern Literal Translation

Father our

You who are in Heaven

Be your name hallowed,

Come your kingdom.

Become your will on earth as on Heaven.

Our daily loaf give us today.

2）　ノルマンディー征服王ウィリアムは 1066 年にイングランドで即位すると，島内の言語は劇的に変化した．ウィリアム公がアングロ・サクソン族の高官達をノルマンディー貴族に据えると，結果として，フランス語がイングランドの上流階層の言語になり，一方，アングロ・サクソン語は下層階級の言語となった．これら 2 つの言語の混淆が中英語（Middle English）を創出した．当時は 10,000 語以上のフランス語が英語の語彙の中に入ったと目されている（Computer Edition of the Lord's Prayer maintained by Buddy Costley of State University of West Georgia）.（原注からの翻訳）

60 第2部 言語における「客体化」論理：英語を中心に

And forgive us our guilts as we forgive the fellow guilty.

And do not lead you us into temptation

But release us of evil. Truly.

天にまします我らの父よ.

ねがわくは御名をあがめさせたまえ.

御国を来たらせたまえ.

みこころの天になるごとく,

地にもなさせたまえ.

我らの日用の糧を, 今日も与えたまえ.

我らに罪をおかす者を, 我らがゆるすごとく,

我らの罪もゆるしたまえ.

我らをこころみにあわせず,

悪より救いだしたまえ.

国とちからと栄とは,

限りなくなんじのものなればなり.

アーメン. ［プロテスタント訳］

    a・b・d: Computer Edition of the Lord's Prayer

        Maintained by Buddy Costley of State University of West Georgia

        http://www.westga.edu/~mcrafton/prayer.htm#Middle

        c: The Lord's Prayer King James Version（KJV）

        http://www.lords-prayer-words.com/king_james_version_kjv.html

下線部強調・括弧筆者

　興味深いのは，ヨーロッパにおいて「客観」というパラダイムを基底に
据えた近代科学が勃興していく時期と，近代ヨーロッパ標準諸語の特に英
語において，第1文法原理が「格」から「語順」へ変わる流れが歴史的に
定位した時期とが，ほぼパラレルなことである．ルネ・デカルト（René
Descartes）がその著『方法序説(*Discours de la méthode pour bien conduire sa raison, et
chercher la vérité dans les sciences*)』において，心身二元論を唱えることで認知主体
と世界との分離を宣言したのは1637年であり，アイザック・ニュートン
（Isaac Newton）がその著『自然哲学の数学的諸原理(*Philosophiae naturalis principia*

第1章 言語類型論における文法カテゴリの諸問題:「格」・「主語／目的語」の類型論における非普遍性 61

mathematica)』に「絶対時間」という概念を導入することで,「科学」という名の「客観的な世界解釈」を確定させたのは 1687 年のことであった.

表6. 英語の変遷と西洋近代科学の隆盛

Old English	Middle English	Early Modern English
700	1100	1500　1637 / 1687 1700
		『方法序説』/『プリンキピア』

　英語が「語順」を統語原理として文法の第1位に据え,その言語形式を用いた思考が,力動性の線状不可逆的一方向の伝達と名称される理想化認知モデルをベースに,「絶対時間」という近代科学の「客観」と名称される観念を確立させていったことは,あながち偶然の一致とは言えないだろう.力動性の線状不可逆的一方向の伝達という理想化認知モデル(アクション・チェイン・モデル)の出現と,それが文型及び統語カテゴリに創発した歴史的流れは,同じパラダイム内にある.固有の事態把握のあり方が,固有の「言語形式(構文・文法カテゴリ)」を要求するのと同じ様に,固有の「言語形式」も,事態把握のあり方を制限する.事態把握と「言語形式」とは動態緊張関係にあり,固有の世界観が固有の「言語形式」の創発を要求し,逆に固有の「言語形式」も,世界観のあり方を条件づける.言語が違えば,世界観も異なっている[3].

3-2. 歴史言語学から見た「主語」カテゴリのローカル性

　松本(2006: 229-262)が指摘している様に,「主語(subject)」という用語が近代ヨーロッパ標準諸語において文法論の中に定位したのは,「デカルト派言語学」が興隆を誇った 17 世紀であり,論理学の用語であった 'subject'・'predicate' が文法学[4]の中に取り入れられ定位した以降のことであ

---

3) Whorf, Benjamin Lee (1939) The relation of habitual thought and behavior to languages, *Language, thought, and reality*: 134-159. M.I.T. Press.

4) Lancelot, Claude and Arnauld, Antoine. (1667) *Grammaire générale et raisonnée contenant les fondemens de l'art de parler, expliqués d'une manière claire et naturelle.* 南館英孝訳 (1972)『ポール・ロワイヤル文法:一般・理性文法』大修館書店.

62   第 2 部　言語における「客体化」論理：英語を中心に

る．松本（2006）によれば，それ以前のアレキサンドリア時代の文法学に
おいても，ローマ時代の文法学においても，また，サンスクリット語にお
けるパーニニ（Panini）の「格(kāraka)」理論やアラビア文法学においても，
'subject' という文法カテゴリ概念は登場しない．ただしアレキサンドリア
時代に先駆け，ギリシャ時代のストア派（Stoicism）文法論の統語法の中
で，論理学の命題ないし断言における「述語」の機能を担うものとしての
'katēgoroumenon' という用語と，命題の「主語ないし基体」として 'hypo-
keimenon' という用語が用いられていたことが述べられている（松本 2006:
237）．この時代において，文法論における統語法は論理学の一局面を形成
していたと指摘されているのである．また 13 世紀の盛期スコラ学（Scolati-
cus）の思弁文法（grammatica speculative）の中で，談話機能的な観点から用い
られ始めたと考えられる 'suppositum'・'appositum' という用語を，哲学者
であり文法家であったモディスト（modistae）達が文法学の中で用い始めた
ことも述べられている（松本 2006: 245）．これに関して松本は，『カトリコ
ン（*Catholicon* 1286）』の著者のヨハンネス・Ⅰ・ド＝バルブス（ジェノヴァの
ヨハン）のラテン文法概要の言を引用している．

> Scias quod partes constructionis sunt duae, scilicet suppositum et appositum. Suppositum est
> illud de quo loquimur, et dicitur in dialectica subjectum. Appositum est illud quod de altero
> dicitur, et appellatur in dialectica praedicatum. Et scias quod quicquid praecedit verbum
> principale vel intelligitur praecedere est suppositum. Verbum vero principale cum toto illo quod
> sequitur est appositum.
>
> 構文には 2 つの部分，すなわち，suppositum と appositum がある．Suppositum とは
> それについてわれわれが話すもので，論理学で subjectum と呼ばれる．Appositum
> とは，他のものについて述べられるもので，論理学では praedicatum と呼ばれる．
> また，主動詞に先行するか，あるいは先行すると理解されるものが suppositum で
> ある．一方，主動詞とそれに後続するすべてのものが appositum である．（Jo-
> hannes Ianuensis de Balbis / John of Genoa, 1286, *Catholicon*: sig.f 6 vb.）
>
> 　　　　　　　　　　　　　　　　　　　　　松本（2006: 245）下線部強調筆者

　　この文献は，スコラ学の中で 'suppositum（主語）' と 'appositum（述語）' と

第1章　言語類型論における文法カテゴリの諸問題:「格」・「主語／目的語」の類型論における非普遍性　63

いう用語が，論理学の 'subjectum'・'praedicatum' とは区別された文法上の統語カテゴリを表す用語として用いられ始めたことを示している．'suppositum（主語）' は主動詞に先行する要素，'appositum（述語）' は主動詞に後続する部分であると定義される．ここにおいて，元々アリストテレス（Aristoteles）の哲学・論理学用語であったギリシャ語の 'hypokeimenon' が，ローマの哲学者ボエティウス（Boethius）によって 'subjectum' とラテン語で訳され，言語形式の変容に伴い 'word order（語順）' という統語カテゴリが近代ヨーロッパ標準諸語の文法論の中で首位位置を占める様になった経緯と並行して，文法カテゴリの 'subject（主語）' として文法論の中に定位したことが理解される．'subject' という文法カテゴリの創発には，文中における当該語の位置，すなわち 'word order' という統語カテゴリが，文法論の中で定位することが必須要件だったのである．

　この『カトリコン（Catholicon）』が書かれ，スコラ学が興隆を誇った 13 世紀というのは，非人称動詞に基づいた「無主語構文（別名：与格主語構文）5)」や「格」が担っていた事象情報機能が，英語の中から消滅し，それに替わる機能が「語順」に付与された時期と重なっている（cf. 事例 8 b・c）．この変容を通して，古英語において見られた，後の言語類型基準によれば SOV 語順と分類できる言語形式が姿を消し，英語は SVO 語順という言語類型に収斂されていく．'word order' が統語の第 1 位原理として定位し，統語法＝文法論というパースペクティブが定着するのと，'subject' という文法（統語）カテゴリが文法論において首位的な位置に定位する様になったのは，同時期なのである．

　Matsumoto（1991）においては，英語に起こったのとほぼ同じ変容が，ロマンス語の中のフランス語においてやや遅れて起こり，続いて北欧のゲルマン語，低地ドイツ語，そして現代のドイツ語へと，西ヨーロッパにおける全般的な言語連合現象として観察されることが述べられている．したがって，近代ヨーロッパ標準諸語内での，類型論的に見れば非常に狭い地

---

5)　me thinks, me nedeth, me wonderth, me hungreth, me aileth 等といった構文.

域言語内のみで生じた 'subject' という文法（統語）カテゴリの創発現象を，通時的及び歴史地理的に概観すれば，'subject' は深層構造レヴェルにおいて自動詞の subject と他動詞の agent を結びつける普遍的カテゴリだとする R・M・W・ディクソン（Robert Malcolm Ward Dixon 1979）の定義も，agent と topics の交点を表すプロトタイプ概念だとするバーナード・コムリー（Bernard Comrie 1989）の定義も，その妥当性を維持することができないのである．

A, S, and O are universal semantic-syntactic primitives. A universal category of 'subject' can be defined as the set ｛A, S｝, and is valid only for the level of deep structure. Language-particular syntactic operations, such as coordination and subordination, work in terms of a（shallow-structure）'pivot'.

動作主（A），主語（S）と目的語（O）は，意味論・統語論的に普遍的な根源構成素である．普遍的カテゴリである「主語」は，｛動作主，主語｝の一対として定義でき，深層構造の水準に対してのみ，妥当性を持つ．等位接続とか従位接続といった，言語に固有の統語論上の操作は，（表層構造の）「軸語」と関連して機能する．

Dixon（1979: 59）

The kind of definition of subject towards which we will be working is the following: the prototype of subject represents the intersection of agent and topics, i. e. the clearest instances of subjects, cross-linguistically, are agents which are also topics. There are two important characteristics of this definition: first, it is multi-factor, second, it is stated in terms of prototypes, rather than in terms of necessary and sufficient criteria for the identification of subjects.

私達がこの先取り組んでいるであろう主語の定義とは，以下のようなものとなる．つまり，プロトタイプとしての主語は，動作主と主題の交点を表す．言い換えれば，言語に共通して，主語としての明瞭な事例は，主題でもある動作主のことである．この定義には，2つの重要な特徴がある．1つめは，その定義が多元的だということである．2つ目は，その定義が主語の同定に対して，必要で十分な基準に関わってというよりも，プロトタイプに関わって述べられていることである．

Comrie（1989: 107）

第1章　言語類型論における文法カテゴリの諸問題:「格」・「主語／目的語」の類型論における非普遍性　65

　いくつかの近代ヨーロッパ標準諸語は，度重なる言語接触の中で通時的な変容を蒙り，「格」はそれまで担っていた情報機能を失い，替わって「語順」がその機能を肩代わりする様を示している．その結果，定位した「語順」という統語カテゴリが，いくつかの近代ヨーロッパ標準諸語においては，文法原理の第1位の座を占める歴史的状況が生じる．そういった歴史的経緯の中で，「形式(構文・文法カテゴリ)」が逆に「意味(概念化)」創発の誘因となり，「主語」という文法（統語）カテゴリが，談話機能的な「主題」と，名詞の格標示としての「主格」と，動詞を介在にした意味役割としての「動作主」という，異なるレヴェルの概念の融合として文法論に登場するのである．この結果，歴史言語学的に見れば，SVO語順・SOV語順という，言語類型論で類型基準として用いられる文法（統語）カテゴリも，副次的に使用されることが可能となった．したがって，世界中の言語のあり方を考える場合，近代ヨーロッパ標準諸語という限られた地域内での限られた歴史的経緯で生じた言語現象の 'subject(主語)' を以って，類型論における普遍的な文法カテゴリとすることは，意味をなさない[6]．

　次章においては，「格」言語同士の衝突・摩擦による歴史的経緯の中から生まれ出てきた近代英語の「形式(∋構文・統語規則)」の創発を，どのようなパースペクティブで考察すべきかを論じることにする．固有の「認知モード」による「意味(事態把握・概念化)」は，その「認知モード」の認識論的母体となっている「主観」によって動機づけられ，また，その「認知モード」における事態把握を「類像的」に反映させながら，「形式(構文・文法カテゴリ)」として創発している．さらに「形式」は，「意味(事態把握・概念化)」を逆に制約もする．言語における「意味」と「言語形式」の関係は，共時的にも通時的にも，常に動態緊張関係にあるものであって，決

6）　この節の全般的な論の展開は，松本克己の研究（1995・2006・2007）に負っている．特に松本（2006: 229-284）を認知言語類型論として読み解く内容とした．本書の執筆に当たり，松本先生には引用させて頂いた部分が含まれる数章をお読みいただき，励ましのお言葉を頂いた．

して静的で安定したものではない．言語とは，所定の統語操作に基づいて意味を生成すると前提できるような，静的で閉じられた体系などでは，決してないのである．

第2章

「客体化（objectification）」の認知メカニズム：「類像性」と「認知Dモード」

　前章において，近代ヨーロッパ標準諸語の文法カテゴリである「主語（subject）」が，どのような歴史的経緯において創発してきたのかを概観した．大事なことは，今ではどの言語においても，その存在は当たり前だとされている「主語」は，決して普遍的な文法カテゴリではなく，ヨーロッパの片隅に在った英語が言語接触・摩擦を繰り返す中で，歴史的経緯の結果として創発・定位してきたものだということである．人類の歴史から見れば，非常にローカルな現象だったと言える．しかしながら，現在の言語学では，「主語」という文法概念がどの言語においても，ア・プリオリに是認されるようになっている．これは，英語という言語が世界史の中で政治的・経済的にヘゲモニー（覇権）を制した結果，日本語を含んだすべての言語が，英語の目で眺められるようになったからである．世界中の言語を，英語という言語の論理で再解釈（construal）し，評価している結果に他ならない．

　この章においては，認知言語類型論にとって最も重要な原理である「類像性（iconicity）」を説明する．同時に，「類像性」をパースペクティブとしない他の言語理論が，言語現象の記述・説明に何故行き詰ってしまうのかを，見ていくことにする．固有の言語の「形式（構文・文法カテゴリ）」に，固有の「意味（概念化）」が創発する理由は，その言語のパラダイム（『主観』）を母体とする「認知モード」による世界解釈・事態把握が，「類像的」に言語形式として創発しているからなのである．

　「類像性」に関しては，ジョン・ヘイマン（John Haiman 1980・1983・1985・

68　第 2 部　言語における「客体化」論理：英語を中心に

1999) も，「記号(形式)」は「意味(概念化)」をある程度まで直接的に反映すると指摘している．

Like other diagrams, languages are *homologous* with other concepts that they represent insofar as they exhibit both isomorphism and motivation.

　他の図形と同じように，言語が認知の型と動機を示している限りにおいては，言語も言語が象徴する他の概念と「相似」の関係にある．　　　　Haiman　(1985: 19)

　ヘイマンも指摘する様に，「言語形式(構文・文法カテゴリ)」は主体と外界との経験に「動機づけ(motivate)」られており(「有縁性」がある)，または，身体性や目的志向性などに「動機づけ」られている(「有契性」がある) (cf. 池上 1975, 大堀 1991・1992，山梨 1993a・1993b・1994・1995・1998a・1998b・1999・2000・2001a・2001b・2001c・2004a・2004b・2009, Frawley 1992, Haiman 1980・1983・1984・1985・1999・2000, Lakoff 1987). 「言語形式(構文・文法カテゴリ)」として「意味(概念化)」が創発する際には，その具現化は「類像性」を介する．

　ヘイマンはこの「類像性」の発現という言語現象を，いくつかの仮説を立てて説明しようとしている．

Different forms will always entail a difference in communicative function. Conversely, recurrent identity of form between different grammatical categories will always reflect some perceived similarity in communicative function.
(the "isomorphism hypothesis")

　異なる形式は，コミュニケーション機能においての違いを常に伴うことになる．逆に述べれば，異なる文法カテゴリ間にあっても，形式が反復しながら同定され続けるのは，コミュニケーション機能に，何らかの類似性が知覚されることを反映している．
　「同型写像仮説」　　　　　　　　　　　　　　　　　　　　　同 (1985: 19)

Given two minimally contrasting forms with closely related meanings, the difference in their meaning will correspond to the difference in their form.
(the "motivation hypothesis")

第2章 「客体化（objectification）」の認知メカニズム：「類像性」と「認知Dモード」　69

　緊密な意味関係を伴った，最小限の対照関係にある2つの形式があるならば，それらの意味の違いは，形式の違いに対応する．

「動機仮説」 　　　　　　　　　　　　　　　　　　　同（1985: 20）

　ヘイマンのいう「同型写像仮説（isomorphism hypothesis）」に合致する言語現象として，話し手と聞き手の社会的な距離が，話し手が用いる言語形式に反映されること等が挙げられる．

（9）a.「これ（を），やる.」⇔ "Here." / "I'll give you this."

　　　b.「これ（を），あげる.」⇔ "Here you are." / "You shall take this."

　　　c.「これ（を），あげます.」⇔ "This is for you." / "I'd like to give you this."

　　　d.「これ（を），さしあげます.」⇔ "I'd like to give this to you." /

　　　　　　　　　　　　　　　　　　 "I'd like you to receive this."

　　　e.「こちらを，さしあげたく思います.」⇔ "May I give you this?" /

　　　　　　　　　　　　　　　　　　 "Would you mind receiving this?"

　　　f.「これ（を），受け取れ.」⇔ "Take this."

　　　g.「これ（を），受け取って.」⇔ "Take this, please."

　　　h.「これ（を），受け取ってください.」⇔ "Take this off me." /

　　　　　　　　　　　　　　　　　　 "Shall I give this to you?"

　　　i.「これ（を），お受け取りください.」⇔ "Please take this off my hands"/

　　　　　　　　　　　　　　　　　　 "I hope you will receive this."

　　　j.「これを，お受け取りいただければと思います.」

　　　　　　　　　　　　⇔ "Would you mind taking this?" /

　　　　　　　　　　　　 "I sincerely hope you would receive this."

　上記事例においては，話し手と聞き手との社会的距離に隔たりがあればある程，話し手によって用いられる言語表現は形式が長くなる傾向にある．すなわち，言語形式における「精緻化（elaborate）」の度合いに，この話者と聞き手の社会的距離が「類像性」として顕現する．Haiman（1983・1984）においては，「直接性」を顕現・表象する構文は短縮された形式を採り，「間接性」を顕現・表象する構文は精緻化された形式を採ることが指摘されているが，ヘイマンが指摘する「直接性」・「間接性」は，発話者

70　第 2 部　言語における「客体化」論理：英語を中心に

と聞き手の関係に基づく社会的距離の「短」・「長」と，パラレルな関係を
持っている．「類像性」という言語現象の本質は，概念化者が事態の「直
接性」を形式に創発させるためには，（「音・韻」を含む）言語形式が単純・
短形化され，「間接性」を形式に創発させるためには，言語形式が複雑・
長形化されることにある．

　このように，言語事例の観察・分析をする際には，その言語を用いてい
る人間の事態把握のあり方（認知モード）が言語形式（構文・文法カテゴリ）
に創発するというパースペクティブと，特定の認知モードに依る事態把握
は，「類像性」を介して言語形式に創発しているというパースペクティブ
の両方が必要不可欠となる．したがって，私達が特定の言語事例の観察・
分析を通して，その言語事例を創発させている事態把握のあり方（認知
モード）を捉えるためには，言語事例としての具現化に介在している「類
像性」を抽出しなければならない．また言語事例とは，その言語事例を創
発させている事態把握のあり方（認知モード）の「類像性」を介しての顕
現であるパースペクティブを持っていれば，どのような固有の言語事例
が，当該言語において創発するのかを予見することも可能になる．

1 −「構文主導主義」の限界：Goldberg と Croft の 「構文文法(construction grammar)」というパースペクティブの言語類型論における限界

　英語の「他動詞」構文を例にとって見れば，従来「他動詞」＋「目的
語」という形式は，cause ＋「目的語」＋「不定詞化された自動詞(to ＋
barely infinitival intransitive verb)」にパラフレイズした構文と等価であるとされ
てきた．しかしながら「類像性」の原理に従えば，形式の違いは事態把握
の違いを表し，この場合においては，事態把握が「直接的」なのか，それ
とも「間接的」なのかの違いが，この 2 つの形式の差異としてある．

(10)　a. The wind broke the window.　⇔　風が窓を壊した．

　　　a'. The wind caused the window to break.　⇔　風が原因となり，窓が壊れた．

第2章 「客体化（objectification）」の認知メカニズム：「類像性」と「認知Dモード」 71

    b. The cancer killed him. ⇔　癌が彼を死に至らしめた.

    b'. The cancer caused him to die. ⇔　癌が原因となって，彼は亡くなった.

    c. He raised the flag over the ball park. ⇔ 彼は野球場で旗を揚げた.

    c'. He caused the flag to rise over the ball park.

        ⇔　彼が働きかけて，野球場に旗が揚がった.

　アンナ・ヴィエルジェビツカ（Anna Wierzbicka 1988）が指摘する様に，「間接性」に依拠する分析的な使役構文である（10）a'・b'・c' においては，使役（cause）と結果（result）が同じ時間・場所である必要はなく，また，使役者が被使役者に対して直接的に接触（physical contact）する必要もない.「直接性」に依拠する統合的使役構文である（10）a・b・cにおいては，使役者と被使役者との間には直接的な接触が介在し，使役と結果は同時・同所という状況が形式に創発する.

　このように，構文の創発・拡張理由とその認知メカニズムの記述・説明が，認知言語学が取り組むべき最重要課題であるとするならば，アデル・E・ゴールドバーグ（Adele E. Goldberg 1995）の「構文文法（construction grammar）」というパースペクティブも，構文間の包摂・継承・例示等の関係を示すことにおいては有効であっても，構文そのものが何故創発し，拡張するのかの理由を記述・説明する際に，その有効性を保持できない.

　　In this monograph, I explore the idea that *argument structure constructions* are a special subclass of constructions that provides the basic means of clausal expression in a language. Examples of English argument structure constructions to be discussed here include the following:

1. Ditransitive   X CAUSES Y to RECEIVE Z   Subj V Obj Obj 2

                                                     Pat faxed Bill the letter.

2. Caused Motion   X CAUSES Y to MOVE Z   Subj V Obj Obl

                                                     Pat sneezed the napkin off the table.

3. Resultative   X CAUSES Y to BECOME Z   Subj V Obj Xcomp

                                                     She kissed him unconscious.

4. Intrans. Motion   X MOVES Y   Subj V Obl

72　第 2 部　言語における「客体化」論理：英語を中心に

　　　　　　　　　　　　　　　　　　　The fly buzzed into the room.

5．Conative　　　　　　X DIRECTS ACTION at Y　　　Subj V Obl*at*

　　　　　　　　　　　　　　　　　　　Sam kicked at Bill.

　この研究論文で，「項構造構文」は構文の特別な下位クラスであり，それが言語
に節表現が生じる際の基本的手立てになっていることを明らかにする．ここで論じ
られる英語の項構造構文とは，次のようなものである．

　　1．二重目的語構文（Ditransitive）

　　X CAUSES Y to RECEIVE Z　　　Subj V Obj Obj 2

　　Pat faxed Bill the letter. ⇔ パットはビルにその手紙をファックスした.

　　2．移動使役構文（Caused Motion）

　　X CAUSES Y to MOVE Z　　　Subj V Obj Obl

　　Pat sneezed the napkin off the table.

　　⇔ パットはくしゃみしてナプキンをテーブルから吹き飛ばした.

　　3．結果構文（Resultative）

　　X CAUSES Y to BECOME Z　　　Subj V Obj Xcomp

　　She kissed him unconscious. ⇔ 彼女は彼にキスして意識を失わせた.

　　4．自動詞移動構文（Intrans. Motion）

　　X MOVES Y　　　Subj V Obl

　　The fly buzzed into the room. ⇔ 蠅は羽音を立てて部屋に入ってきた.

　　5．能動構文（Conative）

　　X DIRECTS ACTION at Y　　　Subj V Obl*at*

　　Sam kicked at Bill. ⇔ サムはビルめがけて蹴った.　　　　Goldberg（1995: 3-4）

　「構文主導主義」というパースペクティブでは，構文自体の創発や拡張
理由を記述・説明することが叶わず，構文自体の創発及び拡張・変容の理
由の解明を目指す認知言語類型論においては，「構文主導主義」以外の別
の手立てが必要となる．この事情は，ウィリアム・クロフト（William Croft
2001）が提唱する「根源的構文文法（Radical Construction Grammar）」におい
ても同じであり，「構文」の創発及び拡張・変容現象を記述・説明するため
には，「構文主導主義」を抜け出し，「認知のモード（事態把握のあり方）」と
「類像性（iconicity）」を介した「言語形式（構文・文法カテゴリ・談話）」への創

第2章 「客体化（objectification）」の認知メカニズム：「類像性」と「認知Dモード」 73

発，及び「認知モード（事態把握のあり方）」のシフトというパースペクティブを，認知言語類型論と呼ぶ研究分野に導入しなければならない．こうしたパースペクティブにおいて，ヘイマンが指摘した「類像性」の原理は，同一言語内での構文間の違いの創発理由を説明するだけのものではない．「類像性」という原理の核心は，該当言語固有の「形式（構文・文法カテゴリ）」を創発させている「認知モード（事態把握のあり方）」を，「言語形式」を通して逆に照射できることにある．

2 ―「認知Dモード（Displaced Mode of Cognition）」による事態把握と「類像性（iconicity）」を介した構文の創発・拡張現象

英語を代表とする近代ヨーロッパ標準諸語が，何故その言語特有の「文法カテゴリ（「格」及び「語順」等）」を創発するのかの問いに答えるためには，Langacker（2000）が提示する規範的視点配置図では十分でなく，中村（2004）が提唱する「認知Dモード（**Displaced Mode of Cognition**）」というパースペクティブが必要であった．

図2．**Langacker**の規範的視点配置図　（再掲）Initial Configuration　（初期様態）

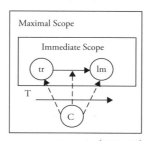

Langacker（2000: 298）

図12.「外置の認知モード (Displaced Mode of Cognition：Dモード)」

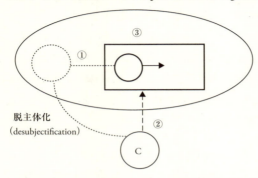

中村（2004: 37）

中村 (2004) においては, この「認知Dモード」による事態把握の事例となる言語現象が, 次の様にまとめられている.

表7.「認知Dモード」による事態把握と言語現象

言語現象		Dモード
a.	1人称代名詞	一定
b.	主観述語	なし
c.	擬声語・擬態語	少ない
d.	直接, 間接話法	間接話法も発達
e.	主体移動表現	進行不可能経路も可
f.	過去時物語中の現在時制	まれ
g.	間接受身	なし
h.	与格か間接目的語か	間接目的語（受け手）
i.	題目か主語か	主語優先
j.	R/T か tr/lm か	tr/lm
k.	非人称構文	なし
l.	代名詞省略	まれ
m.	終わり志向性	あり （終わり志向？）
n.	アスペクト（進行形・「ている」）	終わり志向（あり？）
o.	動詞 vs. 衛星枠付け	衛星枠付け
p.	（英語の）中間構文	特性記述表現

中村（2004:41）

第 2 章　「客体化（objectification）」の認知メカニズム：「類像性」と「認知 D モード」　75

　表 7 に挙げられる各言語現象を含んで，この「D モード」の認知図は，英語を含む近代ヨーロッパ標準諸語における基本的な言語現象を説明するものとなっている．まず，この認知モードによる事態把握のあり方においては，認知主体（C）は事態が生起する領域の外部にあって，事態領域内での事象の生起を，認知主体からは分離・独立したものとして観察している．このため，この様態での認知主体の立ち位置自体が，事象生起の参照点（reference point）として機能することになる．事象の生起には，必ず事態領域の外部に立った認知主体（概念化者）の存在が前提とされるので，この認知様態における事態把握は，言語論理的に事象の「客体化」を可能にし，その結果として生じる「客観」という名の「主観」としてパラダイム化される．「客観」としてパラダイム化された「主観」においては，もはやそれが「主観」としての存在であることを，概念化者（conceptualizer）が自覚できる可能性は消える（cf. ルネ・デカルト（René Descartes）の『哲学原理（*Principia philosophiae*）』における "ego cogito, ergo sum"）．何故ならばパラダイム化された「主観」とは，概念化者の事態把握が言語形式として創発される際に，その創発のメカニズム（特定の認知モードによる事態把握の現れ方）を保証している認識論的志向のことであり，認知的自立を標榜する概念化者が，自身を枠組み，条件づけし，包摂している認識論的志向の存在を，自身の認知モード（事態把握のあり方）を透して意識化することはできないからである．特定の「主観」がパラダイムたる理由は，概念化者自体がその思考を枠組んでいる「主観」の存在を意識化することができないからであり，ある言語の事態把握のあり方を枠づけている「主観」の存在を意識化するためには，他言語に習熟する中で，目標言語の事態把握のあり方（論理）と当該言語の事態把握のあり方（論理）とを，認識論的なレヴェルで対照するしか手立てがない．事態把握のあり方を認識論的なレヴェルで対照するためには，それぞれの事態把握のあり方（認知モード）による思考を実際に生きてみると共に，その事態把握のあり方により創発・拡張・変容している言語形式を一時的に「　」付けにし，双方の「　」付けにされた言語形式を，さらなるメタレベルで考察することが必要となる．一番

76 第2部 言語における「客体化」論理：英語を中心に

　重要なのは，異なる事態把握のあり方（認知モード）による思考と言語形式の対照を通して，メタレベルで考察することであり，その意思がなければ自覚は無くとも，他言語の論理を当該言語の論理として履き違えることになる．現在の言語研究のほとんどは，この履き違いの状態で行われている．他言語の論理を研究者自身の言語と同等水準まで身体化する（生きる）のは，並はずれて難しいことであり，この困難が，言語を類型論的に研究することの越え難き高い壁として存在している（cf. Daniel L. Everett 2008）.

　日本語を使っている言語研究者自身が「日本語」の論理が捉えられない理由は，「ことば」を「書き言葉化（『客体化・客観化』）された共時的データ」として観察・分析しようとする研究姿勢から離れることができないからである．そこにおいては，研究者自身の「客観的観察・分析」といった近代ヨーロッパ標準諸語の論理による思考の枠組みとその研究姿勢自体が，文字を持たなかった話し（放し）言葉である「日本語」の論理の存在を，覆い隠してしまう．日本語における言語現象の本質を捉えるために必要となる「日本語」の論理に基づいた直観や感性は，非科学的なものとして追放される．しかしながら通時的事実として，日本語の深層には「やまとことば(文字を有しない膠着を構成原理とする言語，すなわち，「音」自体に「意味」を見出す感性の言語)」の論理が存在しており，この「主体化」というパラダイムに根差した論理の存在を捉えるためには，「音」自体の「意味」に対する鋭敏な感性が必要となる．「客体的」な認知モードにより事態把握を図っている概念化者にとって，「音」自体に「意味」を見出している「主体的」な認知モードによる事態把握のあり方を知覚・意識化するためには，「音」自体に「意味」を見出している様な「主体化」の論理に拠った言語世界を生きてみる（身体化する）しかない（cf. Claude Lévi-Strauss 1955 (1992), Benjamin L. Whorf 1956, Daniel L. Everett 2008, Guy Deutscher 2011）. 言語の科学的な研究とは，知性と感性と直観が止揚される次元において可能となるものだろう．

　中村（2004）において示された「認知Dモード」による事態把握は，その認知図が示す様に，事象は認知主体の外部に「客観的」に存在するもの

第 2 章　「客体化（objectification）」の認知メカニズム：「類像性」と「認知 D モード」　77

と「主観」されている．そして「客観的」に存在すると「主観」された事象を，認知主体は事象外部から観察する様態となる．認知主体者が「D モード」によって行った事態把握・概念化が，「外部事象」として言語形式化（「客体化・客観化」）されるということは，「事象」と概念化者との間に認識論的な距離が存在していることを表す（図 12.「外置の認知モード」の②・③）．このことが，事例（4）Eine Frau liebt einen Mann と事例（7）The king saw the messenger の「言語形式」に，「格」または「主語/目的語」・「能動態」・「時制」といった「客体化・客観化」された文法カテゴリが創発する認識論的動機となっている．

3 ― 「認知Dモード」による事態把握とコミュニケーション：「客体化・客観化（文字化）」された事象の交換

　中村（2004：37）の「D モード」による事態把握表示と，Langacker（2008: 261）による認知図を並べて考察してみれば，英語を含む近代ヨーロッパ標準諸語がどのようなコミュニケーション機能を「主観」し，その主観が「言語形式・構造」にどのような特徴を与えているかが明確になる．そこにおいて概念化者たる話し手及び聞き手は，IS(immediate scope=on-stage) から離れて，つまり認識論的距離を持った存在として認知図式化される．

　この 2 つの認知様態の認知図によって示されるのは，話し手（S）の「認知Dモード」による事態把握とその創発である「言語形式」が，「客体化・客観化された事象＝情報(objectified event information)[1]」として，聞き手（H）との間で，客体的に (objectively) 交換されるというコミュニケーションの様態である．事態は，「認知Dモード」によって事態把握を行う話し

---

1 ）「客体的な情報」という概念は，「文字」を持つ言語にしか当てはまらない概念である．「日本語」は元々「文字」を持たない言語であり，「文字」を持たない言語の事態把握のあり方，すなわち，「主体的・主観的」な事態把握のあり方を，「客体的・客観的」に捉えることはできない（cf. 熊倉：1990, 2011）

図 3. Langacker の認知図：'grounding' （再掲）

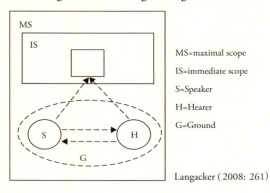

Langacker (2008: 261)

手によって，言語論理的に認識論的距離のある「客体的・客観的な事象 (objective event)」として言語形式（構文）に構造化（コード化・文法化）され，そのコード化・文法化されたものが聞き手に渡される．聞き手はそれを，聞き手からも言語論理的に認識論的距離を持ったものとして，「客体的・客観的」に解釈することになる．したがって，「認知Ｄモード」によって事態把握を行っている話し手も聞き手も，言語を介在にしたコミュニケーションとは，「客体的・客観的な解釈」の交換だと「主観」するため，コミュニケーション自体も「客体化・客観化」の様態としてある．この様態においては，日本語に特徴的な「場」というコミュニケーション様態は理解されない．英語で 'information[2]'，翻訳漢語で「情報」という表記は，「客観」というパラダイム，すなわち「客体化(文字化)」の論理を拠り所にする．「文字」によって「客体化されたもの('information')」であるからこそ，「情報」は論理学によって真偽内容を判断しえる「命題」になり得る．つまり 'A is B, and B is C. Therefore, A is C.' は，「be 動詞」によって，Ａ・Ｂ・Ｃ項が 3 人称単数に「客体化」された存在であると，言語論理的に保証されている．したがって，「認知Ｄモード」で事態把握を図っている言

---

2) inform : ?a1325-1736 教育する・訓練する，a1338-1654-66 形作る・生み出す，a1338 知識を授ける・教える，c1340～ の特徴を与える・魂を吹き込む，1384 人に～を知らせる （『英語語源辞典』研究社: 715）

第 2 章 「客体化（objectification）」の認知メカニズム：「類像性」と「認知 D モード」　79

語の言説は，論理学において真偽判断を問える「客観的な言明（命題）」に
なり得るし，また事象を「客観的」に捉えているという「主観」によっ
て，「科学（science）」と名称される抽象概念領域に相応するものにもなり得
る.

　「日本語（やまとことば）」の論理における事態把握と異なり，「認知 D モード」に拠る事
態把握とそのコミュニケーションを可能にしている認識論的母体は，「世
界は客観的に存在する」という「主観」であり，その「主観」が「認知 D
モード」を介した事態把握の創発である言語形式を，「客体的」に精緻化
する認知的動機となっている．そして，その言語形式には，「客観」とい
う名の「主観」が「類像性」を介して創発している（cf. Haiman 1980・
1983・1985・1999）．先の事例（4）Eine Frau liebt einen Mann は，この「客
観主観」をパラダイムとした「認知 D モード」による事態把握が，言語形
式に精緻に創発しているものである．その結果，「客体的」に精緻化され
た情報である「格」・「能動態」・「時制」という「客観的」な文法カテゴリ
の顕現が観察される．先の英語の事例（7）The king saw the messenger は，
「格」機能の消失により失われる「客体化」の精緻度を，「語順」機能に
よって維持しようとしたものであり，それにより「主語／目的語」といっ
た文法（統語）カテゴリの顕現が観察された．上記認知図 3・12 を止揚（しよう）す
ることで，「認知 D モード」による事態把握の様態とコミュニケーション
の様態の両方を示す概略的認知図を得ることができる．そこにおいては，
「客体的」な事象は太線の□によって，その事象を構成する事象項は太線
の○によって示され，力動性の伝達は太矢印によって示される．「時間」
という概念は，線矢印によって表されることになる．線状不可逆的一方向
の「力動性」の伝達や「（客体的・時制的）時間：Objective Time」を表象す
るために，「矢印」という形式が使われる．破線矢印は，事象に対する
「客観的」な観察と認知主体者同士のインタラクションを表す．

図 13.「客体化・客観化 (objectification)」の認知モードによるコミュニケーション様態図

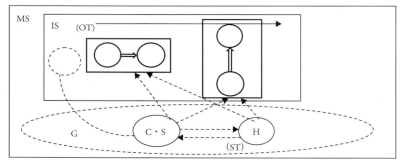

MS=maximal scope　IS=immediate scope　C=conceptualizer
S=speaker　H=hearer　G=ground　OT=Objective Time　ST=Subjective Time

4 ―「認知 D モード」による事態把握と文法カテゴリの創発①：アクション・チェイン・モデルと「二重目的語使役動詞構文 (ditransitive causative verb construction)」

前節に示した「認知 D モード」による事態把握においては，事態は認知主体の外部に「客体化された事象」として言語形式化された．「客体化された事象」においては，「客観」と「主観」される観察により，「力動性の伝達」というものが事象構造内に知覚される．この「客体化された事象」における線状不可逆的一方向の「力動性の伝達」という認識は，西洋においては理想化された認知モデルであるアクション・チェイン・モデルとして具現化されている．ただし，力動性の線状不可逆的一方向の伝達の，理想化された認知モデルの具現であるアクション・チェイン・モデルと，言語形式（構文）における文法カテゴリの創発である「他動詞」構文及び「能動態」は，パラダイムを同じくする事態把握の，創発現象の表裏関係にある．

第 2 章　「客体化（objectification）」の認知メカニズム：「類像性」と「認知 D モード」　81

図 14．能動態（**Active Voice**）

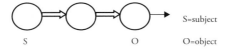

Langacker（2002: 229）

図 15．アクション・チェイン・モデルと「他動詞構文（**transitive construction**）」

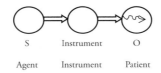

(11) a. Floyd broke the glass (with the hammer).
　　　⇔ フロイドは（ハンマーで）ガラスを割った．
　　a'. Floyd hammered the glass.
　　　⇔ フロイドはガラスをハンマーで割った．

Langacker（2002: 216-217）　　(11)a'は筆者による

　Langacker（2002）に挙げられたアクション・チェイン・モデルと「能動態」の表裏の関係は，「使役動詞（causative verb）」を用いた「二重目的語使役動詞構文（ditransitive causative verb construction）」においてより明瞭に観察される．

　「使役構文」で用いられる 'make'・'have'・'let'・'get' は，不規則動詞であることからも判る様に，英語の古層から存続している生活に密着した使用頻度の高い動詞である．こうした言語使用者の生活に密着した使用頻度の高い語の用法には，歴史的経緯を経た「意味」と「形式」の動態・緊張関係が，より明瞭に観察されることが予測される．

(12) a. She made her children clean their rooms.
　　　a'. ⇔ She forced her children to clean their rooms.
　　　　⇔ 彼女は子ども達に部屋を掃除させた．
　　b. He had his secretary fax the information.

82　第2部　言語における「客体化」論理：英語を中心に

　　b'. ⇔ He asked/ordered his secretary to fax the information.
　　　　⇔ 彼は彼の秘書にその情報をファックスしてもらった.
　　c. My parents let me study art history in graduate school.
　　c'. ⇔ My parents allowed me to study art history in graduate school.
　　　　⇔ 私の両親は，大学院で芸術史を勉強させてくれた.
　　d. I got my brother to help me with my homework.
　　d'. ⇔ I persuaded / convinced my brother to help me with my homework.
　　　　⇔ 私は兄に何とか宿題を手助けしてもらった.

　'make'・'have'・'let' が「二重目的語使役動詞構文」の中で用いられる場合と，それが他の動詞によってパラフレイズされた場合とでは，日本語としては訳し分けが困難であるが，「意味」としての使役の度合に差が観察される．'make'・'have'・'let' が「二重目的語使役動詞構文」の中で用いられる場合には，その使役性には「直接性 (immediacy)」が伴っている．つまり，動作主が使役の対象（被動作主・受動者）に時空的に直接働きかけ，その使役性（力動性）は直接的に伝導されることが含意されている．使役性（力動性）が直接伝導される場合には，「類像性」の原理によって，to- 不定詞ではなく原形不定詞が創発されることになる．また，「使役動詞 (causative verb) ＋被動作主 (patient) ＋原形不定詞 (bare infinitive)」の構文の場合，使役性（力動性）伝導の直接性から，その原形不定詞に創発している意味（「行為・動作」）には，遂行が伴っていることが含意される．これに対して，使役動詞 'get' においては，説得という時間・心理的な手間を要する分だけ，その使役性における直接性は通時的に 'have' よりも低く，その直接性の低下が「類像性」の原理の顕現として，原形不定詞ではなく to- 不定詞の創発を要求する．また，to- 不定詞に使用されている to の意味（「方向 (direction)」）が示す様に，to- 不定詞に創発している意味（「行為・動作」）には時間的方向性の付与という意味合いも強く，必ずしも遂行結果の伴いまでが含意されているわけではない．ただし，「使役動詞」 'have' が 'ask' と類似の意味内容を持つ場合があり，その状況においては 'persuade（説得する）' と近似の時間・手間という意味内容が認められるところから，「使役動

詞」‘have’ 及び ‘get’ を用いた「二重目的語使役動詞構文」間に意味の違いはないと，学校教育現場で教えたりもする．

　「力動性伝導」の時間・手間に関わる直接性という「事態把握（意味）の差」が，「使役動詞」が用いられる構文の原形不定詞と to- 不定詞の使用差に，「類像性」原理として創発していると理解できる．「事態把握の差（違い）」が，構文形式の違いとして創発するところに，「類像性(iconicity)」という言語現象の本質が存在する．

　「二重目的語使役動詞構文」の拡張において用いられる ‘help’ も，‘make’・‘have’・‘let’・‘get’ と同様に使用頻度の高い動詞だと言えるが，イギリス英語においては to- 不定詞の使用が，アメリカ英語においては原形不定詞の使用が標準とされる．

(13) a. He helped me to carry my bags.

　　 b. He helped me carry my bags.

　　　 ⇔ 彼は私がバッグを運ぶのを手助けしてくれた．

　この用法の違いは，イギリス英語から見れば歴史的周辺言語であったアメリカ英語の方に，却って英語の論理（事態把握のあり方）が息吹いていたことから生じている言語現象だと考えられる．つまり，‘help’ を用いたアメリカ英語の「二重目的語使役動詞構文」の方に原形不定詞が用いられているということは，この構文の方がイギリス英語の構文よりも力動性伝導の直接性をより意識し，結果，原形不定詞で表象される意味（「行為・動作」）の遂行結果までが含意されていることになる．したがって，図 15 のアクション・チェイン・モデル（「他動詞構文モデル」）は，「二重目的語使役動詞構文(ditransitive causative verb construction)」に関わって，次の様な認知モデルへと精緻化できる．

図 16. a. Iconicity（類像性）を介した「客体的直接性(objective immediacy)」の創発:
「使役動詞(causative verb) + 被動作主(patient) + 原形不定詞(bare infinitive)」
構文と「力動性(force dynamics)」の強伝達

「使役構文」に用いられる他の動詞 ('allow'・'permit'・'force'・'compel'・'oblige'・'cause'・'encourage'・'invite'・'tempt' 等) においては，由来がフランス語であることによる歴史的生活密着度の弱さや具象度の低さを起（帰）因として，また時間及び手間という意味内容を内包するが故の「力動性伝導」の直接性の弱まりをも起（帰）因として，原形不定詞ではなくて to- 不定詞がこの構文に創発する．

(12) a'. ⇔ She forced her children to clean their rooms.
    b'. ⇔ He asked / ordered his secretary to fax the information.
    c'. ⇔ My parents allowed me to study art history in graduate school.
    d'. ⇔ I persuaded / convinced my brother to help me with my homework.

これらのことから，強い「力動性」の伝達を表していた認知モデル図 16. a は，その図象に次の様な変更がもたらされる．

図 16. b. Iconicity（類像性）を介した「客体的直接性(objective immediacy)」の創発:「使役動詞(causative verb) + 被動作主(patient) + to- 不定詞(to infinitive)」構文と「力動性(force dynamics)」の弱伝達

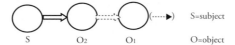

この「客体的直接性(objective immediacy)」という事態把握のあり方は，「力動性の伝達」以外に「空間」や「時間」と名称される概念を基盤としている．上記の「二重目的語使役動詞構文(ditransitive causative verb construction)」というのは，「客体的直接性」と名称できる事態把握のあり方にお

いて，「力動性の伝達」という概念が前景化されて創発している構文である．この「客体的直接性」と名称できる事態把握のあり方において，「時間」という概念の方が前景化されて創発している構文が「二重目的語知覚動詞構文(ditransitive perception verb construction)」である．

(14) a. Rob saw Mary cross the street.
⇔ ロブはメアリーが通りを渡るのを見た
b. She watched him begin to play the guitar.
⇔ 彼女は彼がギターを弾き始めるのを注視した
c. He heard someone knock the door last night.
⇔ 彼は昨夜誰かがドアをノックするのを耳にした
d. Ellen felt a slight chill creep up her spine.
⇔ エレンはちょっとした悪寒が背骨を這い上がるのを感じた

「二重目的語知覚動詞構文」というのは，知覚動詞（perception verb）という名称が示す様に，'see'・'look at'・'watch'・'observe'・'hear'・'listen to'・'feel'・'notice'といった身体性（外部からの直接刺激に対する身体反応）を介した事態把握を，構文に創発させているものである．事態把握のあり方が，外部からの直接刺激に対する身体反応であるということは，客体化された事象（objective event）の生起とその知覚・観察との間に，時間差がないことを意味する．見たり・聞いたり・感じたりするためには，その事象（event）が発話者にとって同時間的に生起していなければならず，生起してしまった後に，見たり・聞いたり・感じたりすることはできない．つまりこの構文において，知覚動詞により表される事態把握と，原形不定詞が使われている構文が表す事象との間には，時間差がない．私達は忘れがちであるが，メディア媒体を通して事象が記録され，その記録された事象を見聞きできる様になったのは，人類の歴史から見ればつい最近のことであり，本来，「知覚動詞」の意味内容に間接性（時差及び介在）が関わる余地はなく，その原形不定詞が用いられる構文が表す事象を，発話者は原義として直接的に知覚・観察している．この場合，'observe'や'notice'などフ

ランス語経由で取り入れられた単語も，外部刺激に対する知覚反応を介した事態把握を構文に創発させるために，その使用が表す知覚・経験（知覚動詞）と事象生起（原形不定詞）との間に，時差は生じない．この「時差の無い直接性」という概念を前景化した事態把握のあり方を構文に創発させているのが「二重目的語知覚動詞構文」の本質であって，そこでも「客体的直接性（objective immediacy）」の論理が構文に強く顕現している．知覚動詞が用いられる「二重目的語知覚動詞構文」においては，知覚・経験という時差の無い直接性が，原形不定詞が構文に創発する認知的動機となっている．「二重目的語知覚動詞構文」においては，to-不定詞ではなく原形不定詞が構文に創発する動機は，「力動性」伝達の直接性ではなく，事象生起とその知覚・経験の同時性を起（帰）因としている．

図 16. c. Iconicity（類像性）を介した「客体的直接性（objective immediacy）」の創発：「知覚動詞（perception verb）＋知覚対象（perceptual object）＋原形不定詞（bare infinitive）」構文と「時差が無いという直接性」

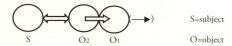

上記の認知モデルは，「時差の無い客体化された直接性」という事態把握のあり方が，「類像性」を介して「二重目的語知覚動詞構文」として創発することを示す．ここにおいては，視覚・聴覚・触覚等，直接的な知覚による事態把握が，知覚と事象生起との間の「時差の無い直接性」を認知的動機として，「二重目的語知覚動詞構文」の創発を要求している．しかしながら，視覚・聴覚・触覚等，直接的な感覚・知覚を介する様態での事態把握であっても，英語において事物は「客体的」に存在するという解釈がパラダイムとして存在しているため，その「直接性」も言語形式（構文・文法カテゴリ）には「客体的」に創発することになる．したがって，身体性（知覚）を介した「直接性」も，「日本語」の様に「内置・主体化」されて言語形式に創発することはなく，「外置・客体化」されて言語形式

に創発する．この「客観」という主観を母体（パラダイム）とする「外置・客体化」の認知メカニズムが，英語において「直接性(immediacy)」を認知的動機とする事態把握の創発にも，言語形式（構文・文法カテゴリ）に文法（統語）カテゴリとしての「主語/目的語」を要求することになる．英語においては，「形式」が「意味」の顕現に制約を掛ける現象が，数多く見受けられる．

(15) a. <u>You</u> can see <u>Mt. Fuji</u>.
　　　⇔ a'. 富士山が見えます．

　　 b. <u>We</u> can hear <u>the murmuring of the stream</u>.
　　　⇔ b'. 小川のせせらぎが聞こえる．

　　 c. <u>I</u> feel chilly.
　　　⇔ c'. 悪寒がする．

　　 d. <u>I</u> feel <u>something</u> tickle the back of my neck.
　　　⇔ d'. 首の後ろが何かくすぐったい．

5 ―「語彙主導主義」の限界：Jackendoff 及び影山の「語彙意味論(lexical semantics)」というパースペクティブの言語類型論における限界

前節において，「力動性伝導の直接性」の強弱の知覚が，英語の「二重目的語使役動詞構文(ditransitive causative verb construction)」に原形不定詞が創発するのか，または to- 不定詞が創発するのかの，認知的動機となっていることを述べてきた．こうした「構文」の創発の違いは，事象における「時間・空間・関係」の「差異(differentia)・際立ち(sailience)」の認知によって生み出されているものであって，影山太郎（2010）がいうところの「語彙概念構造(lexical conceptual structure)」というパースペクティブだけでは，説明できない言語現象なのである．

表 8．「語彙概念構造」図：〈活動・行為〉→〈変化・移動〉→〈結果状態・結果位置〉

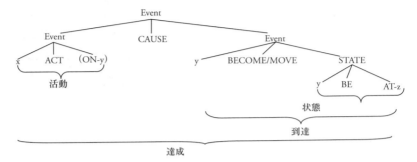

影山（2010: 161）

　影山の「語彙概念構造」というパースペクティブの基底には，生成意味論の中で編み出された「語彙分解」という手法と，ゼノ・ヴェンドラー (Zeno Vendler 1967) が示した「動詞」の語彙的アスペクトの 4 分類という発想とが据えられている．「語彙分解」においては，例えば英語の「動詞」'kill' の意味構造が，'x CAUSE y TO BECOME DEAD' の様にパラフレイズ可能であると説明される．また「動詞」の語彙的アスペクトの 4 分類とは，「動詞」の意味構造を，「時間的な継続 (temporal duration)」・「時間的な終点 (temporal termination)」・「内的な時間構造 (internal temporal structure)」等といった，「時間」に関わる属性によって規定したものである (cf. Vendler 1967)．

表 9．Vendler の語彙的アスペクト

状態 (state)	know, believe, have, belong のように静的な状態を表し，通常は進行形にならない述語
到達 (achievement)	recognize, find, lose, reach, die のように明示的な終了点を持ち，瞬間的に終了点に達することを表す述語
活動 (activity)	study, run, walk, push a cart, drive a car のように明示的な終了点がなく，進行形にすると動作ないし過程の継続を表す述語
達成 (accomplishment)	paint a picture, <u>make</u> a chair, push a cart to the supermarket のように明示的な終了点を持ち，進行形にするとその終了点に近づきつつあることを意味する述語

影山（2010: 160）下線部強調筆者

第2章 「客体化（objectification）」の認知メカニズム：「類像性」と「認知 D モード」 89

　レイ・ジャッケンドフ（Ray Jackendoff 1990）や影山（1996）等のいう「語彙概念構造」とは，上記 Vendler（1967）の「動詞の語彙的アスペクト」という発想と，「語彙分解」という手法を組み合わせたものであり，その組み合わせによって，構文の創発理由が説明できるというパースペクティブである．しかしながら，事例（12）a・a'・b・b'・c・c'の各構文間の意味の違いを説明する際に，Wierzbicka（1988）の指摘も紹介した様に，「間接性」に依拠する分析的な使役構文（12）a'・b'・c'においては，使役（cause）と結果（result）が同じ時間・場所である必要はなく，また，使役者が被使役者に対して直接的に接触（physical contact）する必要がない．つまり，英語の「他動詞」'kill' の意味は，'x CAUSE y TO BECOME DEAD' には等価にパラフレイズできず，パラフレイズによって得られた「動詞の意味構造」は，元の「動詞」の意味とは異なる内容を表す．また，ジェームズ・プステヨフスキー（James Pustejovsky 1995）が例示する様に，「活動動詞（activity）」と規定される 'play' は，構文中の補部によって容易に「達成動詞（accomplishment）」という定義へシフトしてしまう．

(16) a. Mary **played** the piano for one hour.　　　（activity）
　　　⇔ メアリーは，1 時間ピアノを弾いた．

　　b. Mary **played** the sonata in 30 minutes.　　　（accomplishment）
　　　⇔ メアリーは，30 分でそのソナタを弾いた．　　　Pustejovsky（1995:13）

　「使役構文」で用いられる「動詞」の 'make' も，構文中内の使用のあり方によって語彙的アスペクトに違いが生じ，「動詞」の語彙的アスペクトという意味が，影山・ジャッケンドフの「語彙概念構造」と名称されるパースペクティブから一義的に導き出されるものではないことが判る．

(17) a. He **made** himself comfortable with her musical performance.　（state）
　　　⇔ 彼は，彼女の演奏に寛いだ．　　　　　　　　　　　　「状態」

　　b. The package finally **made** its way to the office in Tokyo.　（achievement）
　　　⇔ 荷物がやっと東京のオフィスに届いた．　　　　　　　「到達」

　　c. She **made** efforts to be friendly towards the children.　（activity）

⇔ 彼女は子ども達に対して優しくあろうと努力した.「活動」
d. He **made** a chair himself. (accomplishment)
⇔ 彼は自分で椅子を作った. 「達成」

このように,「語彙(部分)」の「意味」の集積が「構文(全体)」の「意味」を創発させているのではなく,「構文(全体)」の「意味」が「語彙(部分)」の意味を規定しているのである. 影山（2010: 164）が提示する様な形式操作を基にした統語構造図を以って,「構文」創発の理由を説明することはできない.

表 10.「語彙意味論」に基づく統語構造

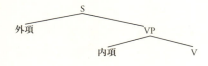

影山（2010: 164）

影山（2010）は,次の様に述べる.

表 10 では主語,目的語の代わりに「外項」,「内項」という用語を用いている. 外項とは,典型的には動作主（動作・行為を行うもの）ないし経験者（驚き,喜びなどの心的変化を体験するもの）を指し,内項とは変化ないし働きかけを被る対象を指す. 他動詞が外項と内項を採るのに対して,自動詞には外項を主語に取る動作・活動の動詞（非能格動詞）と,内項を主語にとる変化・状態の動詞（非対格動詞）の2種類がある（「非対格性仮説」と呼ばれる）.

非対格性仮説は,統語構造は動詞の意味から予測できるという語彙意味論の仮説の一部分と捉えることができるだろう. 影山（1996）のモデルでは,上掲 7（本書表 8）の語彙概念構造において,使役（CAUSE）より左側か右側かで働きが異なり,CAUSE の左側の Event は使役事象,右側の Event は結果事象として,前者が後者を統括する. したがって,使役事象（つまり ACT）の主語 x が文の外項に対応し,結果事象（すなわち BE,あるいは BE がなければ MOVE）の主語 y が内項になる. このような意味と統語の関係は,世界の様々な言語で立証されている（Perlmutter and Postal（1984））.

影山（2010: 164）

第 2 章 「客体化 (objectification)」の認知メカニズム：「類像性」と「認知 D モード」　91

　影山 (2010) の主張に沿うなら，上記事例 (17) a・b・c はそれぞれ外項と内項を伴い，使役事象が結果事象を統括することで「達成」という事象概念を構文が創発することになる．しかしながら事例 (17) a は，「他動詞」 'make' が 'himself' という再帰目的語を取ることで，構文全体の意味が日本語でいうところの「寛ぐ」という 'state' を表す「自動詞」の意味に変わっており，また事例 (17) b も，'way' を目的語に取ることで，構文全体の意味が日本語でいうところの「届く」という 'achievement' を表す「自動詞」の意味に変わっている．同じことが，事例 (17) c にも言え，'efforts' を目的語に取ることで，構文全体の意味が日本語でいうところの「努力する」という 'activity' を表す「自動詞」の意味に変わっている．このように，「他動詞」構文でありながら，構文全体の意味が「自動詞」の構文に変容する理由を，「語彙意味論」は説明することができない．「語彙概念構造」というパースペクティブでは，構文内の「動詞」の「意味」創発の理由も説明できない．「動詞」を含んだ各「品詞」の意味は，構文という「形式」で発現している事態把握のあり方を理解していなければ捉えることができないのである．構文の創発理由は，「語彙意味論 (語彙主導主義)」では説明できないが，同様のことが，「構文文法 (構文主導主義)」についても当てはまった．「中間構文 (middle construction)」から「構文イディオム (construction idiom)」を経て，「場所主語構文 (setting-subject construction)」へと拡張する認知プロセスを概観する際に述べることになるが，構文の創発，及び他の構文への拡張は，事態把握のあり方と，その事態把握における認知プロセスの拡張・シフトが考慮されない限り，構文間の関係を述べることができても，何故その構文自体が創発するのかの理由を述べることができないのである．私達が類型論的に言語現象を記述・説明するにあたり，その構文の創発理由となっている事態把握のあり方 (「認知モード」の存在) を明らかにしなければならない理由が，ここに在る．

92　第 2 部　言語における「客体化」論理：英語を中心に

6 －「認知 D モード」による事態把握と文法カテゴリの創発②：「態」と「時制」

　理想化された認知モデルであるアクション・チェイン・モデルという近代科学観の定位は，近代ヨーロッパ標準諸語内の特に英語が，その言語接触の歴史的経緯の中で，「意味」の創発を保証するために「語順(word order)」を文法原理の第 1 位に据えたことに大きく起因すると考えられる．

　英語において，「他動詞」という文法カテゴリを創発する構文が第 1 規範構文の位置に定位することと，アクション・チェイン・モデル（力動性の線状不可逆的一方向の伝達）という近代科学のパラダイム化は，パラレルな関係にあると言える．またこの「語順(統語)」が，通時的な変遷の中で英語の第 1 文法原理になったことが，英語特有の種々の文法カテゴリを創発させる際の誘因にもなっている．「言語形式(構文・文法カテゴリ)」自体が，「意味(概念化)」創発の誘因または制約ともなる．言語の歴史的変遷は，「意味」と「形式」の間の，動態緊張関係により生じる．

　英語において，この「意味」と「形式」の動態緊張関係が最も強く顕現している事例の一つが，「能動態(active voice)」と「受動態(passive voice)」から成る「態(voice)」と呼ばれる文法カテゴリであると考えられる．

6-1．「能動態」と「時制」

　「認知 D モード」による事態把握においては，「客体化された事象」という観念と対の関係にある「客観的な観察」によって，「線状不可逆的一方向の力動性の伝達」と名称される観念が生じる．この線状不可逆的一方向の力動性という観念が，「類像性」を介して「言語形式」として創発しているのが，英語の「他動詞構文」である．そして，その創発には英語の歴史的変遷が深く関わっていた．「力動性の線状不可逆的一方向への伝達」とその「始発点」と「到達点」という観念の「類像的」顕現が，「能動態」及び「主語／目的語」という文法カテゴリを内包する英語の「他動詞構文」である．また，この「他動詞構文」の規範構文第 1 位への定位も，

第 2 章 「客体化（objectification）」の認知メカニズム：「類像性」と「認知 D モード」 93

「語順」という「形式」制約により，英語の歴史的変遷の中でもたらされてきた．再度，図 15 の事例を見ることにする．そこにおいては，「線状不可逆的一方向の力動性の伝達」及び「語順」が，構文の「意味」を一義的に規定していた．

図 15. アクション・チェイン・モデルと「他動詞構文（transitive construction）」（再掲）

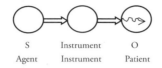

(11) a. Floyd broke the glass （with the hammer）
 a'. Floyd hammered the glass.

Langacker （2002: 216-217）（11） a'は筆者による

　英語においては，「語順（統語）」が文法規則の第 1 位原理となることにより，「対格構文」は「他動詞構文」へと拡張・変容させられた．そしてこの拡張・変容により，「他動詞構文」が英語の規範構文として第 1 位の座を占める様になった．このことは逆に，「線状不可逆的一方向の力動性の伝達」という事態把握を「類像性」を介して，「力動性伝導の起点」を「主語」として，「終点」を「目的語」として事象化することに繋がった．つまり，「能動態」及び「主語/目的語」という「文法カテゴリ」が構文に創発するためには，「他動詞構文」がその言語の規範構文の第 1 位を占めることが必須の要件であり，また，その言語において「他動詞構文」が創発するためには，「語順」がその言語の文法原理の第 1 位を占めることが絶対要件となっているのである．

　「力動性の線状不可逆的一方向の伝達」という観念が，ア・プリオリに是認される様になる（パラダイム化される）と，それに対応する「客体化されたトキ」である「絶対時間」という概念も見出されることになった．概念化者（conceptualizer）は「客体化されたトキ」である「時間」そのものを概念化することはできないが，運動・状態の変化から「客体化されたトキ

94　第 2 部　言語における「客体化」論理：英語を中心に

＝時間」というものの存在を推定することができた．そしてその推定自体
も，「線状不可逆的一方向の力動性の伝達」とその伝達結果による変化の
発現を，「語順」という第 1 文法原理によって「類像性」を介して「他動
詞構文(transitive construction)」として創発・事象化させている思考様態に
よって，可能となったのである[3]．

　「主体化されたトキ」という事態把握のあり方を，言語形式として創発
させている言語の論理は，「客体化されたトキ」としての「時制(tense)」
という文法カテゴリを，言語形式として創発することはない（cf. 熊倉
1990・2011，中野 2013a・2013b）．「主体化」論理の言語に「客体化されたト
キ」である「時制(tense)」という文法カテゴリの存在を求めるのは，「客
体化」論理の言語は他の論理の言語よりも優れているとする，近代ヨー
ロッパ標準諸語のイデオロギーに対する信奉が，近現代の日本人の中にも
潜んでいるからである．自身の頭で見出すことよりも，権威の存続を共同
体内において優先する方略を採ると，人は思考を停止し，その方略に寄り
添うことを選択しがちである．倒錯した信奉によって産み出されたもの
も，共同体内に流布し，広く共有化（社会化）されれば，たとえそれは事
実でなくとも，強固な社会的パラダイムとして機能することになる．日本
語の言説は，「客体化・客観化」論理によって真理が担保されているので
はなく，「は/wa/」が持つ共同注視（joint attention）機能に基づいた社会化
（共有化）によって，その真理が担保されている．日本の近現代の哲学及び
文学の分野にも，深淵が存在している．

　英語においては，言語論理の特性（「一方向への力動性の伝達」）が，推定
に依ってしか捉えられない「客体化された時間(絶対時間)」[4]の創発を逆に
要求するので，「時制」という文法カテゴリが言語形式（構文・文法カテゴ
リ）として創発する．

　3）　事態把握のあり方が言語形式を創発させるだけでなく，言語形式が認知主体
　　　者にその思考のあり方を制限させているという視点は，筆者の修士論文の公
　　　聴会において河崎靖教授によって指摘された．
　4）　Distance ＝ Velocity × Time という公式（前提）を変換することによって，
　　　Time（＝ Distance / Velocity）というものの存在が推論的に見出されている．

第 2 章　「客体化（objectification）」の認知メカニズム：「類像性」と「認知 D モード」　95

図 17. ラネカーの「時間」認知：Conceived / Projected / Potential Reality

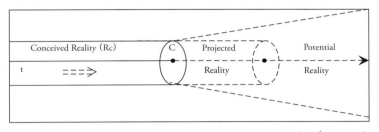

Langacker（2008: 306）

　近代ヨーロッパ標準諸語の中の特に英語においては，「線状不可逆的一方向への力動性の伝達」と「客体的なトキ（絶対時間）」という世界解釈（construal）が，言語形式を用いて思考する際のパラダイムとして定位している．それにより，「力動性の伝達」は第 1 規範構文である「他動詞構文」として，「客体的なトキ」は精緻化された「時制」カテゴリとして，言語形式に創発している．（逆に，言語の形式（構文・文法カテゴリ）が歴史的経緯の中で固定化するのに並行して，英語の世界観が完成していったものとも考えられる．つまり，形式が意味（概念化）を制約してきた結果，現在の英語の世界解釈が在るとも考えられる．）理想認知モデル化された「力動性の伝達」と同様に，「力動性の伝達」に拠る運動や変化から見出された「客体化されたトキ」における「時制的過去（tensed past）」と名称される文法カテゴリは，「現在（present）」を観察地点とする俯瞰的な様態での事態把握における，認知空間の距離として（典型的には動詞への〜ed の付加や音韻的な強さ[5]によって），「類像的」にコード化されている．同様に，「規範的現在（canonical present）」からの逸脱状態としての「否定（negation）」という文法カテゴリも，その逸脱状態が認知空間上の距離として，言語形式としては否定の助動詞の付加によって，「類像的」にコード化されている．

5）　古英語にも見られた-ed，-od，-ud 等の語尾音や不規則変化動詞（send-sent-sent）の多くに見られる語尾の/t/音には，「日本語」のた行音/ta/, /te/, /to/, /da/音と同じ様に，音に関わる認知理由（「意味」）があると思われる．

(18) a. John hammer**ed** the TV set. ⇔ ジョンがハンマーでテレビを壊した．
　　 b. The TV **doesn't** work. ⇔ そのテレビは作動しない．

図18. Iconicity（類像性）を介した「客体的間接性（objective indirectness）」の創発：
　　　認知空間上の距離 （「時制（tense）」と「否定（negation）」）

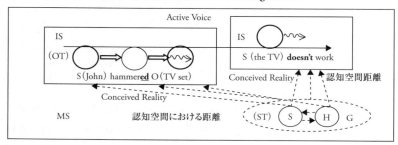

IS（immediate scope），S（subject），O（object），(OT)＝(Objective Time)．
MS（maximal scope），S（speaker），H（hearer），G（ground），(ST)＝(Subjective Time)．

　言うまでもなく，「時制」という文法カテゴリも，「客観」という「主観」がパラダイムとして存在していなければ，創発することができない．実線の矢印（⇒・〜〜）が力動性の大きさと方向を，丸図形（○）の実線の太さ・細さが事象構成項のプロファイル（認知の焦点化）の度合いを表し，IS（直接認知領域: immediate scope）内の線矢印は，「時制化された時間（OT: 客体化されたトキ）」を表す．そして，話し手（Speaker）と聞き手（Hearer）から成る Ground からの破線矢印（---▶）は，各事象が「客体的・客観的」であるという「主観」を示す認識論的距離となっている．

　上記の事態把握のあり方が，類像性（iconicity）を介してより明確に言語形式に創発しているのが，「仮定法（subjunctive mood）」と呼ばれるものである．そこにおいては，「規範的過去（canonical past）」からの次元的逸脱として「仮定法過去完了（subjunctive past perfect）」が用いられ，「規範的現在（canonical present）」からの次元的逸脱として「仮定法過去（subjunctive past）」が用いられる．

(19) If John had not hammered the TV set, it would work now.

⇔ ジョンがハンマーでテレビを壊していなかったら，テレビは今も作動するのに．

図 19. Iconicity（類像性）を介した「客体的間接性(objective indirectness)」の創発：認知空間上の距離（「時制(tense)」と「仮定法(subjunctive mood)」）

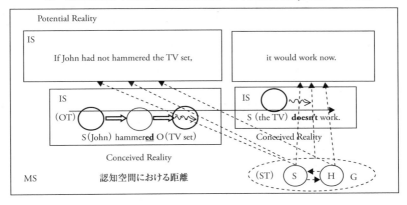

IS(immediate scope), S(subject), O(object), (OT) = (Objective Time).
MS(maximal scope), S(speaker), H(hearer), G(ground), (ST) = (Subjective Time).

上記事例において，「知覚された(conceived)」から「潜在的に可能性がある(potential)」への，次元の逸脱（認識論的距離）という意味（概念化）を言語形式（構文・文法カテゴリ）に創発させるために，仮定法過去完了の had + past participle という距離表示と，仮定法過去の auxiliary past form + verb root form という距離表示が用いられている．「知覚された現実(Conceived Reality)」と「潜在的に可能な現実(Potential Reality)」との次元の違いを標示するために，英語は「類像性」を介して，その認知距離を言語形式（構文・文法カテゴリ）に創発させている．

98 第2部 言語における「客体化」論理：英語を中心に

6-2. 「能動態」と「受動態」：「受動態構文(passive-voice construction)」における「力動性の伝達(transmittance of force dynamics)」と「伏在時間(concealed time)」

　英語においては「他動詞構文(transitive construction)」が規範構文の第1位であるため，「能動態・他動詞構文」は無標（事例 (18) は「過去時制」と「否定文」いう「文法カテゴリ」においては有標）になる．ここで，「他動詞構文」が「類像性」を介してどのような事態把握を言語形式（構文・文法カテゴリ）に創発させているかを明確にするために，また，「受動態(passive voice)」がどのような認知的特性を持った事態把握であるのかを明らかにするために，基本的な「二重目的語構文(ditransitive construction)」及び「目的語・他動詞構文(object・transitive construction)」を見ることにする．

(20) **John** sent **Alice a bunch of red roses**.
　　S　　　　O₂　　　　O₁
　　⇔ ジョンはアリスに赤いバラの花束を送った.

　英語の「他動詞構文」が「類像性」を介して創発させている事態把握とは，「力動性の伝達」に関わる「直接性」の度合いである．事例 (20) においては，「力動性」の伝達対象であるものが，介在無しに隣接（「間接目的語(indirect object)」＋「直接目的語(direct object)」という構文構成を）していることから，この構文においては，「力動性」がこの事象を構成しているそれぞれの項に「直接性」を減じることなく伝達されていることが表象されている．つまり，赤いバラの花束は Alice にまで届き，この構文の後に，'but it didn't reach her.' という構文を続けることはできない．

第 2 章 「客体化（objectification）」の認知メカニズム：「類像性」と「認知 D モード」

図 20. a. Iconicity （類像性） を介した「客体的直接性（objective immediacy）」の伝達：「二重目的語構文（ditransitive construction）」と「力動性（force dynamics）伝達」の範囲（広）

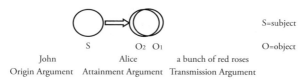

したがって，事例（20）の言語形式として創発している事態把握が表す事象において，John は「力動性伝達」の「始発項（Origin Argument）」，Alice は「到達項（Attainment Argument）」，a bunch of red roses は「伝達項（Transmission Argument）」という意味・解釈を担っていることが判る．これに対し次の様な事例は，異なる事態把握のあり方が言語形式に創発していることを表す．

(21) John sent a bunch of red roses to Alice.
   S   O₁   O₂

この構文事例が表している事態把握は，「力動性伝達」の直接性が「始発項」の John から「伝達項」の a bunch of red roses まで維持されているが，「到達項」の Alice までは維持されていないというものである．「到達項」は，「方向項（Direction Argument）」の役割に変わっている．したがって，この構文の後には，'but it didn't reach her.' という構文を続けることも可能になる．

こうした「力動性伝達」の「始発」から「到達」への経緯を前景化させている「他動詞構文」という言語形式での事態把握に対して，「力動性伝達の結果」を前景化させる事態把握の方は，アクション・チェイン・モデル上の「力動性伝達」の「到達項」または「伝達項」を，「始発項」よりもプロファイル（認知焦点化）することになる．したがって，事例（20）における「力動性伝達」の「到達項」は「間接目的語」の Alice であり，「伝達項」は「直接目的語」の a bunch of red roses であるので，「力動性伝

図 20. b. **Iconicity**（類像性）を介した「客体的直接性(objective immediacy)」の伝達:「他動詞・目的語構文(transitive construction)」と「力動性(force dynamics)伝達」の範囲（狭）

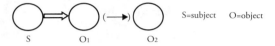

John sent a bunch of red roses to Alice.
Origin Argument　　Transmission Argument　　Direction Argument

達の結果」が前景化される事態把握のあり方（「受動態」）においては，Alice または a bunch of red roses がプロファイルされ，構文の「主語」位置に置かれることになる．

(22) a. **Alice** was sent **a bunch of red roses** by **John**.
「到達項(Attainment Argument)」「伝達項(Transmission A)」「始発項(Origin A)」
  b. **A bunch of red roses** was sent to **Alice** by **John**.
「伝達項(Transmission A)」「到達項(Attainment A)」「始発項(Origin A)」

　Langacker も，英語の「受動態構文」が be 動詞と過去分詞が付与されることで有標化される理由を，アクション・チェイン・モデルを根拠に説明を試みている．

In a passive, by contrast, the most salient participant lies downstream in the energy flow. The resulting conflict in alignment is what makes the passive a marked construction; the profiled process receives an unnatural construal, being accessed through a focused participant representing the terminus （rather than the origin） relative to its inherent directionality.
これに対し受動態文では，認知的に最も際立ちの高い参与者が，エネルギーの流れの終了地点に位置する．その結果生じるエネルギー順位との矛盾が，受動態文を有標の構文としている．エネルギー伝達に本来備わっている方向性に対して，（エネルギー伝達の始まりよりもむしろ）終端を表す参与者の焦点化を通して，認知焦点化されたプロセス（事象経緯）は，自然なエネルギーの流れと異なる解釈を受ける．
　　　　　　　　　　　　　　　　　　　　　　　　　Langacker（2002: 229）

第 2 章 「客体化 (objectification)」の認知メカニズム:「類像性」と「認知 D モード」 101

「有標(marked: 差異表示)」という言語現象は，基本的に概念化者が規範とする「意味」＝「形式」の関係から逸脱を知覚する場合に生じるもので，「受動態構文(passive-voice construction)」においては，際立ちの順序と力動性の方向が一致しておらず，ラネカーはこの際立ちの順序と力動性の方向の不一致の有用性に，「受動態構文」の存在理由を認めている．つまり，理想化された認知モデルであるアクション・チェイン・モデルを背景にした事態把握において，通常認知的に焦点化されるものは力動性伝導の「起点(上位位置)」であるが，「受動態構文」においては「到達点(下位位置)」にあるものが焦点化されることになる．第 1 位に焦点化される事象項は，「語順」制約が統語・文法原理の第 1 位を占める言語においては「主語」位置に就くことが要請されるので，「意味」の要請と「形式」の間に衝突・矛盾が生じ，この衝突が「受動態構文」が有標化される理由となっている．

図 21.

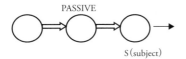

Langacker (2002: 229)

ラネカーは述べきれていないが，「受動態」構文において重要なことは，「力動性の伝達」を具象化しているアクション・チェイン・モデル上において，「受動態」という言語形式によって把捉されている「力動性の伝達」は，事後的・遡及的な把捉(「遡及的解釈(retrospective construal)」)だということである．「受動態構文」の本質は，「力動性の伝達結果」からの事態把握にある．事後的・遡及的な事態把握であるからこそ，アクション・チェイン・モデルにおける「力動性伝達」の「到達項」，または「伝達項」のどちらかがプロファイルされることになる．したがって，「力動性の伝達」の「到達項」または「伝達項」がプロフィルされることで，これらが「語順」において「主語・主題」位置に置かれることになる．そして，「力動性の伝達」の事後的・遡及的な把捉であるために，この事態把握は「be

102 第2部 言語における「客体化」論理：英語を中心に

動詞＋他動詞の過去分詞」という有標形式（語順）で創発することになる．つまり，「受動態構文」として顕現している事象は，「他動詞構文」として顕現する事象の成立後に，事後的・遡及的にしか把捉できない種類のもの（「遡及的解釈」）であり，必然的に「結果・状態」として顕現している．「力動性の伝達」が完了する以前に，「力動性」を受動することはできないし，「結果・状態」も生じない．「到達項」または「伝達項」が遡及的把捉におけるプロファイル項として「主語」位置に置かれ，「be 動詞」によって「結果・状態」が生じていることが有標化（マーキング）される．そして，「力動性の伝達」が及んだことを表す形式として「過去分詞（past participle）」が用いられることになる．「受動態構文」に「be 動詞＋他動詞の過去分詞」という形式（構文・文法カテゴリ）が用いられるのは，線状不可逆的一方向の「力動性の伝達」を表す認知モデル（アクション・チェイン・モデル）を基盤に，「力動性の伝達」が事後的・遡及的に解釈されるからなのである．その遡及的解釈においては，「到達項」または「伝達項」がプロファイルされることになり，そのプロファイルされた項において「力動性の伝達」は完了し，「結果・状態」が生じているのである．さらに，「受動態構文」において「力動性」の「始発項」が前置詞 by によって有標化される認知的動機は，次の事例によって示される．

(23) a. We have to complete this work **by** tomorrow morning.
　　　⇔ 私達は明日朝までに，この仕事を仕上げなければなりません．

　　b. GM has reduced its manufacturing capacity **by** nearly half.
　　　⇔ ゼネラルモーターズは，ほぼ半分にまでその生産能力を縮小させた．

　　c. **By** no means children are allowed in that room.
　　　⇔ 決して子ども達はその部屋への立ち入りが許されません．

　上記事例において，by は事象生起の時間または程度における限度・限界を示す．by によって有標化されている項が，その事象生起の時間・程度の限度を示している．それと同じ論理が「受動態構文」の by にも用いられ，そこにおいては「力動性の伝達」を遡及的に解釈できる「限度項

(boundary argument)」が by によって有標化されている．

(24) a. Human relationship can be broken **by** animosity.
　　　⇔ 人間関係は，悪意によって壊されることもある．
　　b. The injury was delivered **by** a forceful blow to the head.
　　　⇔ その負傷者は，頭に強力な一撃を見舞われていた．
　　c. National economy may be affected **by** natural calamities.
　　　⇔ 国家経済は，国家災害によって影響を被ることもある．
　　d. The TV set was hammered **by** John.
　　　⇔ そのテレビは，ジョンによってハンマーで壊された．

「力動性の伝達」の完了により，事象を「結果・状態」として事後的・遡及的に把捉（「遡及的解釈」）することから，アクション・チェイン・モデル上の「到達項」または「伝達項」がプロファイルされ，また，「力動性伝達」の遡及的把捉の「限度項」を by によって「有標的・類像的」に創発しているのが，「受動態構文」の意味だと言える．

図 22. a. **Iconicity**（類像性）を介した「力動性（**force dynamics**）の伝達」の遡及的把捉：「受動態構文（**passive-voice construction**）」

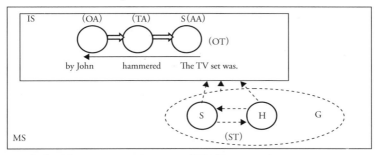

S（AA）=Subject・Attainment Argument　　（TA）=Transmission Argument
（OA）=Origin Argument　　（OT）=Object Time　　（ST）=Subject Time
IS=Immediate Scope　　MS=Maximal Scope

ただし，「受動態構文」に用いられる「他動詞の過去分詞」は，次の様な構文にも用いられることにその特徴がある．

104　第 2 部　言語における「客体化」論理：英語を中心に

(25)　a. John was surprised **at** the news.

　　　⇔ ジョンはそのニュースに驚いた.

　　b. The audience was astonished **at** John's performance.

　　　⇔ 観衆はジョンの演奏に度胆を抜かれた.

　　c. Alice was shocked **at** the official notification of appointment.

　　　⇔ アリスは異動の辞令にショックを受けた.

　　d. Tom was excited **at** the prospect of getting promotion.

　　　⇔ トムは昇進の見込みに興奮した.

　　e. She was disappointed **at**　[**with**]　his new movie.

　　　⇔ 彼女は彼の新しい映画に落胆した.

　　f. He was excited **with** the outcome.

　　　⇔ 彼はその成果に興奮気味だった.

　　g. Mary was satisfied **with** her academic results.

　　　⇔ メアリーは自分の学業成績に満足だった.

　　h. She was pleased **with** his present.

　　　⇔ 彼女は彼のプレゼントに喜んだ.

　　i. Alex is concerned **with** impressing others.

　　　⇔ アレックスは他人に好印象を与えたいと気にかけている.

　　j. I'm very disappointed **in** you.

　　　⇔ 君にはがっかりです.

　　k. Alice is interested **in** the topic.

　　　⇔ アリスはその話題に興味を持っています.

　このタイプの「受動態構文」においては，「他動詞」が表象する「力動性の伝達」がアクション・チェインの下位位置にある「到達項（被動作主）」まで届き，それにより生じた「結果・状態」に認知的焦点が当てられる.「受動態構文」が「力動性の伝達」の遡及にではなく，「受動結果」として生じる状態をプロファイルしているということは，「動詞」としての概念的要件である「プロセス（推移・経過）」が，この構文においては希薄化していることを意味する.「プロセス（process）・動詞」が「非プロセス・形容詞」化するということは，'temporal' から 'atemporal' への転化に，認知的

第 2 章 「客体化 (objectification)」の認知メカニズム：「類像性」と「認知 D モード」　105

焦点が移行している（際立ちを知覚している）ことを表す．したがって，「力動性の伝達」の遡及的把捉の「限度項」を代表的に表している by は，この構文において使われる必要が無い．替わりにこれらの構文に使われる前置詞は，これらの構文が表象している事象に伏在する時間の長短，及びその結果・状態となった起因の項に伏在する時間の長短を創発させている．

表 11．前置詞が表示する「受動態構文」の「伏在時間 (concealed time)」

at ：（他動性の消失・状態化）　surprised, astonished, shocked, excited, disappointed. / news, performance, notification, prospect, movie. → 事象・対象項の伏在時間短い
with ：（他動性の消失・状態化）　disappointed, excited, satisfied, pleased, concerned. / movie, outcome, academic results, present, impressing. → 事象・対象項の伏在時間中程度
in ：（他動性の消失・状態化）　disappointed, interested. / your deeds, topic.　　　　　　　　　　　　　→ 事象・対象項の伏在時間長い

図 22. b.　Iconicity（類像性）を介した「力動性 (force dynamics) の伝達」消失の把捉：「形容詞化」された「受動態構文 (passive-voice construction)」

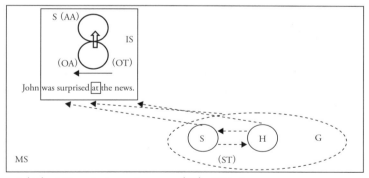

S (AA) =Subject・Attainment Argument　(OA) =Origin Argument
(OT)=Object Time　(ST)=Subject Time　IS=Immediate Scope
MS=Maximal Scope

「力動性の伝達の直接性」が前景化された事態把握のあり方においては，「be 動詞＋他動詞の過去分詞＋前置詞 by」という形式が，「力動性の伝達」

106　第 2 部　言語における「客体化」論理：英語を中心に

の遡及的把握を創発させているが，このタイプの「受動態構文」において
は，「be 動詞＋他動性の消失・状態化の過去分詞＋（通常 by 以外の）前置詞」
の形式に，「プロセスの希薄化（atemporal）」が創発している．こうした構文
において前置詞 by が必要とされない認知的動機は，結果・状態が生じる
「起因項（origination argument）」において，「力動性の伝達」よりも「伏在す
る時間（concealed time）幅」に際立ちを知覚するからである（news, performance,
notification, prospect, movie, outcome, academic results, present, impressing, your deeds, topic
等）．構文として創発している事象に伏在する時間幅と，「起因項」に伏在
する時間幅が，構文の意味として創発する．結果・状態の「起因（origina-
tion）」となっている「項（argument）」は，伏在する時間幅を持つ存在であ
り，事象の生起にも時間が伏在する．このように，「力動性の伝達（trans-
mission force dynamics）」から「伏在時間（concealed time）」へと認知の焦点が移
行する場合，本来，力動性伝達の「始発項（origin argument）」であったもの
も，このタイプの「受動態構文」においては，「力動性の伝達」の遡及的
把握における「限度項」とは解釈されない．つまり，「力動性伝達の直接
性」を遡及的に把握する際に「限度項」を有標化している前置詞 by の使
用は，こうした事例の場合，意味論的な齟齬（「伏在時間」から「力動性の伝
達」への認知焦点の逆行）を生じさせる．そして，そのことに対する違和感
により，「限度項」の有標化に用いられる by の拡張的な使用に制限が掛け
られる．こうした現象は，次の様な事例においても観察される．

(26) a. John was killed **in** the war. ⇔ ジョンは戦争で亡くなった．
　　 b. Tim was injured **in** the accident. ⇔ ティムはその事故で負傷した．
　　 c. The house was built **of** brick. ⇔ その家は煉瓦作りだった．
　　 d. Ice cream is made **from** cow's milk.
　　　　⇔ アイスクリームは牝牛のミルクから作られます．

　上記の構文を観察して，「起因項」の存続時間も長く，構文に創発して
いる事象の存続時間が長い場合には前置詞 in が用いられ（(25) j・k，(26)
a・b），構文に創発している事象の存続時間が短く，「起因項」の存続時間

第2章　「客体化（objectification）」の認知メカニズム：「類像性」と「認知Dモード」　107

も比較的短い場合には前置詞 at が用いられる（(25) a・b・c・d・e）傾向が
あることに気が付く．広い空間においては前置詞 in が，狭い空間におい
ては前置詞 at が用いられるのと同じ原理が働くことになる．「起因項」の
存続期間と構文に創発する事象の存続期間が同程度の場合，前置詞 with
が用いられる（(25) e, f, g, h, i）傾向があることが推察される．ただ，
disappointed の事例においては at / with / in と前置詞3種の使用が観察され
る様に，構文が表象する「伏在時間」に関わって，at / with / in の間で緩や
かな連続的段階性（gradience）が在るものと考えられる．さらに，「起因項」
と「到達項」の同化（時差の無化）という「伏在時間」の創発においては，
構文に前置詞 of が用いられている（(26) c）．「起因項」と「到達項」の分
化（時差の発生）という「伏在時間」の創発においては，構文に前置詞
from が用いられている（(26) d）．「項」関係によって事象に内包される
「伏在時間」は，前置詞（preposition）の用いられ方に反映されている．

　「受動態構文」に限らず，英語の構文形式での意味の創発には，事象を
構成する項に内包される力動性の伝達関係や，事象及び項に伏在している
時間関係が，認知的動機または制約として深く関わる．

第3部

言語における「主体化」論理：
日本語を中心に

・上古之時，言意並朴，敷文構句，於字即難，已因訓述者，詞不逮心．全以音連
者，事趣更長．是以今，或一句之中，交用音訓，或一事之内，全以訓録．
[上古の時は，言 意と並な朴にして，文を敷き句を構ふること，字に於きて即ち
難し．已に訓に因りて述べたるは，詞 心に逮ばず．全く音を以ちて連ねたるは，
事の趣更に長し．是を以ちて，今，或は一句の中に音訓を交え用い，或は一事の
内に全く訓を以ちて録しぬ].

『古事記』真福寺本古事記原文

第1章

「日本語」の論理 ①：
「認知様態詞(形容詞)」と「認知標識辞」の
「が/ga/(由来・契機)」

　第1部に提示した問題は，認知主体である話し手と聞き手が 'onstage (immediate scope 内)' にあるとき，言語形式・意味役割から「主語性・動作主性」及び「他動性・力動性の伝達」が喪失する「主体化(modalization[1])」という言語現象及びその認知メカニズムは，ラネカーの 'subjectification (「主体化」)' 及び 'objectification (「客体化」)' というパースペクティブ，延い

---

1 ）　Langacker は「客体化」されていた意味内容の希薄化・透明化を「主体化(subjectification)」と呼んでいるが，意味内容の希薄化・透明化のメカニズムの本質は，認知主体者と認知対象との認識論的距離の希薄化・透明化にあるのであって，こうした「主体化」のメカニズムを説明するのに subjectification という用語は適切ではない．主体者と対象との認識論的距離の希薄化・透明化を表すために，本書においては「主体化」という認知メカニズムに対しては modalization という訳語を対応させ，「主観化」という認知メカニズムに対して subjectification という用語を対応させる．「主体化」という認知メカニズムの本質が，主体と対象との認識論的距離の希薄化・透明化にあるならば，それは認知対象に対して認知主体が抱く modality の強度が高まっている状態でなければ生じない．事実，「日本語」の「主格」のマーカーとされる「が/ga/」は元々，愛情から憎しみまでの感情が絡んだ人物・対象に対する連体助詞の使用としてあったものであり，それが中国語を漢文として訓下す技法を発達させる中で，「主格」という文法カテゴリに拡張されてきたものである．本来，「日本語」の「が」は，「主格」という文法カテゴリに該当する意味・機能を持つものではなかった（『万葉集』04-0568: 三埼廻之 荒礒尓縁 五百重浪 立毛居毛 我念流吉美（み崎廻の荒礒に寄する五百重波立ちても居ても我が思へる君））．本書において「日本語」と近代西洋標準諸語間に互換性がないと主張する以上，最終的には modalization や subjectification といった用語そのものも，言語使用者によって認識されるメカニズムに異なりがあり，日本語の「主体化」や「主観化」といった用語との間で互換性を維持し得ない．

112 第3部 言語における「主体化」論理：日本語を中心に

ては近代ヨーロッパ標準諸語の 'object・objectivity(「客観・客観性」)' という
パラダイムでは，説明することができないというものであった．つまり
'objectivity (「客観性」)' という観念をベースにした説明原理を以ってして
は，言語形式・意味役割から「主語性・動作主性」や「他動性・力動性の
伝達」が消失するという現象を，解明することができなかったのである．
この「主体化」という言語現象の本質を明らかにするために，日本語にお
いて「認知様態詞」及び「由来・契機辞(が/ga/)」として定義可能な言語
現象を考察することにする．これらの文法カテゴリは，従来の言語学にお
いては「形容詞(adjective)」及び「主格(nominative)」または「主語標識(sub-
ject marker)」と定義されてきたものである．

　日本語の「認知様態詞」は，事物の属性を表す 'adjective(形容詞)' とい
う文法カテゴリが妥当しないだけでなく，「形容詞」と定義されてきたに
も関わらず「能動性」を帯び，「他動詞」の様な振る舞い方さえ示す．品
詞という文法の最も基本的なカテゴリ，レヴェルにおいて，日本語の「形
容詞」と呼ばれているものが，英語の 'adjective(形容詞)' と互換性を有し
ていないことは，日本語の論理と英語の論理が異なり，事態把握のあり方
(「認知モード」)が根本的に異なることを示している．事態把握のあり方
(「認知モード」)が違うということは，それにより創発している構文及び文
法カテゴリも，異なることを意味する．近代ヨーロッパ標準諸語において
ア・プリオリに前提される文法カテゴリ ('case(格)', 'subject(主語)' /'object
(目的語)', 'transitive verb(他動詞)'/'intransitive verb(自動詞)', 'voice(態)', 'tense(時
制)', 'aspect(相)'等) が，日本語においては妥当しないことを，日本語の
「認知様態詞」と「認知標識(由来・契機)辞・が/ga/」は物語ることになる．

　中村 (2004) でも指摘されていることであるが，人間という認知主体が
事態を捉えるにあたり，英語と日本語の言語形式の比較から，少なくと
も2種類の認知の様式 (「認知モード」)」を提示することができる．この2
種類の認知の様式 (「認知モード」)とは，一つは，「環境・世界は認知主体
から分離した状態で存在し，事態把握とは認知対象の認知主体からの分
離・客体化」という「主観(subjectiveness)」に動機づけられた，英語を代表

第 1 章 「日本語」の論理 ①：「認知様態詞 (形容詞)」と「認知標識辞」の「が/ga/ (由来・契機)」　113

とする「外置・外観の認知モード(Displaced Mode of Cognition：D モード（中村 2004))」である．もう一つは，「環境・世界と認知主体とは不可分・連続した状態で存在しており，事態把握とは認知主体内での対象の内観・主体化(modalization)」という「主観」に動機づけられた，日本語を代表とする「内置・内観の認知モード(**Primordial and Assimilative Mode of Cognition：PA モード**（中野 2005・2008a・2008b・2010・2011・2012・2013a・b))」である．この「内置・内観の認知モード(PA モード)」による事態把握が，「主語-他動詞-目的語」カテゴリを前提にすることで成り立っている SVO 語順や，「時制」・「能動態／受動態」等の従来の伝統的文法カテゴリと，「日本語」の論理による文法カテゴリの間に，非互換性を生じさせている．

1 －「シク/shiku/」活用の「認知様態詞」

　通常「形容詞(adjective)」は，事物の性質や状態を表す語クラスと定義されるが，日本語の「形容詞」は活用があることから，国語学の分野においては「動詞(verb)」や「形容動詞・名容詞[2](nominal adjective)」と同じく，「用言」というカテゴリ内に在る．

　Croft (2001) では，日本語の「名詞(noun)」と「形容詞」と「形容動詞 (名容詞)」における連続的段階性 (gradience) が指摘されており，そこにおいての分類基準(scale) は，'objects(客体的物性)' と 'properties(客体的属性)' となっている．'objects' 及び 'properties' という分類基準は，事象は主体を離れて客観的に生起・存在するという世界解釈がなければ成り立たないものである．事象は主体を離れて生起するという「主観」が，そのパラダイムとして存在している．

---

　2)　寺村秀夫 (1982) に負う．

表 12. **The semantic map for the Japanese Nominal, Nominal Adjective, and Adjectival construction**（日本語の名詞構文・名容詞構文・形容詞構文の意味地図）

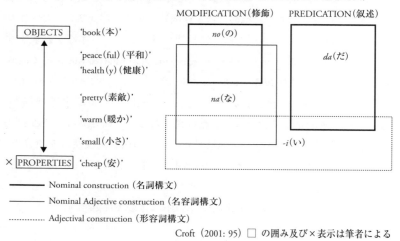

——— Nominal construction（名詞構文）
——— Nominal Adjective construction（名容詞構文）
.... Adjectival construction（形容詞構文）

Croft（2001: 95）　□ の囲み及び×表示は筆者による

表 13. 意味タイプに従った 'adjective' の分類

1. DIMENSION…'big', 'small', 'tall', 'short', 'wide', 'deep', etc.
2. AGE…'new', 'young', 'old', etc.'
3. VALUE…'good', 'bad', 'lovely', 'atrocious', 'perfect', 'proper (/real)', etc. (And also words such as 'odd', 'strange', 'curious', 'crucial', 'important', 'lucky'.)
4. COLOUR…'black', 'white', 'red', etc.
5. PHYSICAL PROPERTY…'hard', 'soft', 'heavy', 'wet', 'rough', 'strong', 'clean', 'hot', 'sour', etc.
6. HUMAN PROPENSITY…'jealous', 'happy', 'kind', 'clever', 'generous', 'cruel', 'proud', 'ashamed', 'eager', etc.
7. SPEED…'fast', 'quick', 'slow', etc.
8. DIFFICULTY…'easy', 'difficult', 'tough', 'hard', 'simple', etc.
9. SIMILARITY…'like', 'unlike', 'similar', 'different (/strange)', 'other', etc.
10. QUALIFICATION… 'definite', 'true', 'probable', 'possible', 'likely', 'usual', 'normal', 'common', 'correct', 'appropriate', 'sensible', etc.
11. QUANTIFICATION…'all (/whole)', 'many', 'some', 'few', 'only', 'enough', etc.
12. POSITION…'high', 'low', 'near', 'far / distant', 'right', 'left (/strange)', 'northern', etc.
13. CARDINAL NUMBERS. (In some languages these constitute a separate word class.) And 'first', 'last' (together with other ordinal numbers).

Dixon（2004: 3-5）

第 1 章 「日本語」の論理 ①：「認知様態詞（形容詞）」と「認知標識辞」の「が/ga/（由来・契機）」 115

　また Dixon（2004）は，「客観的」な観察により，'adjective（形容詞）' に中核的・周辺的な意味タイプ等を見出し，そのタイプを基準に分類を行っている（表13）．

　こうした 'adjective' の「客観的」な定義・分類に対して，かつて大野（1978: 82-83）は，日本語の「形容詞」とカテゴリ化されている文法概念には，ク活用（語末イ形容詞）とシク活用（語末シイ形容詞）があり，ク活用として

(27) あかく （赤），あさく （浅），あつく （暑），あはく （淡），あやふく （危），
　　 あらく （荒），あをく （青），いたく（痛），うすく （薄），うとく （疎），
　　 おそく （遅），おほく （多），おもく （重），かしこく （賢），かたく （固），
　　 からく （辛），かるく （軽），きよく （清），くさく （臭），くらく （暗），
　　 くろく （黒），こく （濃い），こはく （強）…

等があることを指摘し，シク活用として

(28) あさましく （浅），あしく （悪），あたらしく （惜），あやしく （怪），
　　 あわただしく （慌），いそがしく （忙），いちじるしく （著），いとほしく （可憐），
　　 いとはしく （厭），うれしく （嬉），おそろしく （恐），かなしく （悲），
　　 きびしく （厳），くちをしく （口惜），くわしく （詳），くやしく （悔），
　　 こひしく （恋），さかしく （賢），したしく （親），すずしく （涼）…

等があることを述べた．その上で，ク活用の「（語末イ）形容詞」は，明－暗，浅－深，厚－薄，安－危，近－遠，遅－速，多－少，重－軽，白－黒，濃－淡，強－弱 等の対の関係を以って物の属性・状態を表し，シク活用の「（語末シイ）形容詞」は情意を表すと指摘した．また，物の属性・状態を表すク活用の「形容詞」は，「日本語」の語彙全体において数が少ないことも指摘した．

　この大野（1978）の指摘で重要なことは，「日本語」においてモダリティ度の高いシク活用の「形容詞」は，「客体化」された認知対象には使えないことである．現代日本語の次の様な事例も，ある一定の条件下でな

116　第3部　言語における「主体化」論理：日本語を中心に

ければ非文になる.

(29) a. ?「明は嬉しい」　b. ?「涼子は愛しい」　c. ?「明は悲しい」

　　 d. ?「涼子は親しい」　e. ?「明は悔しい」　f. ?「涼子は恋しい」

　上記の事例が適格であるためには，上記の「形式(構文・文法カテゴリ)」で創発している対象が，話し手・書き手の意識・情意を透過している(「主体化(modalization)」されている)ことが，聞き手・読み手に了解されねばならない．つまり(29)の各事例が適格であるためには，事例が表す事象項である「明・涼子」は「客観的な対象」ではなく，話し手・書き手の意識・心情を透過した「主体化された対象」でなければならない．日本語においてはシク活用の「形容詞(語末シイ)」は，対象の客観的属性(property)を表すのではなく，認知対象が話し手・書き手の意識・心情を透過することで生じる，すなわち話し手・書き手の意識・心情において生じる「主体化された意味」(≠属性)を表している．したがって，下に挙げる歌詞において，対象となっている女性自身は自ら哀しんでいるのではない．哀しんでいるのは，歌い手の心情を透過し「主体化」された女性，すなわち，歌い手の中の女性(＝歌い手自身)なのである．

(30) a. キャンドルを暗くして　スローな曲がかかると…

　　　　かたちのない優しさ　それよりも見せかけの魅力を選んだ

　　　　OH! KAREN 誰より君を愛していた　心と知りながら捨てる

　　　　OH! KAREN 振られたぼくより哀しい　　そうさ哀しい女だね君は

　　　　　　　「恋するカレン」曲・歌：大滝詠一，詞：松本隆，下線部強調筆者

　　 b. 指に光る指環　そんな小さな宝石で　未来ごと売り渡す君が哀しい

　　　　　　　　「硝子の少年」曲：山下達郎，詞：松本隆，下線部強調筆者

　また上記の「哀しみ」を通時的に遡れば，下記の様な想いに出逢うこともできる．

(31) a. (原文) 汭潭 假為〈公〉矣 今日々々跡 将来跡将待 妻之可奈思母

　　　 (仮名) うらぶちに こやせるきみを けふけふと こむとまつらむ

第 1 章　「日本語」の論理 ①：「認知様態詞 (形容詞)」と「認知標識辞」の「が/ga/ (由来・契機)」　117

つましかなしも

(訓読)　浦ぶちにこやせる君を今日今日と来むと待つらむ妻し悲しも

『万葉集』13 巻 3342

b.　(原文)　母父裳 妻裳子等裳 高々丹 来〈将〉跡待 人乃悲

(仮名)　おもちちも　つまもこどもも　たかたかに　こむとまつらむ

ひとのかなしさ

(訓読)　母父も妻も子どもも高々に来むと待つらむ人の悲しさ

反歌　『万葉集』13 巻 3340

　「日本語」の「認知様態詞」の「かなしい」は，切なさにつけ愛しさに
つけ，痛切な感情に心が強く打たれている状態を表す表現である．
「日本語」の「シク/shiku/」活用の「認知様態詞」は，決して対象項の
「客観的」属性を表す「形容詞(adjective)」ではなく，認知の対象項が「主
体化」されたものであることを示している．

　日本語の「形容詞」とされる品詞カテゴリが，英語の 'adjective' と名称
される品詞カテゴリ間で互換性を持たないという指摘は，これが初めてで
はない．「日本語」の論理と感性によって日本語の言語現象を考察しよう
とする試みは，以前にも存在していた．山田孝雄はこの論考に先駆けて，
すでに次の様な考察を得ていた．

其の後吉岡郷甫氏の「文語口語対照寿法」という書にはこの区別を明らかに説明
してある．曰く，

事物の移動し変化する属性を表す用言を動詞といいます．言葉を換へて申しま
すれば，物事の流動的属性を表する用言を動詞といひます．

　動詞が物事の移動し変化する属性を表すに対して静止し安定する属性を表す
ものを形容詞といひます．言を換えて申しますれば，動詞が流動的属性を表す
に対して固定的属性を表すものを形容詞と云ひます．

とある．之は初学者にわかり易い説明として結構なものといふべきではあるが，
しかし，なほ多少の不備がある．それは属性そのものに固定性のもの流動性のも
のももとよりあるけれども，又同じ属性が固定的として考へられ，又流動的と考
へらるゝやうに二様にあらはるゝことのあるのは既に述べた通りである．それ故
に，これは属性の客観的の性質の区別では無くて，主観においての思ひなしの差

118 第3部 言語における「主体化」論理：日本語を中心に

<u>別である</u>．即ちその属性をば流動性のものと思惟して描写した場合には動詞とな
り，その属性を固定性のものと思惟して描写した場合には形容詞となるものであ
る．それ故に日本文法講義においては

　　　動詞とは事物の性質，状態が推移的発作的的の観念として意識内に描かれた
　　るものをあらはす用言なり．

　　　形容詞とは静止的固定的に時間に関することなく，心内に描かれたる事物
　　の性質状態を説明する用言なり．

という説明を下したのである．この「意識内に描かれたる」「心内に描かれたる」
といふことに重要な意味がある．即ちこれらの区別は主観的の思ひなしの差異に基
づくものである．而して著者は之が不動不滅の真理であることを確信するものであ
る．　　　　　　　　山田（1950，復刻 2009: 43-44）傍点強調原著者 下線部強調筆者

　　山田孝雄は現代の認知言語学よりも遥かに先駆けて，日本語の「形容
詞」が「主観的・主体化」という事態把握の言語形式（構文・文法カテゴ
リ）への創発であることに気が付いていた．つまり日本語の「形容詞」
が，「客観的・客体化」という事態把握の言語形式への創発である近代
ヨーロッパ標準諸語の文法カテゴリ 'adjective' とは異なるものであること
を見出していた．山田孝雄は，言語形式とは，その言語を用いる民族の世
界解釈の創発であるという認識の手前に居り，日本語の論理の言語形式へ
の創発が，「形容詞」に留まらないことも意識し始めていた．それが，「動
詞とは事物の性質，状態が推移的発作的の観念として意識内に描かれたる
もの」という言表に表れている．「意識」も，「意識」を枠組む主観（事態
把握のあり方・世界解釈）と無縁に，独立して存在しているものではない．
「意識」自体も，特定の「主観」に枠組まれた事態把握の様態として在る．
私達はこの国の国語学の流れの中に，世界の言語学に寄与するいくつもの
重要なパースペクティブが存在していることを知らねばならない．

2 －「認知標識(由来・契機)辞」の「が/ga/」

　上記（29）の a「嬉しい」・b「愛しい」・c「悲しい」・d「恋しい」・

第 1 章 「日本語」の論理 ①：「認知様態詞（形容詞）」と「認知標識辞」の「が/ga/（由来・契機）」　119

e「悔しい」には，次の様な用法がある．

（32）a. 「このプレゼントが嬉しい」
　　　b. 「涼子が愛しい」
　　　c. 「試験に落ちたのが悲しい」
　　　d. 「涼子が恋しい」
　　　e. 「試合に負けたのが悔しい」

　上記事例において日本語の「認知様態詞（従来，形容詞）」は，各事象またはその構成項に対して働きかける様な，言葉を換えるならば英語の「他動詞」の様な振舞いを見せる．しかしながら日本語の「認知様態詞」が，各事象または認知の対象に対して働きかける様な振舞い（言語形式に「動作主」を要求する様な振舞い）を見せているにも関わらず，その働きかけの主体である話し手は，「動作主」として，「主語」・「主格」を表すとされる「が/ga/」によって，標識されることはない．仮に（32）a・b・c・d・eの表現が使われている状況を英語で表そうとするならば，次の様な形式になるだろう．

（32）a'. "I'm pleased with this present."
　　　b'. "Ryoko is my beloved."
　　　c'. "I'm really sad that I've failed in the exam."
　　　d'. "I miss Ryoko a great deal."
　　　e'. "I feel the sting of defeat since I lost the match."

　英語においては，認知の主体者たる話者が言語形式化される頻度が，日本語に比べ遙かに高い．英語の認知モードで捉えられた事態が言語形式化される際には，統語・文法カテゴリとしての 'subject' は必須の構文構成要件となっている．しかしながら（32）a・b・c・d・eが示す様に，日本語においては働きかけの主体である話者は，言語形式化されず，働きかけの対象となる事象，またはその事象を構成する項が，「主語」・「主格」のマーカーとされる「が/ga/」によって標識されることになる．この理由

120　第3部　言語における「主体化」論理：日本語を中心に

は，「日本語」において通常「形容詞」とされているものは，物事の「客観的な状態(state)・特性(properties)³⁾」を表しているのではなく，認知主体にとっての「主体化(modalization)」された意味，すなわち「主体の認知様態」を表しているからである．したがって「日本語」の「が/ga/」は，認知主体が何によってその様な「認知状態」にあるのか，つまり，認知主体がその認知状態に至った「由来⁴⁾・契機」の創発を標示するものなのである．「日本語」の「が/ga/」は，その構文の述態部分に創発している認知主体の単独の事態把握・判断が，何に「由来」，または何が「契機」であるのかを示す，「認知標識辞」として機能している．

(33)　a.　「雨が降り始めた」

　　　b.　「お腹が減った」

　　　c.　「胸が痛む・耳が痛い」

　　　d.　「電気が点けっ放しよ」

　　　e.　前文脈の後，「こっちの方がいいな」

　　　f.　前文脈の後，「明日があるさ」

　　山口明穂（2000）は述べる．

　　…「物実」とは，その「物」を生み出す，おおもとの物という意味の語である．そこで，富士谷成章の記した一文は，

　　「何が」は，その「が」を受けた言葉の表す内容に，それを生み出したもとになるものを言葉の上に表わして，それを指し示す言葉である，という意味になる．

山口（2000: 243）

3）　したがって，表12のCroftのsemantic mapの分類スケールにおいて，'properties'という「客体的」な指標を「日本語」の「形容詞」に対して用いることはできない．つまり，「日本語」の「形容詞」はadjectiveではなく，「認知様態詞」である．

4）　国語学者である山口明穂（1989，2004）が，この認識を述べている．「日本語（やまとことば・主体化の理論）」を述べるにあたっては，国語学の系譜において明らかにされてきた知見と認知言語学の知見とを，対照することが求められる．西洋の言語学の系譜の中から生まれてきた認知言語学のパラダイム及びパースペクティブは，国語学において時枝誠記（1941，1955）が先見的に示している．

第1章 「日本語」の論理 ① : 「認知様態詞 (形容詞)」と「認知標識辞」の「が/ga/ (由来・契機)」 121

　「日本語」の「が/ga/」の創発・拡張・変容に関わる通時的変遷については，後の分析・記述に譲ることにする．ここで押さえておかなければならないことは，山口明穂が指摘する様に，「日本語」の「が/ga/」は，認知主体単独の事態把握・判断が，何を由来・契機にしているかを表しているからこそ，「〜（し）たい」・「〜ほしい」・「嬉・悲・愛・恋・悔しい」等の一連の表現が用いられる事態判断の対象項を，「を/wo/」ではなく「が/ga/」として，言語形式に創発できることである．

(34) a. 「面白いドラマが（ˀを）見たい」
　　 b. 「お鮨が（ˀを）食べたい」
　　 c. 「新しい自転車が（ˀを）欲しい」
　　 d. 「春が（*を）好き」
　　 e. 「お腹が（*を）痛い」

3 ―「主語・主格」カテゴリの不在

　先に山口 (2004) からも引用した様に，山口明穂は日本語の論理としての「が/ga/」は，事象構成項間の客観的な関係を表しているのではなく，認知主体にその認知判断・状態を引き起こさせた対象を，由来・契機として示していると述べている．このことは，山田昌裕 (2010: 20) が曲解する様に，「が/ga/」は「主語(主格)」という統語・文法カテゴリに該当しているなどと述べているのではない．山口 (2000: 242) においても，次の様に述べられている．

電話は昼が安い．
「安い」の主語は何かといえば，「安い」のは「値段」であるから，「値段」が主語と考えるべきであろう．しかし，ここでは「昼」は「安い」に対して「が」の関係にあるとしている．この場合も，「が」の指示する内容は，述語「安い」の主体ではない．
　こういう例を，例外的な例である，あるいは，望ましい言い方ではないなどと除

122 第3部 言語における「主体化」論理：日本語を中心に

外してはならない．実際に使われ，それで伝達が達成している．その意味で，「が」
の用法として正しい．しかし，「が」を「主格」「主語格」などとすると，論理の筋
道が通らない．でも，表現として間違いではない．「主格」と名称を与えることを
疑問に思うのである．　　　　　　　　　　　　　　　　　　　　山口（2000: 242）

　「日本語（やまとことば）」の論理において「が/ga/」は，事物を「客体化」する上で創
発した統語・文法カテゴリである「主格」・「主語」としての機能を負って
いるのではなく，主体的な，つまりモダリティ（情意）に彩られる認知様
態に至った「由来・契機」を，言語形式（構文・文法カテゴリ）として創発
させているものである．「い/i/」形で終わるモダリティ（情意）度の高い
「認知様態詞（従来，「形容詞」シク活用・「助動詞」タイ）」の使用において，
「を/wo/」ではなくて「が/ga/」が構文に使用される理由も，このためであ
る．

(35) a.「一杯の水が（[?]を）欲しい」→「水が（[?]を）一杯，欲しい」
　　　⇔ a'. "I want a glass of water."
　　b.「一杯の水が（[?]を）飲みたい」→「水が（[?]を）一杯，飲みたい」
　　　⇔ b'. "I'd like to drink a glass of water."
　　c.「試験にうかったことが（*を）嬉しい」
　　　⇔ c'. "I'm glad that I've passed the entrance exam."
　　d.「テニスが（[?]を）したい」
　　　⇔ d'. "I'd like to play tennis."
　　e.「涼子のことが（[?]を）好きです」
　　　⇔ e'. "I do care for Ryoko."

　時枝誠記（もとき）（1941・1955）は，こうした日本語の言語現象を「主体化」現
象として捉えようとしたが，中国語の訓読により「日本語」の中に創発・
拡張した統語・文法概念である「助辞（虚詞）」と，明治に入り近代ヨー
ロッパ標準諸語の論理である「客観」を真似た小説の試みの中で定位して
いった「格・主語」という統語・文法概念から，最終的には離れることが
できなかった．時枝は，1980年代の認知言語学の誕生に先駆け，言語を

第1章 「日本語」の論理 ①：「認知様態詞（形容詞）」と「認知標識辞」の「が/ga/（由来・契機）」 123

「客観」主観に裏づけられた「客体化」現象と捉えるのではなく，「主体化」という論理で捉えるパースペクティブ（『言語過程説』）を打ち出していた．しかしながら，時枝は最終的には言語研究における「客観」というパラダイムから離れることができなかったために，「認知様態詞（従来，形容詞)」の創発現象に顕現する「日本語」の論理を捉え損ねたのだった．日本語という言語現象の中に透徹した「主体化」の論理を見るのではなく，「客体化」論理より創発した統語・文法カテゴリを記述・説明の基底に据えたことにより，モダリティ（情意）度の高い認知様態に至った「由来・契機」を提示・形式化している「が/ga/」を，彼は「対象語格」と命名せざるを得なかったのである．時枝は次の様に述べる．

述語格から分立する処の主語，客語，補語等は，それらと述語との論理的関係の規定に基くものであって，述語に対する主体，或いはその客体，目的物等の主体的弁別に基づいて現れて来るものである．然るに国語の形容詞及び動詞の或るものについては，次のような特殊な現象を認めることができる．形容詞について見れば，例えば，

　　甲　色が赤い．川が深い．　　　乙　水がほしい．母が恋しい．

右の甲例においては，「色」「川」を共に「赤い」「深い」の主語とすることは当然であって，「色」「川」は述語によって説明される主体としてこれを主語ということが可能である．乙例においては，「ほしい」「恋しい」の主語が，「水」或は「母」であると簡単に決定することはできない．これらの形容詞は，甲の場合のそれと異り，**主観的な情意の表現**であるから，これらの形容詞の主語は，「ほしい」「恋しい」という感情の主体である処の「私」か，「彼」かでなければならない．それならば，「水」「母」は，右の主語に対して如何なる関係に立っているのであろうか．私はこれを次の様に解釈しようと思うのである．「水」及び「母」は，夫々に主語「私」或は「彼」の**感情を触発する機縁となるもの**であるから，これを「ほしい」「恋しい」に対する対象語と名付け，かかる秩序を対象語格と呼ぼうと思うのである．
　　　　　　　時枝（1941 復刻 2007: 77-78）下線部強調原著者　太字強調筆者

　時枝は日本語の「認知様態詞（従来，形容詞)」において，重要な問題に触れているにも関わらず，それを捉えることができなかった．それは乙例

124　第3部　言語における「主体化」論理：日本語を中心に

(「水がほしい」,「母が恋しい」)において,「主語」という統語・文法概念が形式として創発していないにも関わらず,その存在をア・プリオリに是認してしまっていたがために,形式に創発しない理由を問うパースペクティブを見出すことができなかったのである.近代ヨーロッパ標準諸語,特に英語の言語論理を離れて,「日本語」という言語現象を観ることができなかったのである.「客観」というパラダイムに,自身の研究姿勢の根底が絡め捕られてしまっていた.森重 敏(1965)においては,さらに混乱する.

> 文は表現・理解の場に成立し文法的に成立条件など考えられないものである.表現・理解と文法とは,以上のように立場が違うのである.したがって,文法を認識するためには,決してそこに表現・理解の立場を混入して考えてはならない.
> 　　　　　　　　　　　　　　　　　　　　　　　　　　　森重(1965: 16)

　森重(1965)は,文法を解明する上で表現・理解,言い換えれば認知主体者の「解釈(construal)」を考慮に入れてはならないと説く.しかしながら彼は,

> 希望の助動詞といわれるものに「たい」があり,たとえば「水を飲む.」に対して述語「飲む」から「たい」が分出するとき,勿論「水を飲みたい.」というように「水を」が客語のままであることもあるけれども,
> 　　　　水が飲みたい.
> と変わりやすくなる.この「水が」は,述語「飲みたい」の主語ではなく—主語は「飲みたい」と思う者である——,その思う者の情意を触発する対象として,いわゆる対象語——対立関係の格の1つである.つまり,情意的な「たい」の分出によって格は客語から対象語へと変わりやすくなり,それだけ「たい」は格を支配するといってよい.格の助動詞の場合のように緊密ではないが,ともかくも格に関係がある.
> 　　　　　　　　　　　　　　　　　　　　森重(1965: 83)下線部強調筆者

と述べる.森重は,表現・理解と文法とは立場が違うと言い切りながら,「水が飲みたい」の主語は「飲みたい」と思う者であると述べ,文に現れないものが統語カテゴリの対象概念だとしている.そして情意的な「た

第1章 「日本語」の論理 ①：「認知様態詞（形容詞）」と「認知標識辞」の「が/ga/（由来・契機）」 125

い」の分出によって格は客語から対象語へと変わりやすくなり，それが格を支配すると述べる．彼の言説は結局，認知主体者の表現・理解（『世界解釈・事態把握のあり方』）を考慮に入れない限り，文法と呼ばれるものは解明できないということを，逆説的に述べたに過ぎないのである．「主語」という文法カテゴリは，一義的に統語レヴェルのカテゴリであり，統語レヴェルでのカテゴリで在るべきものが文形態に顕現しないということはあり得ない．構文形態で創発していない「意味（概念化）」を，統語レヴェルでの文法カテゴリとして用いることは，言語学が学問として存在するための，基盤の原則として許されないのである．

　時枝なり森重なりが，「主語」という統語概念を的確に捉えられなかった理由は，'subject（主語）' とは，談話機能的な 'theme（主題）' と，名詞の格標示としての 'nominative case（主格）'，動詞を介在にした意味役割としての 'agent（動作主）' という，異なるレヴェルの概念が，'word order（語順）' を第1統語原理とする言語において，統語・文法カテゴリ概念として融合したものであるという，通時的・歴史的な経緯を理解していなかったからに他ならない．これまで多くの研究者が日本語の論理で日本語を捉えようとした時に思い至った様に，日本語において「主語」という統語・文法カテゴリは妥当していないのである（中野 2005・2008a・2008b・2010・2011・2012・2013a・2013b．cf. 金谷 2002・2003・2004．熊倉 1990・2011．月本 2008．中村 2004・2005．松本 2006・2007．三上 1953・1955a・1955b・1960・1963a・1963b．山口 1989・2000・2004）．

　文構成の基本レヴェルとされる 'word class（品詞）' で，日本語の「認知様態詞（従来，形容詞）」と英語の 'adjective' の間で互換が成立しない言語現象は，統語・文法レヴェルでの基本カテゴリであるはずの 'subject' が，日本語の統語・文法カテゴリとして妥当していない言語現象と通底している．英語を含む近代ヨーロッパ標準諸語の論理で創発した文法カテゴリと，「日本語」の論理で創発した日本語の文法カテゴリ間では，互換は成立しないのである．

　日本語と英語を代表とする近代ヨーロッパ標準諸語との間で，文法カテ

126 第3部 言語における「主体化」論理：日本語を中心に

ゴリの互換が成立しないことを明らかにするために，さらに日本語の「ク/ku/」活用の「認知様態詞」を観察することにする．「ク/ku/」活用の「認知様態詞(従来，形容詞)」の用例も，近代ヨーロッパ標準諸語において，統語・文法上の必須カテゴリ要件である 'subject(主語)' が，日本語には妥当していないことを例証することになる．

4 －「ク/ku/」活用の「認知様態詞」

日本語の「ク/ku/」活用の「認知様態詞(従来，形容詞)」は，「シク/shiku/」活用の「認知様態詞」と異なり，国語学者の間でも事物の属性を表すものだとされることがあった．しかしながら事物の属性を表すとされる「ク/ku/」活用の「形容詞(語末イ)」も，次の様に使用されることに注意が払われなければならない．

(36) a. 「暑い」⇔ a'. "It's hot."
　　 b. 「寒い」⇔ b'. "It's chilly."
　　 c. 「重い」⇔ c'. "This is heavy."
　　 d. 「軽い」⇔ d'. "This is light."

英語の hot・chilly・heavy・light が叙述構文であるためには，'subject' と 'verb' が必要となる．つまり認知主体が hot・chilly・heavy・light に関わる事態把握を，形式として創発化するためには，状況を自己から独立・客体化させる必要が，もしくは自己を状況から独立・客体化させる必要がある．そのために，事態把握を創発させる構文の形式には，「動作主(agent)」，「状況(situation)」，「指示関係(reference relation)」が，'copula(連結詞，英語においては be 動詞や become 等がこれに相当する)' の使用と共に，「客体的」に 'subject(主語)' として創発することが求められる．一方日本語の場合は，認知主体は状況・環境から分離・独立して在るわけではなく，言語論理において認識論的に連続して存在している．逆に言うなら，状況・環境は，日本語において認知主体と共に，'Emerged Construal(Immediate Scope・

Onstage)' として創発するのである．つまり「暑い」・「寒い」・「重い」・「軽い」と，日本語の1語構文で形式化されるときには，認知対象・状況はそれを知覚している認知主体と認識論的に一体化・連続した状態で，「暑い」・「寒い」・「重い」・「軽い」と構文・文法カテゴリ化（Emerged Construal）されている．独立した事物の属性として「暑い」・「寒い」・「重い」・「軽い」と構文・文法カテゴリ化されているのではないのである．したがって，「日本語」の「ク/ku/」活用の「認知様態詞」は，英語の 'adjective' と異なり，「暑い」・「寒い」・「重い」・「軽い」とそれ1語だけで構文として創発することができる．英語の 'adjective' である hot・chilly・heavy・light の方は，事物の属性を表す構文として成立するためには，「客体化」された 'subject（主語）' の存在が必要となり，そしてその「客体化」された対象の属性（property）を修飾的に表示するとき以外は，連結詞（copula）の存在も求められる（cf.（36）a'・b'・c'・d'）．

　日本語の「認知様態詞」は，それ1語で1語構文として成り立つのに対して，英語の 'adjective' の方は，'subject' と 'copula' の3語によって構文化されなければならない．このことは「類像性（iconicity）」の原理から言えば，英語の 'adjective' 構文によって表象されている事象は，'subject' と 'copula' と 'adjective' の3語の使用からも分かるように，認知主体から認識論的距離を持って把促・解釈されているということである．つまり，日本語の「認知様態詞」によって創発している事態・事象に対して，英語の 'adjective' 構文に創発している事態・事象は，類像性を介して創発しているその認識論的距離が示すように，「客体的・客観的」だと「主観」されているのである．その逆に日本語の「認知様態詞」において創発している事態・事象は，類像性を介した認識論的距離の無さが示すように，「主体化」されている．「主体化（modalize）」された事態把握とは，認知の主体と認知の対象との間に，認識論的な距離が設けられていない様態での事態把握のことを指す．対象の「水」と主体との間に認識論的な距離がない事態把握であるために，「水が飲みたい」という構文・文法カテゴリの創発も可能だったのである．この主体と対象との間に認識論的な距離が設けられ

128　第 3 部　言語における「主体化」論理：日本語を中心に

ていない様態での事態把握は，次の様な「ク/ku/」活用を用いた言語形式
の創発と拡張を可能にしている.

（37-1）a.　（虫歯で）「痛い…」

　　　　b.　（損失を出して）「痛いな…」

　　　　c.　（年長者の若作りファッションに）「痛いな…」

（37-2）a.　（原文）多麻之比波 安之多由布敝尓 多麻布礼杼 安我牟祢伊多之 古非能
　　　　　　　　　　　之氣吉尓

　　　　　　（仮名）たましひは あしたゆふへに たまふれど あがむねいたし こひの
　　　　　　　　　　　しげきに

　　　　　　（訓読）魂は朝夕にたまふれど我が胸痛し恋の繁きに
　　　　　　　　　　　　　　　　中臣朝臣宅守与狭野弟上娘子贈答歌 『万葉集』15 巻 3767

　　　　b.　（原文）野干玉之 黒髪變 白髪手裳 痛戀庭 相時有来

　　　　　　（仮名）ぬばたまの くろかみかはり しらけても いたきこひには
　　　　　　　　　　　あふときありけり

　　　　　　（訓読）ぬばたまの黒髪変り白けても痛き恋には逢ふ時ありけり
　　　　　　　　　　　　〈大〉宰帥大伴卿上京之後沙弥満誓贈卿歌二首 『万葉集』4 巻 573

　　　　c. 古体なる御文がきなれどいたしや.　　　　　　　　　『源氏物語』行幸

（38-1）a.　（タバスコのかけ過ぎに）「辛い…」

　　　　b.　（難局をなんとか脱し）「辛くも…／辛がらに…」

　　　　c.　（試験の点数に）「辛いなァ…」

（38-2）a.　（原文）之賀能安麻能 一日毛於知受 也久之保能 可良伎孤悲乎母 安礼波
　　　　　　　　　　　須流香母

　　　　　　（仮名）しかのあまの ひとひもおちず やくしほの からきこひをも
　　　　　　　　　　　あれはするかも

　　　　　　（訓読）志賀の海人の一日もおちず焼く塩のからき恋をも我れはするかも
　　　　　　　　　　　　　至筑紫舘遥望本郷悽憪作歌四首 『万葉集』15 巻 3652

　　　　b.　（原文）牟可之欲里 伊比〈祁〉流許等乃 可良久尓能 可良久毛己許尓
　　　　　　　　　　　和可礼須留可聞

　　　　　　（仮名）むかしより いひけることの からくにの からくもここに
　　　　　　　　　　　わかれするかも

第 1 章　「日本語」の論理 ①：「認知様態詞（形容詞）」と「認知標識辞」の「が/ga/（由来・契機）」　129

　（訓読）昔より言ひけることの韓（唐）国のからくもここに別れするかも

反歌二首　『万葉集』15 巻 3695

　　c. わが身手負ひ，からき命をいきつつ本宮へこそ逃げのぼりけれ

『平家物語』4 巻

　　d. さて今宵もやかへしてむとする，いとあさましうからうこそあべけれ

『源氏物語』空蝉

　ここでの共時的事例及び通時的事例において観察されるのは，対象を身体的に直接捉える事態把握のあり方（感覚体験）から，時間的に対象を捉える事態把握のあり方（経験）への拡張である．こうした拡張のあり方は，人間の認知のあり方として他言語でも多く観察されることが予測される．ただ，（37-1）c の「痛いな…」や，（38-1）c の「辛いなァ…」，（37-2）c の「古体なる御文がきなれどいたしや」や，（38-2）d の「さて今宵もやかへしてむとする，いとあさましうからうこそあべけれ」の事例が示す様に，日本語の論理においては，身体的直接体験（感覚）に用いられる言語形式が，近代ヨーロッパ標準言語の論理においては 3 人称で捉えられる様な対象（試験の点，年長者の若作りファッション，書き方，追い返す行為）にまで拡張されている．何故こうした対象の表現にまで，身体的直接体験（感覚）に用いられる言語形式を拡張することが可能となるかの理由は，近代ヨーロッパ標準言語の論理（事態把握のあり方）では「主体化」しえないモノ・コトが，「日本語」の論理（事態把握のあり方）では，「主体化」されているからである[5]．「主体化」する事態把握で対象を捉えているからこそ，その創発結果である言語形式は，「類像性」の原理に基づいて，認知主体と認知対象を認識論的に分離する文法カテゴリである「主語／目的語」を必要としないのである．主体と対象とが認識論的に地続きな状態で事態が

　5）　この「主体化」という事態把握のあり方が，日本が日本食・書画・陶芸・織物・能楽・合気道等の武芸・芸能を，「道」という独特の観念を以って伝統化する機能を担っている．何故ならば，「道」という独特な観念で伝統化されたこれら武芸・芸能の目標とされている境地は，「主体」と「対象」との合一化にあるからである．このパースペクティブでの詳細な「日本文化」論については，内田樹（2009a，2009b，2011，2012，2013）を参照．

130　第3部　言語における「主体化」論理：日本語を中心に

把握されるからこそ，こうした対象を「主語／目的語」やコピュラを必要
としない1語文（(37-1) a・b・c, (38-1) a・b・c）で表すことができる.

　日本人にとって「主体化」されえないもの，つまり「日本語（やまとことば）」に元々存
在していなかった「抽象的な概念(抽象化された行為・行動・状態)」を，日
本語の形式に摂り込む工夫として，「若い」に対して「年取る」や，「四角
い・青い」に対して「三角の・緑の」,「綺麗」に対して「綺麗な」等の様
に，「動詞」や「名詞」を補対的に用いる方略や,「名容詞(形容動詞)」化
する方略が，通時的な言語変遷の中で生み出されてきた（cf. 寺村 1982. 村木
1996・2003・2012）. こうしたことからも判る様に，これまでの日本語の
「形容詞」の観察・分析は,「日本語（やまとことば）」の論理・パラダイムに基づいてでは
なく，近代ヨーロッパ標準諸語，特に英語の論理・パラダイムに基づいて
行われてきたことにより，本質が常に捉え損ねられているのである（cf. 西
尾 1982, 荒 1989, 樋口 1996・2001, 八亀 2007・2008, 久島 2010）.

　日本語において，対象・状況は認知主体から独立・分離せず，認知主体
と一体化・連続して事態把握されると主観されている. それを理由とし
て，主体と対象・状況の認識論的分離状態を示す「主語」という統語・文
法カテゴリが，構文に創発する認知的動機が存在しないのである.「日本
語」の論理で捉えられた事態は,「主語」という統語・文法カテゴリを必
要とすることなく構文として創発する. 繰り返すが,「主語」という統
語・文法カテゴリは，談話機能的な「主題」と，名詞の格標示としての
「主格」と，動詞を介在にした意味役割としての「動作主」という異なる
レヴェルの概念が,「語順」を第1統語原理とする言語において概念融合
化される歴史的経緯の中から創発してきたものである.「日本語（やまとことば）」の「主
体化」という論理で把捉・解釈されている事態が，形式（構文・文法カテゴ
リ）に創発する際に,「客体化」論理（「客観主観」）の把捉・解釈により創
発している「主格」・「主語」及び「時制」等の統語・文法カテゴリは，必
要とされないのである.

5 ―「日本語」と近代ヨーロッパ標準諸語間における文法カテゴリの非互換性：Langacker, Dixon, Croft の言語類型論における限界

　ここまで，「日本語」の「主体化」の論理による事態把握の創発現象である「ク/ku/」活用及び「シク/shiku/」活用の「認知様態詞（従来，形容詞）」と，英語の 'adjective' との間で互換が成立しないことを論証してきた．また，「日本語」による事態把握・解釈は，「主体化」という言語現象において言語形式に創発するため，日本語に「主語／目的語」という統語・文法カテゴリが存在しないことも論証してきた．先に挙げたクロフトの日本語の「形容詞」に対する分析も，日本語の「認知様態詞[6]」が客観的な属性を表すものではないことから，類型論として妥当なものではなかった．

表 12.　**The semantic map for the Japanese Nominal, Nominal Adjective, and Adjectival constructions**（日本語の名詞構文・名容詞構文・形容詞構文の意味地図）

（再掲）

Croft（2001: 95）　□ の囲み及び×表示は筆者による

132　第 3 部　言語における「主体化」論理：日本語を中心に

　この「認知様態詞（従来，形容詞）」という品詞レヴェルで，日本語と英語（近代ヨーロッパ標準諸語）の文法カテゴリ間の互換が成立しないという事実は，同時に，近代ヨーロッパ標準諸語の「主語(subject)」という統語・文法カテゴリも，日本語には妥当しないことを例証するものであった．こうしたことから，日本語の「認知様態詞」を ‘objects(客体的物性)’ と ‘properties(客体的属性)’ を極としたスケール上に位置づけた上掲の Croft（2001, cf. 表 12）のパースペクティブも，また，下記のラネカーの ‘adjective’ の定義も，日本語に対しては類型論的に妥当していないことが明らかになる．

Similarly, an adjective like *pretty*, *tall*, or *stupid* situates its trajector vis-à-vis a scale representing the degree to which it exhibits a certain property. There is just one focal participant because the adjective itself specifies both the property and the scalar position. Neither is construed as an independently existing entity requiring separate identification.

同様に，*pretty*, *tall*，もしくは *stupid* といった形容詞は，程度がある特性を示す段階を表示していることに相対し，トラジェクター（時系列軌道）を定める．形容詞はそれ自体，特性とスカラ位置の両方を明確化するものであるから，焦点化を受けるひとつの参与者が存在する．別々の同定を求める独立して存在する事物として，解釈されるのではない．　　　　　　　　　　　　　　　　　Langacker（2008: 113-114）

As shown in figure 4. 9, the noun and the adjective have the same conceptual content, involving both a thing and a specification of its shape. They differ in what they profile within this base: the noun profiles the thing, while the adjective profiles the configurational assessments（represented diagrammatically for both by dashed arrows）.

図 4.9 に示されるように，モノとモノの形状の限定化の両方が含まれることで，名詞と形容詞は同じ概念的内容を備えている．このベース内で，何をプロファイルするかで異なることになる．つまり，（破線の矢印によって，両方とも図表として表示されているが）名詞はモノをプロファイルし，一方，形容詞は様態に関わる評価をプロファイルする．　　　　　　　　　　　　　　　　　Langacker（2008: 114）

---

　6 ）　日本語の「認知様態詞」とは，従来の「形容詞」に分類されている品詞に止まらない．「悲しい・美しい」，「寒い・遠い」，「好き・嫌い」，「欲しい・恋しい・〜したい」等，語末が「い/i/」音で表示されるいる文法カテゴリを包括するものとなっている．

第 1 章 「日本語」の論理 ①：「認知様態詞（形容詞）」と「認知標識辞」の「が/ga/（由来・契機）」　133

(a) *square* (N)　　(b) *square* (ADJ)

Langacker（2008：114 Figure 4. 9）

　日本語の「認知様態詞(従来，形容詞)」は，「客観的」な属性（property）及びスカラ位置（scalar position）を表さない．また，日本語の「認知様態詞」は，「名詞(noun)」と同じ概念内容を持つものでもない．すなわち，「名詞」の様態（形状・状態）に関わる「客観的」な評価（configurational assessments）を認知焦点化するものではない．こうしたことすべては，「日本語」の事態把握（論理）が，「主体化」という言語現象を透して創発することに起因する．

　この論証により，さらに次の様な 'adjective' の定義も，認知言語類型論の視点から考察すれば日本語には妥当しないことが，延いては言語類型論としても普遍性を維持できないことが明らかになる．

The function and properties of an Adjective class vary widely from language to language. There are four basic types:

(a) *Adjectives have similar properties to verbs*. That is, an adjective can occur as head of a phrase filling predicate slot in clause structure, just as an intransitive verb may. For each such language, some criteria can be discerned to distinguish Adjective and Verb. The actual criteria properties vary from language to language; they typically include slightly different possibilities between verb and adjective for being modified when functioning as predicate, for functioning as modifier within an NP, for occurring in comparative constructions, and forming adverbs.

(b) *Adjectives have similar properties to nouns*. That is, an adjective may occur as modifier in an NP and it may also make up a complete NP（a decision then has to be made between saying that the adjective is NP head, and saying that a noun head has been ellipsed）. An adjective may undergo the same morphological processes as a noun; for example, taking number and/or case marking. However, there always are some criteria which enable the

134 第3部 言語における「主体化」論理：日本語を中心に

linguist to distinguish two word classes. They may relate to the internal structure of NPs
(if an adjective is head there may be fewer possibilities for modification than if a noun is
head) or to the fact that only an adjective may occur in a comparative construction, or
may form adverbs.

(c) *Adjectives share grammatical properties with both verbs and nouns.* An adjective can
function similarly to an intransitive verb is being head of a predicate, and it may inflect
like a noun when occurring in an NP.

(d) *Adjectives have grammatical properties different from those of verbs and of nouns.* English is
of this type-an adjective may neither function as predicate head nor as NP head; it does
not share any inflection with verb or with noun. Unlike nouns and verbs, an adjective
occurs in a comparative construction (marked by either *-er* or *more*), and adverbs may
be formed from many-but not all-adjectives.

形容詞クラスの機能と特性は，言語毎に多岐にわたる．基本的には，4つのタイプ
がある．

(a) 形容詞が動詞と同じ特性を備えている．つまり，自動詞のように，節構造の
中の述部スロットを満たす句のヘッド（主要部）として発現することができ
る．そういった言語各々に対しては，形容詞と動詞を区別するために，いく
つかの基準が認められる．実際の基準となる特性は，言語毎に異なる．述部
として機能する際に修飾されていたり，名詞句内の修飾語句として機能して
いたり，比較構文において生じていたり，そして副詞を形成したり等，典型
的には動詞と形容詞間のわずかな異なり方を含んでいる．

(b) 形容詞が名詞に類似した特性を備えている．つまり，形容詞は名詞句におい
て修飾語句として生じたり，完全な名詞句を構成したりする（それゆえ，形
容詞は名詞句のヘッドであると述べるか，名詞ヘッドは省略されていると述
べるかの間で，判定がなされなければならない）．形容詞は，名詞と同じ形
態過程を経ることもある．例えば，数の標示を取り込んだり，または，もし
くは，格の標示をしたり．しかしながら，言語学者がこの2つのワードクラ
スを区別できるいくつかの基準がある．それらは，名詞句の内部構造に関わ
るだろうし（もし形容詞がヘッドならば，名詞がヘッドであるよりも，修飾
語句である可能性は低くなり），あるいは，形容詞だけが比較構文に生じる
ことができ，また，副詞を形成できる事実に関わるだろう．

(c) 形容詞は，動詞と名詞の両方と文法的特性を共有している．自動詞に類似し

第 1 章　「日本語」の論理 ①：「認知様態詞 (形容詞)」と「認知標識辞」の「が/ga/ (由来・契機)」　135

て機能できる形容詞は，述部のヘッドとしてあり，名詞句に生じる場合，名詞のように語形変化することもある.

(d) 形容詞は，動詞や名詞のものとは異なる文法的特性を備えている. 英語はこのタイプであり，形容詞は述部ヘッドとしても，また，名詞句ヘッドとしても機能しない. つまり英語の形容詞は，動詞とも，また，名詞とも，屈折語尾変化を共有することはない. 名詞や動詞と異なり，形容詞は (*-er* もしくは *more* によって有標化され) 比較構文に生じる. そして，副詞はすべてではないが，多くの形容詞から形成される.　　　Dixon（2010a: 112-113）

　日本語において「形容詞」と呼ばれてきた文法カテゴリは，'adjective' に該当していない. 阪倉篤義は，「日本語」の「形容詞」に対して次の様に述べる.

　現代語でも，「ああいう人が羨ましい」とか，「彼の態度が腹立たしい(腹が立つ)」とかいう言い方を普通にする. 言うまでもなく，「ああいう人が自分にとって羨ましく感じられる」とか，「彼の態度によって，自分が腹立たしく感じる(腹が立つ)」の意味である. この場合の「ああいう人」や「彼の態度」は，話し手に「羨ましい」「腹立たしい」という情緒を起こさせる機縁になったもので，そういう情緒を催す主体であるところの，いわゆる主語とは，少し性質が違っている. だから，こういうものは，述語の概念の対象となるものを表すという意味で「対象語」と名づけて区別しようという提案も，時枝誠記博士によってなされている.

　しかし，たとえば，
　彼の話が面白い.
と言った場合，これは，彼の話によって「面白い」という情緒をそそられる，話し手の主観を述べている (この場合，「彼の話」は対象語) ともとれるし，また「面白い」という語が，直接に，「示唆に富む」とか「話術が巧みだ」とかいう，話そのものの性質を述べている (この場合，「彼の話」は主語) ともとれて，どちらとも決定しにくい. 先の「羨ましい」や「腹立たしい」についても，やや似たことが言えるだろう. 日本語の情緒表現の形容詞には，こうして同時に対象のありかたを述べているともとれるような，いわば主客を分かちにくい表現の語が，古来，いくつもある.

　　　　阪倉 (1978 (2011): 111-112)　傍点部強調は原著者，下線部強調は筆者

136 第3部 言語における「主体化」論理：日本語を中心に

　日本語の「認知様態詞(従来，形容詞)」が，「名詞」形式で表象される事物の「客観的」属性を表すのではないことを，私達は事例（29・30・31）において確認した．また事例（32・34）においては，「日本語」の「認知様態詞」が「連結詞(copula)」を必要とすることなく，あたかも英語の「他動詞」の様に対象を希求する表現でも用いられることも確認した．したがってこれらは，「日本語」の「認知様態詞」が「自動詞」というカテゴリにも収まらないことを示す．また一方で，「日本語」の「認知様態詞」は，終止形・連体形の語末が「イ /i/」音で終わり，「ウ/u/」音で終わる通常「動詞」とカテゴリ化されているものと語・韻形態が異なることから，「動詞」というカテゴリにも属していない．事物の「客観的」属性を表すのでもなく，能動性を帯びる用法もあることから「自動詞」という文法カテゴリにも，また，語・韻形態の異なりから「動詞」という文法カテゴリにも収まらないこれら日本語の「認知様態詞」は，近代ヨーロッパ標準諸語の論理において ‘adjective(形容詞)’ とカテゴリ化されているものとは明らかに異なる事態把握のあり方が，言語形式として創発しているものである．

　この事実は，非常に重要な日本語の実相を，一方で顕わにすることになる．すなわち，「主体化」を論理とする日本語は，事物を言語論理的に「客体化」することができないのである．つまり日本語の言表は，形式（構文・文法カテゴリ）的に「客観性」を創発・維持できるパラダイムに依拠しないものであり，事物は言語論理として形式的に「客体化」され得ないのである（cf. 熊倉 2011）．この重要な事実については，改めて論証することにする[7]．ただし日本語の言表は，言語論理として形式（構文・文法カテゴリ）に「客観性」が担保されないという指摘は，日本語で述べているこの論考自体も，形式的に「客観性」を創発させることができないということになる．「日本語」の論理により創発している言語現象を，日本語で「客観的」に言説化することは，もしくは，ダイアグラム等の様式を用いて「客観的」に提示することも，言語論理としては原理的に不可能なのである．日本語は「主体化(modalization)」を論理とする言語であり，そこに

第 1 章 「日本語」の論理 ①：「認知様態詞（形容詞）」と「認知標識辞」の「が/ga/（由来・契機）」 137

おいて事物存在（entities）が，形式（構文・文法カテゴリ）的に「客体化・客観化」されることはない．このことは近代ヨーロッパ標準諸語においてフェルディナン・ド・ソシュールが，「音」と「意味」の関係は恣意的であると主張したのに対して，「日本語」の論理においては，「音」と「意味」の関係が恣意的ではなく必然であることと密接に関わっている．後に述べることになるが，「日本語」においては，「音」自体が「意味」を有しており，「音」自体の「意味」を聴き分けるのが，「日本語」の論理の中核なのである（cf. 阪倉 1978（2011），渡部 2009，熊倉 2011）．「日本語」においては，「音」が膠着されていくことで新たな「意味」が「形式」として創発していく理由も，実はここに関わっている．「日本語」の「認知様態詞」の語末が「イ/i/」音で終わり，「動詞」の語末が「ウ/u/」音で終わる理由も，「用言」における活用も，オノマトペの豊穣も，話し手の事象生起に関わる確信性を表す「タ/ta/」行音の使用も，このことと無関係ではないのである．

　認知言語類型論が，種々の言語現象を記述・説明する際の重要なパースペクティブとして，「類像性（iconicity）」の存在を指摘した．日本語の構文に，'adjective（形容詞）' 及び 'case（格）'・'subject（主語）' という文法・統語カテゴリが妥当しないということは，日本語の論理による事態把握が，「形

7）　'A is B'という言説（構文）と「A は B だ（です）」という言説（構文）に互換性は成立しない．'A is B' という言説は，項 A と項 B の客体関係が，三人称単数を対象とする be 動詞 is の使用によって保証されている．つまり，A ＝ B という客体関係が言語論理として保証されている．しかしながら日本語の言説（構文）の「A は B だ（です）」の方は，A 項が客体存在項であるということを，また，この 2 項間に客体関係が成立するということを，統語・文法的に保証するものがない．独立項としての存在を保証する動詞も存在しておらず，したがって A 項が独立的に客観的に存在するという保証が，言語論理的にはない．'A is B' の対応を「A は B である」とした場合も，その構文の内部構造は「[A は B で（として・だ）] ある」となり，[A は B] と話者が確信（「で」・「として」・「だ」の使用）する言説が存在しているという，言語論理から言ってこれも話者の意見表明という枠組みから出ることができないものとなっている．係助詞の「は」は，対象が「共同注視（joint attention）」の対象であることを示すものであり（中野 2005, 2008a, 2008b），話者の意見を提示する言説（構文）にしかなり得ない．つまり，日本語の言説（構文）は，「主体化」状況から出ることが言語論理としてできないのである．

容詞」及び「格」・「主語」という文法・統語カテゴリを創発させない「認知モード」による事態把握であることを意味する．またここまで幾度も述べてきたが，「形容詞」及び「格」・「主語」といった文法・統語カテゴリを創発させる論理（「認知モード」による事態把握）は，認知主体と対象・状況が，相互に独立・分離した「客観」という「主観」に依拠しない限りは，機能しないものである．つまり近代ヨーロッパ標準諸語において，ア・プリオリに前提とされる文法カテゴリである 'case', 'subject/object', 'transitive verb/intransitive verb', 'voice', 'tense' といったカテゴリは，「客観」というパラダイムに依拠していない限り，創発し得ない統語・文法カテゴリなのである．

　近代ヨーロッパ標準諸語を代表とする「屈折語」の言語論理による事態把握（construal）のあり方と，日本語を代表とする「膠着語」の言語論理による事態把握のあり方との間には，言語類型論的に大きな差異があることが推測される．その差異の存在を無いものと前提する学問姿勢は，近代ヨーロッパ標準諸語，特に英語の論理が「膠着語」や他言語に生じる言語現象の観察・記述・説明にも妥当するという，無自覚な思い込みと，globalization という政治的・経済的な趨勢に阿（おもね）ることから得られる利得を故としている．繰り返すが，ある言語に生じる現象をその言語固有の論理の内側から観察・記述・説明しようと試みない限り，言語類型論的な洞察を得ることはできない．言語類型論分野の研究においては，形式の共時的・通時的な観察・分析を通して，その言語固有の創発原理を見出す必要がある．当該言語の論理（世界解釈・事態把握のあり方）を見出した後に，その論理を他言語の論理と対照することで，共時的にも通時的にも合理的な記述・説明を行うのでなければ，言語学の存在意義はないだろう．

第2章

「日本語」の論理 ②：認知標識辞
「は/wa/・が/ga/・で/de/・を/wo/・に/ni/」

　第2部において，近代ヨーロッパ標準諸語，特に英語がどのような「認知モード」によって事態把握（construal）を図っているか，また，その「認知モード」による事態把握が「類像性(iconicity)」を介してどのように言語形式（構文・文法カテゴリ）に創発するのかを概観した．そこで明らかになったことは，近代ヨーロッパ標準諸語，特に英語は，「外置の認知モード(Displaced Mode of Cognition: D モード)」を用いて事態把握を図っており，その「外置の認知モード」による事態把握が認識論的に存立できるのは，「客観」という名の「主観」が，その認識論的母体であるという事実であった．事物は認知主体の外部において「客観的」に存在するという「主観」が定位化（パラダイム化）して初めて，「外置の認知モード」による事態把握が「類像性」を介して，その言語形式に「客体的」に創発するのであった．「外置の認知モード」による事態把握の「類像性」を介しての言語形式への創発結果が，英語においては，典型的には理想化された認知モデルであるアクション・チェイン・モデルに対応する「他動詞構文」であった．また，この言語形式の創発と，「主語／目的語」・「他動詞／自動詞」，「時制」や「能動態／受動態」といった文法カテゴリの創発は，表裏の関係にあった．ある「構文」が何故その言語固有に創発するかの解明・説明は，「語彙主導主義」的なパースペクティブを以ってしても，また，「構文主導主義」的なパースペクティブを以ってしても，可能にならなかった．ある「構文」が何故その言語固有に創発するかの説明，及び，その言語の文法カテゴリの実相は，その言語に内在する論理を解明するこ

140 第3部 言語における「主体化」論理：日本語を中心に

と，すなわち，「言語形式（構文・文法カテゴリ）」から「類像性」を介して，逆にその言語固有の事態把握のあり方（「認知モード」）を捉えることでしか，立ち現れないのであった．

　この章においては，「日本語」がどのような論理（「認知モード」）を用いて事態把握を図っているのかを，また，その論理に拠って創発している言語形式にどのような文法カテゴリが顕現しているのかを，さらに解明する．

1 − 認知標識辞「は/wa/」①：「場」における「共同注視 (joint attention)」機能

　前章の「認知様態詞」・「認知標識辞(が/ga/)」の分析を通して，「日本語」の論理は，「主体化」にあることを見出した．「主体化 (modalization)」とは，対象と認知主体との間に，認識論的距離が設けられない様態での事態把握によって生じる言語現象であった．したがって，日本語の従来「形容詞」とされてきた文法カテゴリは，事物を「客観的」に把捉することで，その性質や状態を「客体的」に創発させたものではなく，認知主体と対象との間に認識論的な距離を設けない把捉により生じた，「認知の様態」を創発させたものであった．近代ヨーロッパ標準諸語における 'adjective' とは，事物は認知主体から独立して「客観的」に存在するという「主観」を母体にした，「客体化」の認知メカニズムによって創発した文法カテゴリだったのである．このことから，近代ヨーロッパ標準諸語における 'adjective' と，日本語における「認知様態詞(従来，形容詞)」との間では互換が成立せず，近代ヨーロッパ標準諸語と日本語の間には，翻訳の不可能性が存在している事実が見出されたのだった．

　上記の分析に先駆け，第1部2章3節においては，「日本語」とは「主体化」の論理によって構文・文法カテゴリを創発させている言語であると同時に，「文字」を持たない言語の論理（「イマ・ココ」性）によって，そのコミュニケーション様態が制約・動機づけられていることを述べた．すな

第 2 章 「日本語」の論理 ②：認知標識辞「は/wa/・が/ga/・で/de/・を/wo/・に/ni/」 141

わち，日本語のコミュニケーション様態とは，発話者の声が届く範囲及び
その声が存続する時間内という要件によって制約され，動機づけられてい
たのである．つまり，日本語における構文及び文法カテゴリの創発は，
「イマ」と「ココ」に制約されたものであり，また，その制約によって，
構文・文法カテゴリの創発が動機づけられているのであった．

　こうした「イマ・ココ」性に制約・動機づけられ，同時に，「主体化」
の認知メカニズムによって事態把握及びコミュニケーションが図られてい
るのが，「日本語」において，「場/ba/」と呼ばれている観念の実相であ
る．日本語の「場」においては，対象と認知主体とが認識論的に不可分に
把握され，事象生起し，それが構文・文法カテゴリとして創発する[1]．そ
の実相を日本語において言説化しようとしたのは，西田幾多郎と川端康成
であった．

　　純粋經驗の状態では主観と客観とは全く一致してゐるのである．否，いまだ兩者
　の分裂がないのである．例へば自分が物を知覺して居る時の精神状態のように，唯
　ある性質をもつた經驗があるのみである．見てゐる自分もなければ見られる物もな
　い．　　　　　　　　　　　　　　　　　　　西田（1953: 188）　下線部強調筆者

　　例へば，野に一輪の白百合が咲いてゐる．この百合の見方は三通りしかない．百
　合を認めた時の氣持は三通りしかない．百合の内に私があるのか．私の内に百合が
　あるのか．または，百合と私とが別々にあるのか．（中略）百合と私とが別々にあ
　ると考へて百合を描くのは，自然主義的な書き方である．古い客観主義である．こ
　れまでの文藝の表現は，すべてこれだつたと云つていい．
　　ところが，主観の力はそれで満足しなくなつた．百合の内に私がある．私の内に
　百合がある．この二つは結局同じである．そして，この氣持で物を書き現さうとす
　るところに，新主観主義的表現の根據があるのである．

　　　　　　　　　　　　　　　　　　　　川端（1982: 176-177）　下線部強調筆者

　彼らが軌を同じくして言説化しようと試みているのは，認知の「主体」

---

1)　典型的には，「暑い」・「寒い」・「重い」・「軽い」といった「日本語」の 1 語構
　　　文．

142　第3部　言語における「主体化」論理：日本語を中心に

と「客体」との間に認識論的距離が設けられていない事態把握のあり方である．「主体」と「客体」との間に認識論的距離が設けられない事態把握のあり方が拡張されると，発話の主体と聞き手との間にも認識論的距離を置かない事態把握が，構文・文法カテゴリに創発する様になる．自身の事態把握の内に，他者の棲息を主観するのである．この自身内に他者の棲息を常態的に主観することが，日本語の事態把握の共有化・社会化を担保することになっている．「主体」と聞き手及び時空を含む環境との間に，認識論的距離を設けない事態把握のあり方が具体事例化したものが，新幹線等に乗ったときに私達が耳にするアナウンスである．

(39)「まもなく，京都です．東海道線，山陰線，湖西線，奈良線と近鉄線は，お乗り換えです．今日も新幹線をご利用くださいまして，ありがとうございました．京都を出ますと，次は名古屋に停まります．」

　　上記事例の「まもなく，京都」という構文においては，発話の主体である車掌と，聞き手である乗客と，「イマ・ココ」の時空である列車とが，認識論的に連続した様態で把握されている．発話者である車掌と聞き手である乗客と「イマ・ココ」の時空である列車とその時間は分節されず，合一された「場/ba/」として主観され，その「場」に創発している事態把握が，「まもなく，京都」という構文なのである．そして，「場」の要件である他者との，「共同注視(joint attention)」による事態把握であると主観される場合，「認知標識辞(cognitive marker)」である「は/wa/(joint attention marker)」の使用が求められることになる（cf.「東海道線，山陰線，湖西線，奈良線と近鉄線は，お乗り換えです．」「次は名古屋に停まります」）．日本語の「は/wa/」は，発話者が認知の対象を聞き手と共に「共同で注意していると主観している」場合に用いられる，「共同注視の標識辞」なのである．したがって，文学作品においては，その冒頭での使用が，読み手を作品内・表現世界内に導入するのに効果を持つことになる．

(40) a. 春は，あけぼの．やうやう白くなりゆく山ぎは少し明りて紫だちたる雲の細くたなびきたる．夏は，夜．月の頃はさらなり．

第2章 「日本語」の論理 ②：認知標識辞「は/wa/・が/ga/・で/de/・を/wo/・に/ni/」 143

清少納言『枕草子』（996 年頃）

b. 今は昔竹取の翁といふものありけり．野山にまじりて，竹をとりつつ，萬の
事につかひけり．名をば讃岐造麿となんいひける．その竹の中に，本光る竹
ひとすぢありけり．怪しがりて寄りて見るに，筒の中ひかりたり．

作者不詳『竹取物語』（9 世紀後半から 10 世紀前半）

c. 木曾路はすべて山の中である．あるところは岨づたいに行く崖の道であり，
あるところは数十間の深さに臨む木曾川の岸であり，あるところは山の尾を
巡る谷の入り口である．一筋の街道はこの深い森林地帯を貫いていた．

島崎藤村『夜明け前』（1929 年）

d. ふるさとは遠きにありて思ふもの
　　そして悲しくうたふもの　　（室生犀星『抒情小曲集』「小景異情その二」）

e. 昔々あるところにお爺さんとお婆さんが住んでいました．お爺さんは山に芝
刈りに，お婆さんは川に洗濯に行きました．　　　　（伝承のおとぎ話）

　「日本語」のコミュニケーションにおいては，聞き手自体が「イマ・コ
コ」に制約される「場/ba/」の構成要件であるからこそ，「場」での注視
は共同であるという主観が成立する．したがって，「場」での事態把握が
構文として創発する際に，聞き手は構文に創発する必要がない（cf.「お忘
れ物ないように，ご降車願います」）．こうした「場」における「主体的な事
態把握」の創発の仕方は，事象は「主体」から独立して生起すると主観す
る「客体的な事態把握」の創発の仕方とは，その構文形式と文法カテゴリ
において対比を成す．

(41) "**Ladies and gentlemen**. **We** will soon make a brief stop at Kyoto. **Passengers** going to the
Tokaido, San-in, Kosei, Nara, and Kintetsu lines, please change trains here at Kyoto.
Thank **you**."

　「客観」という「主観」に基づいた「客体化」の事態把握においては，
事象は話し手・聞き手・環境を内包した「場」に生起するものではなく，
話し手の外部に「客観的」に生起するものであるから，聞き手・環境は
「客体化」されなければならない（cf.(41) "ladies and gentlemen, we, passengers,
you"）．

「日本語」の論理においては，「イマ・コココ」の「場」には存在しないが，嘗てそれを知るか，またはそれを自覚していた認知主体者自身と共に共同注視する（と主観する）ことも可能である．それが下記（42）aの「は/wa/」の事例であり，（42）bの「が/ga/」の事例は，認知主体者自身だけの知識・気づきが，「イマ・ココ」の「場」に創発していることを示す．

(42) a.「あっ，今日は妻の誕生日だった．どうしよう…怖くて家に帰れない…．」
　　 b.「本当は，4月13日がぼくの誕生日でしたが，今年は金曜日でしたので…」

「は/wa/」と「が/ga/」には，それぞれが担うコミュニケーションの機能に違いが在る．「は/wa/」と「が/ga/」の実相を，文法の面から考察していても姿は捉えられず，日本語の思考・コミュニケーションの様態から考察する必要がある．

図23．日本語の「は/wa/」の「場」における共同注視機能：「認知PAモード（'Primordial and Assimilative Mode of Cognition'）」

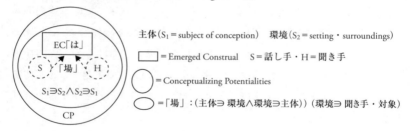

2 — 認知標識辞「は/wa/」②：「場」における「参照点（reference point）」機能と「概念誘起（conception inducing）」

日本語の「は/wa/」は，「場」における「共同注視（joint attention）」の対象を標示する機能を持つが，それ以外にも極めて重要な機能を備えている．Langacker（2008）は次の様に述べる．

第 2 章 「日本語(やまとことば)」の論理 ②：認知標識辞「は/wa/・が/ga/・で/de/・を/wo/・に/ni/」 145

Of considerable grammatical importance is a particular type of scanning called a **reference point relationship**. The term is best reserved for cases where the mental path is discrete, each element accessed is individually salient, and the reason for scanning along this path is primarily to find or identify the element ultimately arrived at. （中略）

Clearly, then, we have the ability to invoke the conception of one entity in order to establish "mental contact" with another. The entity first invoked is called a **reference point**, and one accessed via a reference point is referred to as a **target**. A particular reference point affords potential access to many different targets. Collectively, this set of potential targets constitute the reference point's **dominion**.

文法的に非常に重要なのは，**参照点関係**と呼ばれる，あるタイプのスキャニング（走査）である．この語は，メンタルパス（心的経路）が不連続であって，心的にアクセスされた各々の要素が個々に際立っている場合のためにあり，この経路に沿ってスキャニングする理由は，主として最終的に到達された要素を見出し，同定できるからである．（中略）

そして，私達は明らかに，別の事物との「心的接触」を確立するための，ある事物の概念を誘起させる能力を備えている．最初に誘起された事物が**参照点**と呼ばれ，参照点を経てアクセスされたものが，**ターゲット**と呼ばれる．特定の参照点が，多くの異なるターゲットへの潜在的に可能なアクセスを提供する．集合的には，この潜在的にアクセス可能なターゲットの集まりが，参照点の**ドミニオン**（領域）を構成する． Langacker（2008: 83-84）太字強調原著者

図 24. Langacker の認知の参照点構造

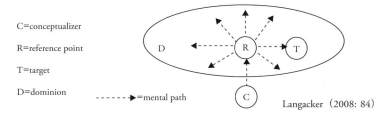

Langacker（2008: 84）

ラネカーは上記の様に，言語に参照点機能（Langacker 1993）を見出し，その具体例として次の様な事例を挙げている．

(43) a. *Do you see that boat out there in the lake? There's a duck swimming right next to it.*

146　第3部　言語における「主体化」論理：日本語を中心に

　　⇔　湖のあそこにボートが出ているのが見えますか？その真横に泳いでいる
　　　　鴨がいます.

b. *Do you remember that surgeon we met at the party? His wife just filed for divorce.*

　　⇔　パーティで出会った外科医のこと覚えていますか？　彼の妻が離婚を申し
　　　　立てたのです.　　　　　　　　　　　　　　　　　　　　Langacker（2008: 83）

　上記事例においてラネカーは，言語表現における参照点機能を，that
boat から a duck へと，または surgeon から his wife へと，聞き手の認知焦点
がコンテクスト（ラネカーによれば dominion）内で参照点（reference point）か
ら対象（target）へと移行することに見出している．日本語においては，こ
のコンテクスト内における対象（target）の認知焦点化は，典型的に「は/
wa/」の使用によって標識される．「は/wa/」により標識されるものが共同
注視の対象となることで，その対象は認知の参照点として機能する．そし
て参照点機能という認知プロセスには，参照点の「照射可能概念の誘起
（conception inducing）」という認知プロセスも含まれる．この日本語の「は/
wa/」が標識している参照点の，「照射可能概念の誘起」という認知プロセ
スの典型事例は，次の様なものである.

(44) a.　「何にしますか，私は天丼にします.」
　　　　　「ぼくは，うなぎかな.」
　　 b.　「今年の春は，どこに行きましょう.」
　　　　　「今年の春は，吉野とかどうかな．一度も行ったことがないし.」
　　 c.　「大阪と言えば…，」
　　　　　「大阪と言えば，やっぱ，たこ焼かな.」

　言語使用・事例を観察する場合，その使用・事例を単一的に構文・文法
レヴェルで観察してはならない．第1部でも論じたが，言語現象は，まず
第一に，その言語を用いる主体者の世界解釈・事態把握の創発としてあ
り，同時に，言語表現が用いられる状況でのコミュニケーション機能とし
て在る．特定のコミュニケーション状況で使用されている構文は，その状
況でのコミュニケーションを機能させている.

第 2 章　「日本語」の論理 ②：認知標識辞「は/wa/・が/ga/・で/de/・を/wo/・に/ni/」　147

　上記，言語形式（構文・文法カテゴリ）事例である「は/wa/・ば/ba/」は，
「は/wa/・ば/ba/」の使用によって標識された対象が，コミュニケーション
状況（「場」）において，共同注視の対象として提示されていることを示
す．そして，共同注視の対象としてコミュニケーション状況である「場」
に提示された対象は，認知の参照点として機能することから，それが照射
し得る領域の概念も，「（話し手・聞き手・環境の連続体として在る）場」に誘
起される．つまり上記の事例で述べるならば，共同注視の対象として
「場」に提示された「ぼく」及び「今年の春」・「大阪」は，参照点として
機能することから，「ぼく」及び「今年の春」・「大阪」が照射し得る領域
の概念も，「場」に誘起されるのである．したがって，「は/wa/・ば/ba/」
の使用によって標識された「ぼく」及び「今年の春」・「大阪」という参照
点は，「ぼく」の生活における食事という領域内から「うなぎ」が，「今年
の春」に行うイベントという領域内から「吉野行き」が，「大阪」におけ
る名所・名物という領域内から「たこ焼」が，誘起されるのである．由っ
て，「ぼくは，うなぎだ」や「今年の春は，吉野」や「大阪と言えば，た
こ焼」といった表現が可能なのである．

　この日本語の「は/wa/・ば/ba/」が持つ「場」におけるコミュニケー
ション機能は，例えば，英語の A ＝ B（A is B）という命題を表象するコ
ピュラ（代表的には英語の be 動詞）とは，本質を全く異ならせる．日本語の
「は/wa/・ば/ba/」は，コピュラによって表象される「客体的・客観的」な
事象の存在を標識しているのではない．「は/wa/・ば/ba/」によって標識さ
れた概念が，共同注視の対象かつ参照点として「場」に提示されること
で，参照フレーム内で照射し得る概念が誘起される．その参照フレーム内
で照射し得る概念の誘起という認知メカニズムは，「場」におけるディス
コース（discourse）展開にも関わるのである．日本語の「は/wa/・ば/ba/」
は，日本語のコミュニケーションの様態である「場」において，「主体的」
な機能を果たしている．

(45) a.「今日は，暖かかったね….」

148　第 3 部　言語における「主体化」論理：日本語を中心に

　　　　　　「昨日は，寒かったのにね.」
　　　　　　「でも明日は，寒さの揺り戻しがありそう.」
　　　　b.「日本には，美味しいお米があります.」
　　　　　　「日本のお米は，確かに美味しいです. 私の国は，ワインが有名です.」
　　　　　　「あなたのお国は，確かオーストリアでしたっけ.」
　　　　　　「そうです. 行かれたことはありますか.」
　　　　c.「彼が大学を卒業できるとは，嘘みたいだね.」
　　　　　　「バイトに追われて，危なかった単位は一つや二つじゃなかったかも.」
　　　　　　「人生，甘くはないけど，苦労した分，いいこともあったってことだね.」
　　　　　　「そう. お祝いしてあげましょう.」
　　　　d.「「いふき」は，素晴らしい.」
　　　　　　「あそこのお料理が美味しいのは，山本さんご夫妻とスタッフの人柄にある
　　　　　　のかも.」
　　　　　　「天野さん，石原さん，山本さんや飯田さんにしても，自身の料理を通し
　　　　　　て，日本というものを伝えたいのだと思う.」
　　　　　　「日本って言うのは大袈裟と思うけど，でも志を感じるわ.」

　上記事例の「は/wa/」は，話し手と聞き手と環境とが連続化したコミュ
ニケーションの「場/ba/」に，共同注視の対象が参照点として提示され，
同時に参照点標示された対象が照射可能な概念を次々と誘起させ，その誘
起の認知メカニズムの中で，ディスコースが起動し，展開していくことを
示している. 日本人は「は/wa/」の共同注視の機能と概念誘起の認知メカ
ニズムに拠って，「場」におけるディスコースを起動・展開させている.
中村も日本語表現に見出される参照点機能について，次の様に述べる.

　　参照点は，身近なわかりやすい概念を通して，なじみの薄いわかりにくい概念な
　　どを認識し導入する際の，いわば認知の手がかりである. 題目標識としての日本
　　語の「は」は，参照点を反映する日本語の代表的な要素であるが，このような参
　　照点によって，ターゲットとしての叙述内容が自然にわかりやすく導入されると
　　いうことができる.「身近な」参照点を介しての認知は，まさに身近な身体性に
　　根ざした認知である. したがって，題目は，それが反映する R/T 認知の身体性
　　の点で I モードとも連動しているということができる（3 節 situation focus vs.

第 2 章 「日本語」の論理 ②：認知標識辞「は/wa/・が/ga/・で/de/・を/wo/・に/ni/」　149

person focus の議論も参照).

　次のような例では，「は」が繰り返し用いられ，身体的インタラクションの反映が顕著である.

（46, 原著の 22）今は山中，今は浜，　今は鉄橋わたるぞと，
　　　　　　　　　思う間もなく　トンネルの闇を通って広野原　　　（文部省唱歌『汽車』）
　　　　　　　　　　　　　　　　　　　　　　　　中村（2009: 347）下線部原著者

　日本語の「は/wa/」を，「主語」の標識と採ることは的外れであり，また「題目」標識と採ることも，前節でも述べた様に，コミュニケーションにおける「共同注視」（cf. 中野 2008b・2010）という機能が考察されていなければ，不十分なものとなる. 主体（subject）と環境（setting・surroundings ∋ hearer）が認識論的に地続きになった「場」における「共同注視」という機能がなければ，そこに創発する言語形式は，対象を「客体化（「場・グラウンド」の外へ置く）」する手だてとして，「主語(subject)／目的語(object)」という文法（統語）カテゴリが必要になるのである. 再三繰り返すことになるが，言語使用・事例を，単一的に構文・文法レヴェルで観察・説明してはならない. 言語使用・事例は，認知主体の世界解釈の反映として，また，ある認知状況におけるコミュニケーション機能として存在している. 日本語の「は/wa/」のコミュニケーション機能は，決して「客体的・客観的」なものではないのである.

3 ─認知標識辞「は/wa/」③：日本語における論理学的命題の未在

　日本語の「は/wa/・ば/ba/」は，ここまで述べた様に，コミュニケーション状況において「は/wa/・ば/ba/」の使用によって標示された参照点概念の「共同注視」と，参照点標示された概念が照射し得る「概念の誘起（conception inducing）」という機能を標識している. したがって日本語の「は/wa/・ば/ba/」は，近代ヨーロッパ標準諸語のコピュラ（代表的には be 動詞）

150　第3部　言語における「主体化」論理：日本語を中心に

には該当せず，コミュニケーション機能を優先させた認知文法の標識なのである．be 動詞を代表とする近代ヨーロッパ標準諸語のコピュラに，このようなコミュニケーション機能はない．SOED（*Shorter Oxford English Dictionary*）は，コピュラ（copula）を次の様に定義する．

copula

1 Grammar & Logic. That part of a proposition which connects the subject and the predicate; the verb *be* as a mere sign of predication; a verb with a similar function.

1 文法及び論理学．主語と述部を結びつけた命題の一部．単に叙述部を示すものとしての be 動詞，または，それと類似した機能を持つ動詞．

Shorter Oxford English Dictionary on CD-ROM Version 3.0　下線部強調筆者

また「述語・述部(predicate)」に関わっても，SOED は次の様に定義する．

predicate

Grammar. The part of a sentence or clause containing what is said about a subject, including the logical copula (e.g. *went home* in *John went home yesterday*), but sometimes excluding any adjunct (*yesterday* in this example).

述語・述部

文法．（例えば，*John went home yesterday* における *went home* のような）論理的コピュラを含めて，主語について述べられていることを含む文や節の一部．しかし，（この事例における *yesterday* のような）付加詞などは，除かれることもある．

Shorter Oxford English Dictionary on CD-ROM Version 3.0　下線部強調筆者

　SOED が定義する様に，コピュラにしても「述語・述部」にしても，英語というのは「動詞(verb)」という文法概念・カテゴリの存在なしには，事象を創発させられない言語である．つまり英語の論理においては，「動詞」が存在して初めて，「命題(proposition)」としての事象の成立が可能になる．したがって，A is B という表記の中に is というコピュラが存在していなければ，A＝B という関係が「客体的・客観的」な事象であると保証されない．こうした言語論理・コミュニケーション論理の違いが教育現場

第2章 「日本語」の論理 ②：認知標識辞「は/wa/・が/ga/・で/de/・を/wo/・に/ni/」 151

で教えられないことから，日本語の「は/wa/・ば/ba/」が，英語のコピュラと同じ統語・文法カテゴリだと解釈されることで，日本人の英語初学者は次の様な文を作る．

(47) a. "I am an eel."
   ⇔ a'. 「ぼくはウナギだ.」
   b. "Will this spring be Yoshino？"
   ⇔ b'. 「今年の春は吉野かな.」
   c. "Osaka is takoyaki."
   ⇔ c'. 「大阪と言えばタコ焼き.」

　日本の教育現場では，生徒は日本語を学ぶ際にも，日本語文の「主語」と「述語・述部」の区別が問われるが，日本語文の「述語・述部」が英語と異なり，何故「動詞」を必須要件としないのかの理由は説明されない．英語文においては「動詞」を欠けば，それは「節('clause; a distinct part of a sentence including a subject and predicate')」を構成することにならないが，日本語文においては，「述語・述部」に「動詞」が無くとも，節であるとされる．

せつ【節】
①竹・枝または骨などのふし．また，物の結合している部分．（中略）
②詩歌・文章・楽曲などの一くぎり．
③〔言〕文または文に近い表現で，上位の文の要素として含まれる単位．名詞節・形容詞節・副詞節などがある．　　　　『広辞苑』第六版　下線部強調筆者

英語における 'clause（節）' の定義は，次の様になっている．

clause

1 A simple sentence; a distinct part of a sentence including a subject and predicate, or one resembling this; a single passage of discourse or writing.

1 単文．文で主語と述語・述部を含んだ構成部分，もしくは，これに類似したもの．ディスコースまたは書かれたものの単一パッセージ．

Shorter Oxford English Dictionary on CD-ROM Version 3.0　下線部強調筆者

152　第3部　言語における「主体化」論理：日本語を中心に

　英語は「節(clause)」を，「主語」と「述語・述部」を明確に含んだ文の
一部と定義する．英語において「述語・述部」は，「動詞」の存在が無け
れば成立しない文法カテゴリである．しかしながら日本語は，「節」を
「文または文に近い表現で，上位の文の要素として含まれる単位」と定義
するのである．「節」が「文または文に近い表現」で「上位の文の要素と
して含まれる単位」という定義は，自己矛盾として在る．「節」が「文ま
たは文に近い表現」とする表記は，結局，何を以って「節」と「文」の区
別とするのかを示していない．こうした自己矛盾において，日本語（『広
辞苑』・折衷日本語文法（学校文法））は，「文」・「主語」・「述語・述部」を次
の様に定義する．

ぶん【文】（呉音はモン）
①あや．もよう．②字．書体．「金－」③書物．本．沙石集 10「すなほなるを賤く
し，－を尊ぶ故に」④まとまった思想を表わしたもの．書いた言葉．「－にまとめ
る」
⑤〔言〕(sentence) 形の上で完結した，一つの事態を表す言語表現の一単位．通
常，一組の主語と述語とを含む．構造上，単文・重文・複文の3種に分け，また，
機能上，平叙文・疑問文・命令文・感嘆文の4種に分ける．

『広辞苑』第六版　下線部強調筆者

しゅ-ご【主語】〔言〕(subject)
①文の成分の一つ．述語を伴って文または節を作る．一般に名詞がなり，主格をと
る．「花咲く」「成績がよい」「太郎は天才だ」の「花」「成績」「太郎」．日本語では
明示されないことがある．
②〔論〕命題（判断）において，それについて何か（述語）が述べられている当の
項辞．「人は動物である」という命題では人が主語．主辞．主概念．

『広辞苑』第六版　下線部強調筆者

じゅつ-ご【述語】
①文の成分の一つ．主語に付いてその動作・状態・性質などを叙述する語．「鳥が
飛ぶ」「空が青い」「人間は動物だ」の「飛ぶ」「青い」「動物（だ）」のように，動
詞・形容詞または名詞（名詞に指定の助動詞の付いたもの）が用いられる．

第2章 「日本語」の論理 ②：認知標識辞「は/wa/・が/ga/・で/de/・を/wo/・に/ni/」 153

②〔論〕⑦命題（判断）において，主語に対して付加（肯定または否定）される項辞（概念）．「日本は島国である」の「島国」の類．賓辞．賓概念．
④現代論理学では，「x は F である」のように，ある個体（x）が一定の性質（F）をもつことを述べる言語表現．個体変項 x に具体的な値を与えると真偽が定まる．

『広辞苑』第六版 下線部強調筆者

じゅつ-ぶ【述部】
文の構成部で，主部を説明する部分．述語とその修飾語とから成る．→主部（文の構成部で主語とその修飾語とから成る部分．） 『広辞苑』第六版 下線部強調筆者

　上記の『広辞苑』の定義に従えば，日本語の「節」とは「文」であり，「文」は通常「一組の主語と述語」とを含むことになる．ただし，日本語の「述語」は，「動詞・形容詞または名詞（名詞に指定の助動詞の付いたもの）」から成ると述べる．「述部」とは，「述語とその修飾語」と定義するのである．英語と違って，「節・文」であるために，「主語」に呼応する「動詞」が必要とされていない．
　第2部で確認した様に，「主語」というのは「動詞」を構文構成の中心に置き，「語順（統語）」を文法原理の第1位とする近代ヨーロッパ標準諸語の通時的変遷の中から創発してきた文法（統語）カテゴリであった．したがって，ある言語が文法（統語）カテゴリである「主語」を持つとするならば，「文・節」レヴェルでは必ず「主語」は創発しているはずであり，（「日本語では明示されないこともあるが，述語を伴って」）「主語」が創発しない「文・節」が作られるというのは，定義矛盾なのである．同様に近代ヨーロッパ標準諸語，少なくとも英語において，「述語・述部」とはコピュラを含めた「動詞」を含んだ部分を指すのであって，「述部」に「動詞」を含まなくても，日本語は「主語」＋「形容詞／名詞」で「文・節」を構成するというのも，定義矛盾に他ならない．（日本人は，定義矛盾により生じた二重構造の中に生きることを，あまり気にしないが）少なくとも日本語に「主語」・「動詞」といった文法カテゴリが顕現していなくても，「節・文」という言語学上非常に重大であるだろう文法カテゴリが成立する理由・論拠

154 第3部 言語における「主体化」論理：日本語を中心に

は，提示・説明されなければならない．従来の折衷日本語文法（学校文法）は，そういった定義矛盾に目を背け，自家撞着に生きることに抵抗感を持たない．事実は一つであり，学術研究はその事実を自身の都合に合わせて解釈してはならない．因みに SOED における 'sentence（文）' の定義は，次の様なものである．

sentence

7 A series of words complete in itself as the expression of a thought, <u>containing or implying a subject and predicate</u>, and conveying a statement, question, exclamation, or command, （as *go home!, I go, pardon* ? , *war declared*）; gen. a piece of writing or speech between two full stops or equivalent pauses. LME.

文

7 <u>主語と述部を含む，あるいは，主語と述部の存在を含意する</u>，ある考えの表現として，それ自体で完結している語のつながり．また，（帰れ！，行きますけど，何か？，戦争，布告さる のような）声明，問いかけ，感嘆，命令を伝える．一般的には，二つの休止，または，それに同等するポーズ間にある文章もしくは発話．後期中英語．　*Shorter Oxford English Dictionary on CD-ROM Version 3.0*　下線部強調筆者

　　ここまでの論証が示す様に，日本語の論理において構文は，「主語＋動詞」の形式を持たなくとも，コミュニケーション機能を十全に果たすことができる．その典型が事例（44）であった．

(44) a.「何にしますか，私<u>は</u>天丼にします．」
　　　「ぼく<u>は</u>，うなぎかな．」
　　b.「今年の春<u>は</u>，どこに行きましょう．」
　　　「今年の春<u>は</u>，吉野とかどうかな．一度も行ったことがないし．」
　　c.「大阪と言えば…，」
　　　「大阪と言えば，やっぱたこ焼かな．」　　　　　　　　　　　（再掲）

　　上記事例が示していることは，共同注視の対象が「は/wa/・ば/ba/」によって「場」に提示され，提示された対象が，照射可能概念を「場」に更に誘起することで，ディスコースが展開していく，そうしたコミュニケー

第 2 章　「日本語」の論理 ②：認知標識辞「は/wa/・が/ga/・で/de/・を/wo/・に/ni/」　155

ションの様態であった．したがって，「〜は〜だ/da/・です/de su/・である/de aru/」という表記は，英語の "A is B" という言語形式（構文・文法カテゴリ）が示す，A ＝ B の「客体的・客観的」な関係存在にある事象を表象しているのではないのである．「A は B」という表現は，環境は主体を構成し，聞き手は環境を構成すると主観される「場」において，標示された対象（概念）から新たな対象（概念）が誘起されていることを表象している．つまり「〜は〜だ/da/・です/de su/・である/de aru/」という表記によって表象される事象は，決して，主体と環境と聞き手が認識論的に地続きとなっている「場」を超え出ることはないのである．それ故，「ぼくは，うなぎ」・「今年の春は，吉野」・「大阪と言えば，たこ焼」という表現が，構文・文法カテゴリとして適格であり，自然であると認められる．「た/ta/だ/da/・です/de su/・である/de aru/」という表記は，「場」に提示されている事象が発話者にとって確定されていることを表し，「場」における社会的関係によって使い分けられる．

(48)　a.　「腹減っ<u>た</u>〜，何にする？　天丼，食べよかな．」
　　　　　「オレ（は），うなぎ（<u>だ</u>）．」
　　　b.　「お腹空きまし<u>た</u>ね．何にします．わたくしは，お蕎麦にしようかしら．」
　　　　　「ぼくは，鰻かな（にします）．」
　　　c.　「陛下，お食事の用意が整っ<u>ており</u>ます．お妃さま<u>は</u>，お寿司をお召し上がりになりまし<u>た</u>が，如何為されます？」
　　　　　「余は，鰻<u>である</u>[2]．」

　上記事例においても，日本語の「〜は〜た/ta/−だ/da/・です/de su/・である/de aru/」という表記は，「客体的・客観的」に存在する事象を表象しているのではない．「〜は〜た/ta/−だ/da/」は，「場」における話し手の確定判断を表す．「〜は〜である/de aru/」は，「〜にて/nite/」の約まった「で/de/」と，動詞「ある/aru/」の接合で，事象が確定的な様態として

---

2 ）　「私はカモメ」・「吾輩は猫である」といったメタファー表象は別に考えなければならない．

156　第3部　言語における「主体化」論理：日本語を中心に

「場」に在るという，これも話し手の確定判断を表している．「〜は〜です/de su/」は，近世関西弁の「でおます」，または，花魁言葉の「〜でありんす」の短縮形が用いられることで，「〜は〜であるとす/de aru to su/」を短縮した丁寧表現として在る．これらの構文に用いられている「だ/da/・です/de su/・である/de aru/」の『広辞苑』の定義は次の様なものである．

だ　〔助動〕

❶（［活用］だろ／だっ・で・に／だ／な／なら／○）「にてある」から「である」，「であ」，「だ」と転じて室町時代に成った語で，関西の「じゃ」に対して関東で盛んとなった．<u>断定を表す</u>．丁寧には「です」を用いる．主に体言に接続する．活用語に付く場合には間に「の」を挟むことが多いが，未然形・仮定形ではじかに付くことも多い．「でも」「だが」「だから」「だって」「なら」等の接続詞を派生する．未然形は「う」に続く用法のみで，その「だろう」を一助動詞として別に扱う説もある．→です．

①事物を断定し，または解説する．田植草紙「鶯とゆふたる鳥は興がる鳥だ」．狂言，末広がり「去ればこそ，田舎者で，何をも存ぜぬ」．「わたしが父親だが，何か用かね」

②体言に連体形「な」の付いた形や活用語に「のだ」（音便「んだ」）の形で接続して，<u>相手の未知のことを解説・教示し，また強く決意を表明する</u>．「それはこういうことなのだ」「我々はどうしても明日行くんだ」「それはおもしろいんだ．読み始めると止められないよ」

③体言の後に付けて，その状態にあることを示す．形容動詞の語尾とすることもある．「辺りは静かだ」「親切な人」

④（終止形「だ」を間投助詞のように挿入し）<u>自分の発言を確認しつつ述べる意を表す</u>．強圧的な印象を聞く人に与えることもある．「我々はだ，この際だね，言うだけのことは言う」

❷（動詞連用形撥音便「ん」・イ音便の後に使われる）助動詞「た」が連濁して成ったもの．「読んだ」「死んだ」「注いだ」「漕いだ」→た

『広辞苑』第六版　下線部強調筆者

です　〔助動〕

（「で候（そう）」の約とも，「でござります」の転ともいう．［活用］でしょ／でし

第2章　「日本語」の論理 ②：認知標識辞「は/wa/・が/ga/・で/de/・を/wo/・に/ni/」　157

／です／です／〇／〇）体言や体言に準ずる語句，一部の助詞に付いて，<u>指定の意を表す</u>．室町時代から例がある．江戸時代は，主に花柳界の人，医者，職人の言葉で，江戸末期・明治以後に一般化した．現代語で「行くです」「来たです」「見ますです」という言い方もまれに見られるが一般的でない．「面白いです」のような形容詞に付いた言い方は，昭和10年代までは由緒のないものとされたが，現代は正しいものと認められている．
①尊大な感じを伴い，指定の意を表す．狂言などで，主に大名・山伏などの名乗りなどに使った．…である．狂言，祢宜山伏「これは出羽の羽黒山より出たる駆出の山伏です」
②丁寧の意味をこめ，指定の意を表す．人情本，春色江戸紫「マア何時頃でせう」．滑稽本，人心覗機関（のぞきからくり）「医者か飛脚か我ながらげせぬです」．「去年の事でした」「本日は晴天です」
③（「…のです」の形で）理由・根拠等を丁寧に説く．「すぐに実行したのがいいのです」
　　　　　　　　　　　　　　　　　　　　　『広辞苑』第六版　下線部強調筆者

で―ある
ニテのつづまったデと動詞アルとが接合したもので，<u>指定の意を表す</u>．蒙求抄8「小児は衛皇后の姉―」．いろは文庫「おほかたおしづが来るであろ」．梅暦「十五日を楽しみにして出て来たんでありまさあな」．「吾輩は猫―」
　　　　　　　　　　　　　　　　　　　　　『広辞苑』第六版　下線部強調筆者

　　上記定義の様に，日本語の「～は～だ/da/・です/de su/・である/de aru/」が用いられる構文は，話し手の確定判断が，「イマ・ココ」の「場」に顕現していることを表している．繰り返しになるが，日本語の表現は，その言語論理として，事象を時間的にも空間的にも，「場」の外側（「客体的・客観的」）に表象することができない．日本語の事態把握は，主体と環境と聞き手が認識論的に地続きとなっている「場」においてなされているのであり，事象を「場」の外側に「客体的・客観的」に表象するためには，事態把握は構文・文法カテゴリに「客体性」を付与しなければならないのである[3]．しかしながら，日本語の「～は～た/ta/-だ/da/・です/de su/・であ

────────────────

3）　典型的にはコピュラ（be動詞）を用いた項の同等関係の標示（A is B）．

158　第3部　言語における「主体化」論理：日本語を中心に

る/de aru/」の構文も例示するように，日本語の論理・事態把握のあり方
は，その構文・文法カテゴリに「客体性」を付与していない．認知主体の
事象生起に対する確定判断を，その構文・文法カテゴリに創発させている
だけである．日本語によって表象される事象は，「イマ・ココ」の「場」
に，事象生起に対する話者の確定判断として，「主体的」に顕現している
のである．

　先の（44）の事例に対して，日本人の英語学習者は，日本語の論理
（「主体的」事態把握のあり方）と，英語の論理（「客体的」事態把握のあり方）の
違いを，教えられていないのである．英語の構文は主語（subject）と述語
（predicate）によって構成され，日本語の構文は主部と述部によって構成さ
れると教えられる．ところが，英語の構文の述語において，動詞は必須要
件であるが，日本語の構文の述部において，動詞は必須要件ではない．日
本の生徒は，日本語の構文の述部に動詞が顕現していなくても，何故それ
が日本語の構文として機能しているのか，その説明を受けることはない．
日本語の構文と英語の構文間に互換性が存在しないにも関わらず，互換を
前提にすることが強いられるのである．日本語の構文「ぼくは，うなぎ
（だ/da/・です/de su/）」も，「今年の春は，吉野（がいいな）」も，「大阪は（と
言えば），たこ焼（が有名）」も，共に動詞を構文構成の必須要件としてい
ない．構文・文法カテゴリのレヴェル，すなわち言語論理の根本のところ
において，日本語と英語は互換性を有していないのである．言語論理（事
態把握のあり方・コミュニケーション様態）の根本が異なるにも関わらず，教
育現場では日本語と英語の互換は可能であるという前提が，ア・プリオリ
に採用されている．したがって英語学習の日本人初学者は，（47）a・b・c
という構文を，自信を持って書いたにも拘らず，教師から頭ごなしに馬鹿
にされる様に訂正される．日本人にとって，日本語の「は/wa/・ば/ba/」
のコミュニケーション機能は，身体深く内面化されているので，学習の初
学段階において日本人英語学習者が，「ぼくは，うなぎ」・「今年の春は，
吉野」・「大阪と言えば，たこ焼」を，"I am an eel."・"Will this spring be
Yoshino？"・"Osaka is takoyaki."と表記するのは，当然の学習過程なのであ

第 2 章 「日本語」の論理 ②：認知標識辞「は/wa/・が/ga/・で/de/・を/wo/・に/ni/」　159

る.

4 ―「共同注視」の認知標識辞「は/wa/」と「単独注意」の認知標識辞「が/ga/」：日本語における「格」カテゴリの不在

　前節まで，日本語は「共同注視」を主観し，その対象が「は/wa/」によって標識されることを述べてきた.「共同注視」という認知様態においては，他者が主体の意識の内部に棲まうことを主観することで，日本語は事態把握の共有化と社会化を図っていることを明らかにした. この節ではさらに，日本語において「主題(topic)」及び「主語(subject)」を標示するとされている「は/wa/」と「が/ga/」が，近代ヨーロッパ標準諸語の論理における「格(case)」という文法カテゴリに妥当しないことを，述べていく.

4-1.「日本語」における統語カテゴリ（「主語」）と文法カテゴリ（「格」）及び意味役割の不一致

　ドライヤーは久野 暲（久野 1973: 10）の事例を以って，日本語を次の様に分析した.

(49) a. *John　　ga　　　tegami　　o　　　yon-da*（ジョンが手紙を読んだ）.
　　　John　subj (S)　letter　obj (O)　read-pst (V)
　　　'John read the letter.'

　ここにおいて，John は「主語」，手紙は「目的語」，読んだは「時制的過去(tensed past)」としてカテゴリ化され，「が/ga/」が「主語」の，「を/wo/」が「目的語」の標識として分析されている. ドライヤーはさらに次の様に述べる.

The terms *subject* and *object* are used here in a rather informal semantic sense, to denote the more agent-like and more patient-like elements respectively.　Their use here can be defined in

160 第3部 言語における「主体化」論理：日本語を中心に

terms of the notions S, A, and P, where the S is the single argument in an intransitive clause, the A is the more agent-like argument in a transitive clause, and the P is the more patient-like argument in a transitive clause. For the purposes of this map, then, the term *subject* is used for the A while the term *object* is used for the P. A language shown on the map as SOV could thus also be equally well and perhaps more accurately described as APV.

「主語」と「目的語」という用語は，ここではそれぞれ動作主と被動作主（被動者）を示すために，むしろ形式ばらない意味論的意義を持つものとして用いられる．ここでは，その使用は，主語 S，動作主 A，そして被動作主 P という概念に関連して定められる．つまり，主語は自動詞節内の単一項であり，動作主は他動詞節内でより動作主らしい項であり，そして被動作主は他動詞節内でより被動作主らしい項のことである．したがって，この言語地図を目的として，「主語」という用語は動作主に用いられ，「目的語」という用語は被動作主に用いられる．SOV 言語として言語地図上に示される言語は同様に，またはより正確には，APV 言語として記述され得る． 　　　　　　　　　　　　　　　　Dryer（WALS Online 2011: Chapter 81）

　上記のパースペクティブに従って，先ほどの日本語文（49）a を「意味役割（semantic roles）」と「格」の規定に基づいて分類すると，次の様な結果が得られることになる．

（49）b. *John*　　　　*ga*　　　　*tegami*　　　　*o*　　　　*yon-da.*

S（主語）	O（目的語）	V-pst（過去時制）
Agent（動作主）	Patient（被動作主）	V-pst（過去時制）
Nominative（主格）	Accusative（対格）	V-pst（過去時制）

　こうした分類基準は，一見したところ矛盾の無いものの様に思われる．しかしながら「日本語」においては次の様な構文の存在によって，「主語（subject）」＝「動作主（agent）」＝「主格（nominative）」，及び「目的語（object）」＝「被動作主（patient）または対象（theme）」＝「対格（accusative）」という「意味（役割）」と「統語・文法カテゴリ」の一致関係の規定は破綻する．

第 2 章 「日本語」の論理 ②：認知標識辞「は/wa/・が/ga/・で/de/・を/wo/・に/ni/」 161

(50) 明が涼子に叱られた.

（明が：主語・被動作主・主格，涼子に：補語？・動作主・与格？ 叱られた：受動態？）

(51) 涼子には兄がいる.

（涼子には：主語？・所有者？・与格？・場所格？・主題？

兄が：目的語？・所有物？・主格，いる：他動詞？・自動詞？・存在動詞？）

(52) 明は涼子が好き.

（明は：主語？・主題？・動作主？ 涼子が：目的語？・主格？・対象？

好き：形容動詞？・他動詞？）

(53) 私は水が飲みたい.

（私は：主語？・主題？・動作主？ 水が：目的語？・主格？・対象？

飲みたい：状態動詞？・他動詞？）

(54) 涼子は音楽がわかる.

（涼子は：主語？・主題？・動作主？

音楽が：目的語？・主格？・対象？ わかる：状態動詞？他動詞？）

(55) 明は中国語が話せる.

（明は：主語？・主題？・動作主，中国語が：目的語？・対象？・主格？

話せる：状態動詞？・他動詞の可能形？）

(56) 京都を離れる.

（京都を：目的語？・対格？・対象？ 離れる：継続動詞？・他動詞？）

(57) 山道を行く.

（山道を：目的語？・対格？・対象？ 行く：継続動詞？・他動詞？）

(58) 長い年月を過ごす.

（年月を：目的語？・対格？・対象？ 過ごす：継続動詞？・他動詞？）

(59) 故郷を発つ.

（故郷を：目的語？・対格？・対象？ 発つ：瞬間動詞？・他動詞？）

　　インド・ヨーロッパ言語における「主格／対格」は，現代英語の「主語／直接目的語」と名称される「統語・文法カテゴリ」及び「動作主・被動作主または対象」と名称される「意味役割」と一致するが，上記の事例が示す様に，「日本語」において「格」と規定されている「が/ga/・を/wo/」は，「主語／目的語」＝「動作主／被動作主または対象」という関係に対

162　第3部　言語における「主体化」論理：日本語を中心に

応していない．こうした問題を避けるために，日本語の「格助詞」は，イ
ンド・ヨーロッパ言語の「格」よりも多機能的であると説明される．例え
ば，上記の事例でいうなら，「に/ni/」は文法カテゴリとしては「与格」で
ありながら，統語カテゴリとしては「主語」・「補語」でもあり，「意味役
割」としては「所有者」でも「動作主」でもあるという説明になる．ま
た，「が/ga/」は文法カテゴリとしては「主格」でありながら，統語カテ
ゴリとしては「目的語」・「主語」でもあり，「意味役割」としては「所有
物」でも「被動作主・対象」でもあるという説明になる．すなわち日本語
は，「が/ga/」において「主格」＝「目的語」＝「所有物」の関係も表せ
るし，「主格」＝「主語」＝「被動作主・対象」の関係も表せることにな
る．また，「に/ni/」においては，「与格」＝「主語」＝「所有者」の関係
も表せるし，「与格」＝「補語」＝「動作主」の関係も表せることになる．
何でもありの様相を呈している．角田太作（1991）は次の様に述べてい
る．

　　このように，働きを考慮すると，主格は主語とは限らないし，また，主語は主格
　とは限らない．同様に，対格は目的語とは限らないし，また，目的語は対格とは限
　らない．格のレベルと文法機能のレベルを分けることによって，格と文法機能がど
　の様に対応するか，どの様に食い違うかが分かる．　　　　　　　角田（1991: 220）

　角田（1991）は，意味役割と統語・文法カテゴリの不一致から，文法機
能のレヴェルは主語／目的語といった統語カテゴリで構成されるものであ
り，格のレヴェルは文法機能に関与しないものだと規定する．しかしなが
ら，『現代言語学辞典』も述べる様に，格は「名詞・代名詞が文中で他の
語とどのような関係にあるかということ（すなわち統語関係）を示す文法範
疇．統語機能にその基盤を置く点で，性（GENDER）や数（NUMBER）に比
べ，文法的性格が特に強い」のであって，格は文法機能に関与しないレ
ヴェルにあるという規定は意味をなさないはずである．何故ならばドイツ
語などのように，構文の意味が語順よりも格によって規定される言語にお
いては，「主格／対格／与格」といった格システムそのものが，決定的に

第 2 章　「日本語」の論理 ②：認知標識辞「は/wa/・が/ga/・で/de/・を/wo/・に/ni/」　163

文法機能を果たしており，「格」システムの存在によって構文の意味は保
証されているからである．「主語／目的語」といった統語カテゴリが文法
機能を持てる様になったのは，「格」システムが文法機能を失っていくの
と並行して，文法機能が「語順」によって肩代わりされる様になった，通
時的な変遷においてである．「格」が「語順（統語）」に文法機能を譲渡し
て初めて，「主語／目的語」といった統語カテゴリが創発し，文法的に機
能する様になったものであって，「語順」が文法の第 1 原理でもない，ま
た，上記の様な通時的変遷も経ていない日本語の「は/wa/・が/ga/・で/de
/・を/wo/・に/ni/」が，英語の「主語／目的語」といった統語カテゴリの
定義に該当するはずがないのである．

　上記の様な誤謬は，近代ヨーロッパ標準諸語に見られる「格」・「主語／
目的語」といった文法・統語カテゴリの普遍性を，世界中の言語に対して
ア・プリオリ是認するイデオロギーから生じている．柴谷方良・影山太
郎・田守育啓は，次の様に述べる．

　　名詞が文中で果たす文法機能にはいろいろあるが，格によって表されるものを統
　語的機能と意味的機能に区分することができる．統語的機能としては主語，直接目
　的語，および間接目的語があり，これらは動詞が完全な文を構成するうえで最低限
　要求する名詞句である．主語は自動詞，他動詞を問わず，必ず要求される．（日本
　語では「行った」だけで文の働きをする表現があるが，このようなものは表層的な
　現象であって，深層のレベルでは「僕が」とか「太郎が」とかいった主語が存在す
　るものと考えられる．しかし「ああいい天気だ」や「静かだなぁー」などに主語が
　あるのかどうかという点については議論の余地がある．）他動詞は主語と直接目的
　語が補われて初めて完全な文になる．そして，「与える」「わたす」などは，主語，
　直接目的語，および間接目的語を要求する．このように文の構成上義務的に要求さ
　れる名詞句と動詞の関係を「文法関係」と呼び，文法関係を結ぶ名詞句，（つまり
　主語，直接目的語，および間接目的語）もまた「文法関係」と呼ばれる．

　　　　　　　　　　　　　　　柴谷・影山・田守（1982: 231-232）　下線部強調筆者

そして，文法関係とそれに対応する格の関係は，一般的には，

164　第3部　言語における「主体化」論理：日本語を中心に

表 14.（原著の表 42）

格		文法関係
主格	——	主語
対格	——	直接目的語
与格	——	間接目的語

柴谷・影山・田守（1982: 232）

であるとしている．しかしその一方で柴谷（1985）は，与格構文と定義した「先生にお金がたくさんおありになる」や二重主格構文と定義した「先生が花子さんがお好きな(こと)」という言語表現に対しては，

> 与格構文では与格名詞句が主語の統語特性を帯び，二重主語構文では最初の主格が主語の働きをするということと共に，これらの構文では二番目の名詞句が，「が」で示されているにもかかわらず，主語的でないということが分かった．

柴谷（1985: 10）

と，述べることになる．こうした日本語の「主語」≠「主格（が）」，「間接目的語」≠「与格（に）」及び「直接目的語」≠「対格（を）」という文法関係と格の非相関現象に対して，柴谷・影山・田守（1982）は，

> (42)［本書表 14］に掲げた文法関係と格の対応は，典型的な他動詞構文には一般的に認められるが，その他の述語タイプについては日本語のみならず他の多くの言語においても成り立たないことが判る．このように述語が特定の格の分布を決定する現象を統制（government）と言う．したがって，先に検討した格標示規則を完全なものにするためには，述語のタイプを考慮に入れて修正しなければならない[4]．

柴谷・影山・田守（1982: 237-238）　下線部強調筆者

と，述べざるを得なくなる．彼らの理論が依拠するパラダイムから派生しているパースペクティブでは，日本語又は英語を代表とする近代ヨーロッ

4）柴谷・影山・田守の論理展開によれば，「ある」は「自動詞」であるが故に，主語は「お金」になるが，彼らの「二番目的語構文」とされるものにおいて，「目的語」であるはずの「花子」が何故「が」で受けられるのかは説明されない．

第2章 「日本語」の論理 ②：認知標識辞「は/wa/・が/ga/・で/de/・を/wo/・に/ni/」 165

パ標準諸語以外の言語の，こうした「主語」カテゴリと「格」カテゴリの
不一致現象に，統一的な説明を与えることができないのである．述語が
「格」の分布を決定する現象を「統制(government)」と呼ぼうとも，何故
「主語」カテゴリと「格」カテゴリの不一致現象が起きるかの説明には
なっていないし，また述語のタイプにより，何故「格」の標示が異なるの
かの説明も提示することができない．何故「統制」と呼ばれる言語現象が
生じるのか，何も説明できないのである．

　尾上圭介でも，「主語」という統語カテゴリが近代ヨーロッパ標準諸語
内において，どのような通時的経緯で創発したのかが理解されていないが
ために，次の様な説明が行われる．

　「月は（が）まるい」と言うとき，「月」について「まるい」ということを語る．
「猫がねずみを追いかけている」と言うとき，登場人物は複数あってもそのうちの
「猫」を状況描写の中核項目として，「猫」の運動としてその事態を語ることにな
る．（中略）「まるい」「白い」というような形や色にしても，まるいという形状を
もって存在しているモノ，白いという色を表面から発して存在しているモノの認識
なしにそのあり様だけが認識されることはありえない．モノを中核とし，基盤とし
てこそ，事態は認識されるのである．そのような事態認識の中核項目ないし基盤が
主語なのであり，事態を語る言語形式としての文（平叙文及び疑問文）に（意味と
して）主語というものが必ずある理由もここに求められる．

尾上（2004: 9）下線部強調筆者

　尾上は，「主語」が統語カテゴリである事実を顧みていない．日本語の
言語現象を考察するとき，誰しもが形式に顕現しない存在（例えば，「水が
飲みたい」という表現における「飲みたい」と欲している主体）に気付くが，し
かしながら形式に顕現しない存在に，「主語」と名称される統語カテゴリ
を与えることは許されない．英語の表記において，それが形式（構文・文
法カテゴリ）的に文として定義されるためには，'subject' の創発が必須要件
であって，創発していなければ，それは語句または語彙レヴェルと定義さ
れる（「水が飲みたい」なら，"I want to drink water." と I が形式に創発していなけれ
ば，非文となる）．また英語においては，事物存在を 'subject' として創発で

166　第3部　言語における「主体化」論理：日本語を中心に

きない場合でも，「語順」という文法第1位制約によって，義務的に 'sub-ject' という統語カテゴリの創発が求められる（例えば，It is raining. における形式主語の it）．しかし，以前にも述べた様に，例えば日本語の「寒い」という1語文においては，言語形式（構文）に 'subject' は現実に無いのであって，また「寒い」という事象の中核に存在しているものが，発話主体者なのか状況なのかは，言語形式からは判別できない．「認知様態詞（従来，形容詞）」の存在を明らかにしたときにも述べた様に，「日本語」の事態把握においては，発話主体者と状況とは不可分に把捉され，'subject' として顕現する「客体的・客観的」な事物など存在していない．「日本語」の論理においては，認知主体者と対象・状況は未分化の状態で把捉されるがために，言語形式化されないのである．

　ここまで述べている日本語の「認知様態詞（従来，形容詞）」が事物の客観的な性質や状態を表していない現象や，「寒い」という1語文が成立する現象，「水が飲みたい」，「ちょっと，公園を（目的語？）走ってくる（自動詞？）」，「昨日，帰りに（副詞？・場所格？）雨に（主語？）降られた」等の文が成立する現象，また後に挙げる様な日本語の会話文が成立する現象などは，言語形式に「主語」という統語・文法カテゴリを導入するパースペクティブでは説明できないし，その説明に妥当性・普遍性は付与されない．日本語の形式を，「格」と「主語／目的語」と「（客観的）意味役割」の一致というパースペクティブによって分析しても，元々それらは日本語の論理に妥当しないパースペクティブであるがために，それら3つのレヴェル間に相関関係を見出し，互いに関連付けることなどできないのである．次頁の表15は，事例50から59に観察されるそれら3つのレヴェル間の非相関関係を示したものである．

第 2 章 「日本語」の論理 ②：認知標識辞「は/wa/・が/ga/・で/de/・を/wo/・に/ni/」 167

表 15. 事例 50 から 59 に観察される「日本語」の「が/ga/」・「を/wo/」・「に/ni/」における「格」・「文法」・「意味役割」レヴェルの非相関関係

「格（助詞）」	「が/ga/（主格）」？	「を/wo/（対格）」？	「に/ni/（与格）」？
統語・文法関係	「主語／目的語」？	「他／自動詞」？の「目的語」？	「主語／補語」？
意味役割	動作主・被動作主・対象・所有物	対象	所有者・動作主

4-2.「認知標識辞」としての「日本語」の「は/wa/」・「が/ga/」

　日本語における「主格／対格」≠「主語／目的語」≠「動作者／被動作主(対象)」という「言語現象」に対して，日本語の「格」機能は他言語の「格」機能に比べて多機能的であるとする説明が，合理的根拠を維持できないという事実が明らかになった．この場合，私達が考えなければならないことは，これら日本語の「は/wa/・が/ga/・で/de/・を/wo/・に/ni/」等には，本来，インド・ヨーロッパ言語の「主格・対格・与格」と名称される文法カテゴリにも，また，「主語／目的語」と名称される統語カテゴリにも該当しない，別の認知原理（事態把握のあり方）が働いているのではないかという可能性である．つまり，日本語の「は/wa/・が/ga/・を/wo/・に/ni/」等には，インド・ヨーロッパ言語の文法カテゴリである「格」にも，英語・中国語を代表する言語の文法カテゴリである「主語／目的語」・「他動詞／自動詞」に対応する「標識(marker)」にも該当しない，膠着語としての「日本語」独自の論理に基づいた認知特性と機能が顕現しているという可能性である．「日本語」独自の認知メカニズムが明らかにされることでのみ見出しえる文法カテゴリが存在しているのではないかと，考えることが必要なのである．認知言語類型論が第一に目指さなければならないのは，個々の言語を機能させている個々の言語論理の解明であり，そのためには，当該言語固有の事態把握のあり方によって，言葉を換えるならば，該当言語の論理に沿って，当該言語の内部から，言語現象を把捉（観測・理解）しなければならない．他言語の論理を当該言語の現象の観

168 第 3 部 言語における「主体化」論理：日本語を中心に

測・理解に用いてはならないのである.

　日本語という言語の論理を解明しようとする際に，私達が避けようもな
く直面してしまう困難さとは，日本語の深層に元々文字を持たない言語で
ある「日本語」の論理が存在するにも拘らず，その言語現象の把捉（観
測・理解）を，文字を有する言語の論理で行わざるを得ないことである.
つまり，文字を持たない「日本語」の論理で生じている言語現象を，現代
の日本語で観察・記述すること自体が，すでに「やまとことば」の論理を
離れ，文字を持つ言語の論理で再解釈する罠に陥ってしまっているので
ある.「客体化と客観化」という，通時的に拡張と変容を受けた言語論理
で，再解釈してしまうのである. この問題は，国語学の流れを汲みながら
日本語研究・教育に携わった山口明穂・森田良行・熊倉千之等には意識さ
れていた. また，漢文に習熟することから「日本語」論理を知り，文字に
よってこれが「客体化」されることの問題に，中島敦[5]は取り組んでい
た. さらに「日本語」の論理自体の言説化を，西田幾多郎や川端康成等は
試みていた. しかし，これら例外となる人々を除いて，「日本語」の論理
をその深層として持つ日本語は，「客体化と客観化」の言語論理（英語・中
国語）から派生しているパースペクティブによって，無理やりの分析・解
釈を強いられてきた.「日本語」の論理に拠って，日本語を解明しようと
する研究の意義が，言語学の分野において広く認められることはなかった
のである.

　「文字」を持つとは，事態把握が有形に記録されることを意味する. 文
法カテゴリに関して述べれば，「イマ・ココ」で存続するだけであった事
物存在が，有形に記録化される状態において初めて，「時制(tense)」とい
う文法カテゴリが創発する.「文字」を産み出したパースペクティブに
よって初めて，事物存在は認知主体を離れ，認識論的距離である「時制」

---

5 ）　中島敦の『古譚』四部作，「狐憑」・「木乃伊」・「山月記」・「文字禍」にその苦
　　闘は結実している. 中島敦の祖父は漢学塾を営み，中島自身，国語と英語を
　　教えていた. 中島敦のこの苦闘に関しては，熊倉千之（2011）『日本語の深層
　　――〈話者のイマ・ココ〉を生きることば』第 4 章 2「短編集『古譚』――中
　　島敦の遺書」に詳しい.

第2章 「日本語」の論理 ②：認知標識辞「は/wa/・が/ga/・で/de/・を/wo/・に/ni/」 169

を備えた「客体的事象」へと変わることができる．「文字」を産み出さない言語において，「客体的」事物は存在せず，したがって，「時制」という「客体的・客観的」文法カテゴリも，言語形式として創発することはないのである．世阿弥の作と言われる能楽の『野宮』や，長谷川等伯の墨画「松林図屏風」等は，身体経験として鮮烈に，「日本語」の論理を私達に語り掛けてくる[6]．

　ここにおいても，立ち現れて居る結論は次の様なものである．それは，日本語において，言語形式によって担保される「客観性」というものは，存在しないということである．つまり，日本語による言表は，言語形式に根拠づけられる「客観性」に基づいて，その真偽を判定することができないのである．「AはBだ/である/です」という表現は，あくまでも話者の「主体化」による事態把握・解釈を表しているのであって，'A is B' という論理的命題の表示ではないのである．

　「日本語」の「は/wa/」は，事象を「場において社会化（共同注視化）」する際の標識（マーカー）として機能していた．それに対し，英語の 'A is B' 構文内の 'is' に，事象を「共同注視化」させる機能は備わっていない．この構文は，事象構成項であるAとBが，それぞれ「客体的・客観的」に存在していることを表象している．同時に，'A is B' という構文によって叙述されている事象自体も，認知主体が属する「場」の外において，「客体的・客観的」に存在すること（若しくは，「客体的・客観的」に存在するという「主観」）を表象している．日本語の「AはBだ/である/です」という構文は，「場における社会化（共同注視化）」を示すものであって，形式（構文・文法カテゴリ）に裏打ちされた論理的「客観性」を示すものではなかった．「場」において事象を「共同注視化」する認知メカニズム（「主体化」）と，事象を「場」外に「客体化」する認知メカニズムでは，その機能が異なっている．

　6）　熊倉千之（2011）　第3章2「他者への感情移入 ── 能楽のワキ」の「能『野宮』── ワキの視点」（pp. 177-180）に詳しい．

170　第3部　言語における「主体化」論理：日本語を中心に

　日本語においては言語論理として，事象が話し手の視点から切り離されて「客体的・客観的」に陳述されることはなく，陳述された事象が真実として受容されるかどうかは，その内容の「客観性」にではなく，共同体内の社会的合意形成の有無に掛かっている．日本語の陳述内容は，言語論理として真実かどうかではなく，社会的に信実かどうかが問題となるのである．この叙述は逆説的に本書にも波及する．本書の内容自体も，日本語で書かれている限り，言語論理としての「客体性・客観性」を保持することができないのである．

　すでに私達は，「日本語」の「が/ga/」の創発理由が，事態把握における認知主体のモダリティ（情意）にあることを見てきた．

(35) a.「一杯の水が欲しい」→「水が一杯，欲しい」
　　 b.「一杯の水が飲みたい」→「水が一杯，飲みたい」
　　 c.「試験にうかったことが嬉しい」
　　 d.「テニスがしたい」
　　 e.「涼子のことが好きです」　　　　　　　　　　　（再掲，下線部筆者）

　これらの文が，例えば「水，飲みたし」や「試験 うかりしこと，いとうれし」などと表現されることも可能であることから判る様に，もともと「が/ga/」は，愛憎などの情意（modality）の対象が連体形を採るときに使われたものであった（cf. 我が祖国・己が命・汝が定め・鬼が島・柳が瀬等）．情意深い対象を連体形式で表象するものであったからこそ，「欲しい」・「嬉しい」・「好き」・「したい」・「飲みたい」などの強い情意の対象に対して，「水が」や「試験に受かったことが」，「涼子のことが」や「テニスが」などのように，「が/ga/」の構文使用に意味拡張が生じる認知的動機が存在した．

　『万葉集』においては，我・之・賀・何・加・蚊・河・可・香・餓・蛾等の漢字が，/ga/ の音に当たる「万葉仮名」として用いられている．植芝宏（http://www1.kcn.ne.jp/~uehiro08/）の調査によれば，「格助詞」としての/ga/の音を含む 1378 首の内，「我」が使用されている歌は 755 首

第 2 章 「日本語」の論理 ②：認知標識辞「は/wa/・が/ga/・で/de/・を/wo/・に/ni/」　171

（54%），「之」は 482 首（34%），その他は 141 首（12%）であった．しかしながら，植芝も指摘する通り，「之」は「の」との読み違えもあり，また予測される位置に/ga/ 音が出現しない歌もある．こうしたことを考慮しながら[7)]，ヴァージニア大学による『万葉検索システム（http://etext.lib.virginia.edu/japanese/manyoshu/AnoMany.html)』を用いて，訓読に「が」が含まれる歌（1851 首）を見ていくと，「主格助詞」と通常定義される/ga/ 音は，主に我・吾・君・人・妹（いも）などの人称詞，または，人を指す「存在詞(名詞)」と共に用いられることが多いことが判る．また，終止形を用いての言い切り形では，「主格助詞」と呼ばれる/ga/ 音は用いられない傾向があることが判り，さらに，/ga/ 音の使用は，述語が体言相当（連体形）もしくは，「条件節」と規定される「節」内に限られる傾向にあることも判る．同じく連体形式に用いられる「の/no/」においては，「が/ga/」の様に情意を反映していると考えられる用法は見当たらない．

(60) a.　（原文）大船之 津守之占尓 将告登波 益為尓知而 我二人宿之

　　　（仮名）おほぶねの つもり<u>が</u>うらに のらむとは まさしにしりて
　　　　　　　わ<u>が</u>ふたりねし

　　　（訓読）大船の津守<u>が</u>占に告らむとはまさしに知りて我<u>が</u>ふたり寝し
　　　　　　　大津皇子竊婚石川女郎時津守連通占露其事皇子御作歌一首　2 巻 109

　　b.　（原文）隠口乃 泊瀬越女我 手二纒在 玉者乱而 有不言八方

　　　（仮名）こもりくの はつせをとめ<u>が</u> てにまける たまはみだれて
　　　　　　　ありといはずやも

　　　（訓読）こもりくの泊瀬娘子<u>が</u>手に巻ける玉は乱れてありと
　　　　　　　言はずやも　　　　　　　　同石田王卒之時山前王哀傷作歌一首 3 巻 424

---

7 ）『万葉集』においては，漢字が持っている意味（訓）に関わらず，日本語の一音に対して漢字を一字当てる表記法（借音仮名表記）と，「名詞」・「形容詞」・「動詞」の語幹などの自立語には訓読の漢字を当て，「助詞」や活用語尾には借音仮名を用いる表記法，全ての漢字を訓読みする表記法とが混在している．したがって，訓読みする際の音が，実際に現在の訓読み音と同じであるか，本当のところはわからない．『万葉集』において音を問題にする場合，本来は借音仮名表記のみの歌を取り扱うべきであると考えるが，本書以降の問題としたい．

172   第3部   言語における「主体化」論理：日本語を中心に

c.　（原文）此也是能 倭尓四手者 我戀流 木路尓有云 名二負勢能山
　　（仮名）これやこの　やまとにしては　あがこふる　きぢにありといふ
　　　　　　なにおふせのやま
　　（訓読）これやこの大和にしては我が恋ふる紀路にありといふ
　　　　　　名に負ふ背の山　　　　　　越勢能山時阿閇皇女御作歌　1巻35

d.　（原文）和可礼奈波 宇良我奈之家武 安我許呂母 之多尓乎伎麻勢
　　　　　　多太尓安布麻弓尓
　　（仮名）わかれなば　うらがなしけむ　あがころも　したにをきませ
　　　　　　ただにあふまでに
　　（訓読）別れなばうら悲しけむ我が衣下に着ませ直に逢ふまでに
　　　　　　遣新羅使人等悲別贈答及海路慟情陳思并當所誦之古歌　15巻3584

e.　（原文）〈愛〉我念妹 人皆 如去見耶 手不纒為
　　（仮名）うつくしと　あがおもふいもを　ひとみなの
　　　　　　ゆくごとみめや　てにまかずして
　　（訓読）愛しと我が思ふ妹を人皆の行くごと見めや手にまかずして
　　　　　　　　　　　　　　　　　　　　　正述心緒　12巻2843

(61) a.　（原文）可豆思加乃 麻萬能宇良未乎 許具布祢能
　　　　　　布奈妣等佐和久 奈美多都良思母
　　（仮名）かづしかの　ままのうらみを　こぐふねの
　　　　　　ふなびとさわく　なみたつらしも
　　（訓読）葛飾の真間の浦廻を漕ぐ船の船人騒く波立つらしも　14巻3349

b.　（原文）信濃奈流 須我能安良能尓 保登等藝須
　　　　　　奈久許恵伎氣婆 登伎須疑尓家里
　　（仮名）しなぬなる　すがのあらのに　ほととぎす
　　　　　　なくこゑききけば　ときすぎにけり
　　（訓読）信濃なる須我の荒野に霍公鳥鳴く声聞けば時過ぎにけり　14巻3352

c.　（原文）天海丹 雲之波立 月船 星之林丹 榜隠所見
　　（仮名）あめのうみに　くものなみたち　つきのふね　ほしのはやしに
　　　　　　こぎかくるみゆ
　　（訓読）天の海に雲の波立ち月の舟星の林に漕ぎ隠る見ゆ　詠天　7巻1068

d.　（原文）石激 垂見之上乃 左和良妣乃 毛要出春尓 成来鴨
　　（仮名）いはばしる　たるみのうへの　さわらびの

第 2 章 「日本語」の論理 ②：認知標識辞「は/wa/・が/ga/・で/de/・を/wo/・に/ni/」 173

　　　　　もえいづるはるに　なりにけるかも

　　（訓読）石走る垂水の上のさわらびの萌え出づる春になりにけるかも

　　　　　　　　　　　　　　　　　　志貴皇子懽御歌一首　8 巻　1418

　e.（原文）暮去者　小椋山尓　臥鹿之　今夜者不鳴　寐家良霜

　　（仮名）ゆふされば　をぐらのやまに　ふすしかの　こよひはなかず

　　　　　いねにけらしも

　　（訓読）夕されば小倉の山に伏す鹿の今夜は鳴かず寐ねにけらしも

　　　　　　　　　　泊瀬朝倉宮御宇大泊瀬幼武天〈皇〉御製歌一首　9 巻　1664

　「が/ga/」と「の/no/」の使用の違いの，更なる詳細な検討が必要になる
であろうが，この強度の情意（モダリティ）を反映させる連体形式として
の「が/ga/」の使用が，「日本語」の「主体化」の原理が反映した「認知
様態詞（従来，「語末シイ形容詞（悲しい・嬉しい等）」及び「語末イで終わる状態動
詞・助動詞（好き・嫌い・欲しい・飲みたい等）」とされてきたもの）」を受ける用
法，及びコミュニケーション状況における「単独注意」の機能を持つ用法
へと同原理に基づいて拡張し，それが中国語（文法の第 1 原理が「語順（統
語）」の言語）を訓読化する技法を発達させる中で，現在の日本語において
「主格・主語」と誤認される「が/ga/」へと，通時的に変容していったと
いう推論は，合理的なものだろう．

(62) a.（原文）多々美氣米　牟良自加巳蘇乃　波奈利蘇乃　波々乎波奈例弖
　　　　　由久我加奈之佐

　　（仮名）たたみけめ　むらじがいその　はなりその　ははをはなれて
　　　　　ゆくがかなしさ

　　（訓読）畳薦牟良自が礒の離礒の母を離れて行くが悲しさ
　　　　　　　　　　天平勝寶七歳乙未二月相替遣筑紫諸國防人等歌 20 巻 4338

　b.（原文）比奈久母理　宇須比乃佐可乎　古延志太尓　伊毛賀古比之久　和須良延
　　　　　奴加母

　　（仮名）ひなくもり　うすひのさかを　こえしだに　いもがこひしく　わすらえ
　　　　　ぬかも

　　（訓読）ひな曇り碓氷の坂を越えしだに妹が恋しく忘らえぬかも
　　　　　　　　　　天平勝寶七歳乙未二月相替遣筑紫諸國防人等歌 20 巻 4407

174　第3部　言語における「主体化」論理：日本語を中心に

c．（原文）戀之久者 形見尓為与登 吾背子我 殖之秋芽子 花咲尓家里

（仮名）こひしくは かたみにせよと わがせこが うゑしあきはぎ はなさき
にけり

（訓読）恋しくは形見にせよと我が背子が植ゑし秋萩花咲きにけり

詠花 10 巻 2119

（60）a・b・c・d・e，（61）a・b・c・d・e，（62）a・b・cの歌等を読み比べて気が付くことは，東人や防人等の権力から遠い人々の歌においては，一音に対し一漢字（借音・万葉仮名）を対応させる傾向である．それに対し，政権に近い人々の歌には，借訓仮名を使う傾向が見受けられる．このことから，朝鮮半島渡来の帰化人達は当初，日本人が使っていた言葉の音に対して，自国の音に合致する漢字を例外なく対応させていたものと思われる．それが時代の推移と共に，文字を学んだ日本人及び「日本語」の意味を知った帰化人達が，「日本語」の意味に対応する漢字（借訓文字）を，権力の中枢に近い及び近かった人々の歌の記述に用い，これによって『万葉集』編纂の権威化が図られたものと推察できる．つまり元々文字を持たない言語であった「日本語」が，借音から借訓へと万葉仮名の使用を拡張し，それと並行して中国語語順の文記述を，訓下し語順の文記述へと変更させていった歴史的推移が推測できる．したがって，「借訓」されている文字表記が当時どのように発音されていたのかは，逆の意味で現代の私達には判らない．こうした「日本語」の初期事情の中で，日本人にとっては無意識に同音とされていたものが，帰化人にとって異音として聞こえる場合に異なった万葉仮名が充てられたのが，「上代特殊仮名遣」の出現理由であったと考えられる．後に述べるが，発音における渡り方の異なりに，音としての違いを聞き分けたものと考えられる．「日本語（文字を持たなかった言語）」の論理は，文字化された言語である現代日本語においても，特に日常会話文に如実に顕現する．それは「日本語」の会話が，「文字」の論理から解放されたところで成立しているからに他ならない．そこでは，文字を持つ言語（事象の「客体化」を図る言語）の論理から創発する「格」

第 2 章 「日本語」の論理 ②：認知標識辞「は/wa/・が/ga/・で/de/・を/wo/・に/ni/」　175

（「主格／対格」等）及び「主語／目的語」といった誤謬の文法カテゴリから，日本語の構文は解放されている[8]．

A「(63)　ただいま〜」

B「(64)　おかえり，(65)　おそかったね．(66)　どうだった，きょうは？」

A「(67)　う〜ん，いつもどおり，(68)　たいしたことないです」

B「(69)　えのほうは？(70)　ほんばん，もうすぐだよね」

A「(71)　あさって，はんにゅうです．」

B「(72)　かいじょう，どこだっけ？」

A「(73)　まいばらこうこうです」

B「(74)　まいばらか〜．(75)　また，とおいとこが，かいじょうやね〜…」

A「(76)　…おなかへりました」

B「(77)　すぐできるし，(78)　て，あらったら，てつだってくれる？」

A「(手を洗いながら)(79)　なにすればいいですか？」

B「(80)　やさいきって，おにくと，ちゃちゃっといためたらできるから，
　　(81)　てーぶるのうえ，ささっとかたづけてくれる」

A「(82)　おちゃわんも，はこべばいいですか」

B「(83)　うん，おはしと，おねがいね．(84)　とうさんにも，こえかけてくれる？」

A「(85)　ちちうえは，しょさいですか？」

B「(86)　ずっと，こもったきり．(87)　しめきりでおいこまれて，うなってるから，(88)　きをつけたほうがいいわよ」

A「(89)　わかりました．(90)　じらい，ふまないようにします」

　　　　　　　　　　　　　　　　　　　　　　　　　　筆者の妻と息子の会話

　仮にこの会話が全 28 節から成り立っていると見なした場合，「が/ga/」の明示的な創発は 2 節となる．

　(75)「また，とおいとこが，かいじょうやね〜」

8）　言語研究で多くの研究が当該言語の論理を見出すことができない理由は，分析対象を「会話（ディスコース）」ではなく「文字化された短文」のみに限定しているからであるとも考える．

176 第3部 言語における「主体化」論理：日本語を中心に

(88)「き<u>を</u>つけたほうがいいわよ」

また，「を/wo/」の創発は 28 節中 1 節である．

(88)「き<u>を</u>つけたほうがいいわよ」

ただ，この「き<u>を</u>つける」は，「を/wo/」の使用が定型表現へ文法化したものでもある．したがって，従来の「格助詞」として解釈できる使用とは言えないだろう．日本語の会話文において，「対格」として「格」標示される言語表現は，その出現頻度数が極めて低いことが予測される．

こうした会話文における「格」とされる文法カテゴリのあり方が，書き言葉とは異なることから，「多重文法」というパースペクティブを岩崎 勝一（2013）は提唱した．岩崎は，日本語の論文及び会話文に表れる「格助詞(case)・係助詞」と呼ばれる「で/de/・に/ni/・を/wo/・は/ga/・が/ga/・の/no/」の頻出語数を比べることによって，日本語において，話し言葉と書き言葉の文法は異なると述べた（次頁表16）．

ただし，話し言葉と書き言葉の文法が異なると主張する岩崎（2013）も，日本語に関わる重要な通時的事実を見逃している．「日本語」は，元々「文字」を持たなかった言語であり，それが「文字」を持つ中で，その言語論理が拡張・変容させられてきたという通時的な事実が存在する．

「主格」と規定される「が/ga/」の会話文での創発頻度の低さは，例えば同じ状況がドイツ語で表現された場合を思い描いて見れば，顕著な対比を示すことが予測される．また (75) (88) のどちらの用例においても，「主格」と規定される「が/ga/」を受ける「動詞」は，形式に顕現していない．「日本語」においては形式に「動詞」が顕現していなくとも，それらは十全な構文として機能する．形式に「動詞」が顕現しない構文の比率も，「日本語」は近代ヨーロッパ標準諸語より遥かに高いのである．

「日本語」の「が/ga/」の形式により捉えられている事象・事象項は，主体に対してその様な事態把握を引き起こす「由来・契機」としての存在であった (cf. 事例 (35))．すなわち，「日本語」の論理としての「が/ga/」

表16. 日本語の会話及び論文おける頻出語数.

論文は外国語習得について，会話文は震災経験者へのインタビューのもの.
論文：延べ語数 6096，異なり語数 925.　会話文：延べ語数 2251，異なり語数 499.

	論文		会話文			論文		会話文	
1	450	の	173	nn	11	83	し	36	です
2	280	に	82	ね	12	73	こと	36	ん
3	234	が	74	て	13	69	も	33	と
4	233	は	73	の	14	67	ある	33	は
5	184	を	68	た	15	67	日本語	33	よ
6	181	と	55	が	16	60	話者	29	もう
7	165	で	50	nee	17	58	いる	28	う
8	121	て	50	で	18	56	する	26	あの
9	105	た	41	に	19	55	ない	26	でしょ
10	102	英語	39	ee	29	55	発音	26	なんか

岩崎（2013 年 7 月 23 日　名古屋大学における講演）

は，事象構成項間の「客観的」な関係を表しているのではなくて，認知主
体にその事態把握を引き起こさせる対象を，「由来・契機」として標示す
るものであった．言い換えると，認知主体が「場」において，単独に注意
が喚起された対象，または，単独で注意を向ける対象に対して，「が/ga/」
が認知標識として使われるのである．「い/i/」形で終わるモダリティ（情
意）度の高い「認知様態詞(従来，シク活用「形容詞」・タイ「助動詞」)」の使
用において，「を/wo/」ではなくて「が/ga/」が使用される理由もここに
あった．「日本語」の論理において「が/ga/」は，客観的な統語・文法カ
テゴリである「主格」・「主語」としての統語・文法機能を担っているので
はなく，「主体的」な，つまりモダリティ（情意）度の高い事態把握に
至った「由来・契機」を，形式（構文・文法カテゴリ）として創発している
(cf. 事例（35）a・b・c・d・e，（60）a・b・c・d・e，（75），（88）)．
　こうした「日本語」の論理が顕現する言語現象を観察するパースペク
ティブの先には，「日本語」には，「能動態／受動態」という統語・文法カ

テゴリも妥当しないし，また「時制」という文法カテゴリも妥当しないという帰結が立ち現れる．同時に，「日本語」と近代ヨーロッパ標準諸語の間では，互換が成立しない（「翻訳の不可能性」）という帰結も立ち現れてくる．

5 ―「認知標識辞」の「で/de/」：事象生起における「様態特性」の感知

日本語の構文の創発メカニズムを，「場所」という概念を手掛かりに説明しようとしたのは岡智之(とも ゆき)（2013）であった．そこにおいては，「主体の論理」で事態把握を図っているのが英語であり，「場所の論理」で事態把握を図っているのが日本語だと説明される．

このように，主体的思考と場所的思考は二項対立的に存在すると言うより，相補的関係であるとも言える．場所的思考が基底的で，主体的思考があるという関係である．そして，これら場所的思考と主体的思考が形式化されたものが，「主体の論理」と「場所の論理」となるのである．

これらの論理が，現実の言語現象にどう現れているかを，まず確認しておこう．次のようなa, bのような対比があったとき，どちらをより自然な使い方として，見るかである．

　　a. 風が窓をひらいた．（主体－対象－動作）〈主語－目的語－他動詞〉
　　b. 風で窓がひらいた．（場所－でき事）

図25　他動詞構造　　　　　　　　図26　場所ででき事が起こる

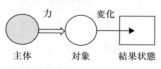
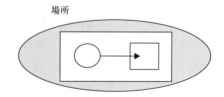

英語や中国語などの言語では，aのような言い方が自然であり，日本語や朝鮮語のような言語では，bのような言い方が自然であるという．aの「風」のような無生物を主語とすることは日本語では，「擬人法」のような特別な効果を生む場合の

第 2 章 「日本語」の論理 ②：認知標識辞「は/wa/・が/ga/・で/de/・を/wo/・に/ni/」　179

ほかは，通常の発話では使いにくい．この言い方を自然とする言語は，「無生物」
をも主語にする「主語の論理」，「主体の論理」が強い言語であろう（図 1：本書図
25）．一方，b では，「風で」の「で」は一般に「原因」と解釈されるが，ここでは
「風の中で」というように場所的にも解釈できるであろう．すなわち，「風の中で
「窓がひらく」というでき事が起こった」という解釈ができる（図 2 本書図 26）．
まさに，「場所において，コトがナル」という事態認識であり，こうした言い方を
自然とする言語は，「場所の論理」が強い言語であると言えるだろう．

　ここで注意すべきは，「場所と主体（個体）」の関係は，どちらがなくても，あり
得ない相補的関係にある．「存在物」だけあって，それがある「場所」がないと言
うのは，空虚な空間，無でしかないだろう．現実には，両者は相補的関係にあるも
のである．ただ，「場所の論理」の方が根源的であり，それを基盤として「主体の
論理」があることは言えるだろう．

　これを日本語と英語の場合で，図式的に書けば次のようになるのではないかと思
われる．

図 27　英語の論理　　　　　　　図 28　日本語の論理

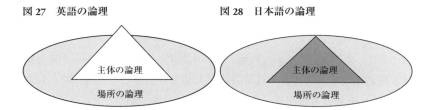

　英語では，主体の論理が強く，主体は場に独立した形で存在する．それゆえ，言
語構造としては主語を必要とし，事態の基本型はスル型態（主体 – 対象 – 他動詞），
事態把握としては，主体が場の外から見る客観的把握である（図 3：本書図 27）．

　一方，日本語では，場所の論理が強く，主体は場に依存して場に埋め込まれた形
で存在する．それゆえ，言語構造としては主語を必要とせず，事態の基本型はナル
型態，事態把握は場の中に視点を持つ主観的把握である（図 4：本書図 28）．

岡（2013: 64-66）

　岡（2013）においての問題は，「場所」と「主体」と「場」という用語
に内包されている概念の相関が不明なことにある．岡（2013）は，「主体」
が「場」に依存・埋め込まれる状態で事態把握がなされ，その結果「場

所」の論理が前景化するのが日本語であり，それに対して，「主体」が「場」から独立し，「場」の外から見る客観的事態把握によって，「主体」の論理が前景化するのが英語であるという論理展開がなされている．しかしながら，この論理展開を追って気が付くのは，日本語の場合にしろ，英語の場合にしろ，事態把握を行っているのは認知の「主体」であるはずだが，その「主体」が「場」に埋め込まれて成される事態把握が，何故客体的概念の「場所」を前景化することになるのか，その認知プロセスが不明なままだということである．また，「主体」が埋め込まれたり，「主体」が独立したりすることができる「場」自体が，いったいどのような認知の様態なのかも不明なままである．「場所」という用語の採用は，岡（2013）において客体的意味を言語形式に創発させるものとして採用している「主体」という用語に対し，もう一つの客体的な意味を持つ用語を併置させる結果となっている．

　「場」という用語が含意するのは，「主体」と聞き手を含んだ環境とが，認識論的に連続していると主観されている認知の様態（cf. 西田（1953），川端（1982））であり，それが「場所」という客体的な事物存在を示す用語に置き換えられてしまうと，日本語及び英語を含む多くの言語に見られる「主体化」現象の本質が捉えられなくなる（cf. 第2部1・2章，第3部1章，第4部1章）．

　岡（2013）は，「場所」の論理が前景化する日本語の事例として「風で窓がひらいた．（場所－でき事）」を挙げるが，少なくともこの一文において持続的に存在するものとは判断できない「風」を，「風の中で」と「場所」にパラフレイズする（解釈し直す）ことには無理がある．

　岡（2013）において，「場所」を表す標識（マーカー）と前提されている「で/de/」による言語現象を，「認知格」というパースペクティブで解明しようと試みたのは山梨正明（1995）であった．山梨（1995）は，次のように述べる．

　　前節の考察からも明らかな様に，複数の格のどの意味役割にも一義的に解釈でき

ない例が広範に存在する．これらの格の意味役割は，一見したところ，独立したカテゴリーとしての格が，一つの名詞にたいして複数個かかわっている例のようにみえる．しかし，以上の例では，典型的な格と考えられる複数の意味役割が，オーバーラップした形で問題の表現にかかわっている．例えば，「魚を三枚におろす」の「三枚に」は，問題の魚のさばき方の点からみるならば〈様態格〉的に解釈できるが，さばいて得られる物という点からみるならば〈結果格〉的にも解釈できる．同様に，「マージャンに狂いまくる」の「マージャンに」は，そのゲームに向かってのめり込んでいく点からみるならば〈目的格〉的に解釈できるが，そのゲームのために狂うという点では〈原因格〉的な解釈も可能である．基本的に同様の点は他の例にもあてはまるが，これらの解釈では，かならずしも複数の格のどちらかに一義的に役割が決まっているわけではない．

　この状況を，〈原因格〉と〈具格〉の意味役割がかかわる表3の助詞「デ」でマークされている例に基づいて考えてみよう．表3(本書：表17)の事例の1と5の「デ」でマークされる名詞は，それぞれ〈具格〉と〈原因格〉の意味役割をになう例と考えられる．（すなわち，「ハサミで新聞を切る」の「ハサミで」は〈具格〉，「頭痛で学校を休む」の「頭痛で」は〈原因格〉の意味役割をになっているといえる．）しかし，厳密には，この具格と原因格の解釈の間にはゆらぎがみられる．

表 17

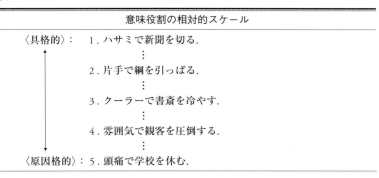

　1の具格としての解釈は，2から3, 3から4の例にいくにしたがって低くなる．1に比べて，2の場合には具格的な解釈から様態的な解釈が，さらに2から3, 3から4の例にいくにしたがって，原因格的な解釈が相対的に強くなる．1のハサミは，行為の手段として主体が手で操作でき，意図的にコントロールできる存在であると

182　第3部　言語における「主体化」論理：日本語を中心に

いう点で，具格のプロトタイプとして解釈できる．対極的に，5の頭痛は，主体に
よって意図的にコントロールできる存在ではなく，頭痛それ自体にある状態を引き
起こす内在的な力が存在しているという点で，原因格のプロトタイプとして解釈で
きる．これにたいし，2～4の「デ」によってマークされる名詞の格の解釈は，具
格性と原因性の間に相対的に位置づけられ，2から3,3から4にいくにしたがって
原因格の解釈が強くなる.

　このような格領域の相対的な分布関係は，どのような要因によって決められるの
だろうか．これまでの格概念の規定では，述語と共起する文の構成要素にたいする
意味カテゴリーとして，一律に原因格，具格，目的格等の独立した役割が与えられ
ている．しかも，この種の格規定は，カテゴリーの境界領域が明確に区別できるこ
とを暗黙の前提としている．また，この規定では，問題の表現にたいし，どのタイ
プの格領域が典型的で，どの領域が周辺的かという観点からの格役割の相対的な位
置づけはなされていない.

　以上に考察した格解釈に関する事実を自然に予測していくためには，われわれが
外部世界の対象を認識し，これを言語表現に反映する際にとる複合的視点を考慮し
ていく必要がある．この種の複合的視点には，認識の対象としての存在を動的な存
在として把握するか静的な存在として把握するか，問題の存在を意図的にコント
ロール可能な存在として認めるか自律的な存在として認めるか，問題の存在に内在
的な力が認められるか，といった主体の認知的なパースペクティブが密接にかか
わっている．格解釈のゆらぎは，外部世界を理解しこれを言語表現に反映する際に
とる，この種の視点の複合的な投影のしかたに多分に左右される.

山梨（1995: 151-153）

　山梨（1995）が指摘していることは，日本語の構文において「で/de/」
が使用されることで生じている言語現象は，近代ヨーロッパ標準諸語にお
ける規範的な文法カテゴリである「格(case)」を以って一義的に説明でき
ないということである．日本語の構文に使用される「で/de/」は，近代
ヨーロッパ標準諸語の「格」が担っている意味役割というパースペクティ
ブから判断すれば，「具格」にも「原因格」にもなり，また，岡（2013）
の論理展開において採用されていた様に「場所格」にも該当することにな
る．従来，日本語におけるその様な複合的な言語現象を説明するために，

第 2 章 「日本語」の論理 ②：認知標識辞「は/wa/・が/ga/・で/de/・を/wo/・に/ni/」 183

日本語の「格」は多義的であるという説明が採用されてきたが，この説明は，日本語の「で/de/」が何故「手段・道具」・「原因・理由」・「場所」を表すのに用いられるのか，また，この用法の拡大が意味（概念化）拡張によるものとするならば，その拡張がどのような認知的要因によって動機付けられているのかを説明していない．もう一度戻るが，山梨（1995）の指摘の本質は，事象を構成する項と項の客観的な関係を表すといった，「客観」主観に基づいた「格」というパースペクティブから離れなければ，「で/de/」という形式に創発している日本語の論理（事態把握のあり方）を捉えることができないということなのである．

　山梨（1995）は，日本語において「格助詞」と呼ばれている「で/de/」に生じるこうした揺らぎを説明するために，認知的視点とプロトタイプという道具立てを用いている．

表 18（原著の表 4 ）．

格解釈の認知的視点
CONC （= Concrete）：［対象が具象的］
ALIEN （= Alienable）：［対象が離脱可能］
MANIP （= Manipulable）：［対象が手で操作可能］
CONTR （= Controllable）：［対象をコントロール可能］
RESP （= Responsible）：［対象に内在的な力が存在］

山梨（1995: 155）

表 19（原著の表 6 ）．

格とプロトタイプ
A. 〈具格のプロトタイプ〉：
［+ CONC, + ALIEN, + MANIP, + CONTR, − RESP］
A. 〈原因格のプロトタイプ〉：
［− CONC, − ALIEN, − MANIP, − CONTR, + RESP］

山梨（1995: 156）

こうした道具立ての組合せを以って，日本語の「で/de/」の創発理由の説明を試みている．

184　第3部　言語における「主体化」論理：日本語を中心に

表**20**（原著の表5）.

具格性－原因性のグレイディエンス

（具格性）	〈ハサミで〉
	↑
	〈片手で〉
	↑
	〈クーラーで〉
	↓
	〈雰囲気で〉
	↓
（原因性）	〈頭痛で〉

山梨（1995: 155）

　　山梨（1995）は，日本語の「格」の問題に対して「認知格」という視点を導入し，具格と原因格にグレイディエンスな繋がりを見出している．ただし，日本語の「格助詞(case)」とされる文法カテゴリ（cf. 益岡・田窪1989）においてさらに問題となるのは，その用法の多様性にある．「で/de/」においても，その用法は〈具格〉と〈原因格〉だけに留まらない．例えば，「で/de/」が用いられる日本語の構文には，次の様な事例も見出すことができるのである．

(91) a. 筆で描いた.

　　　b. 風邪で学校を休んだ.

　　　c. こんな成績でごめんなさい.

　　　d. 自転車で行きます.

　　　e. 夢で見た.

　　　f. その予定で行きましょう.

　　　g. 裸足で歩いた.

　　　h. そらで論じる.

　　　i. 無我夢中で取り組む.

　　上記（91）の構文における「で/de/」が受ける意味役割は，道具 a，原

第 2 章 「日本語」の論理 ②：認知標識辞「は/wa/・が/ga/・で/de/・を/wo/・に/ni/」 185

因・理由 b，理由・結果 c，手段 d，場所 e，限定・確定 f，状態・様態 g・h・i 等と解釈できる．このように，「客観的」な意味役割を基に，日本語の「で/de/」を「格 (case)」という文法カテゴリに当てはめようとすれば，「で/de/」は〈道具格・手段格〉・〈原因格・理由格〉・〈理由格・結果格〉・〈場所格〉・〈限定格・確定格〉・〈状態格・様態格〉等であるとなる．日本語の「格助詞」を，その「格助詞」が受けている項の事象の中での客観的意味役割というパースペクティブから分類すると，「格 (case)」に関わる名称は，分析者の分類観点の数だけ増えることになってしまうのである．

　こうした日本語の「で/de/」に創発している多岐に渡る「意味」を統一的に説明しようとして，山梨 (1995) は「認知格」というパースペクティブを打ち出していた．山梨 (1995) は，前出の「具格性－原因性のグレイディエンス」の表を用いて，〈クーラーで〉を（具格性）と（原因性）の中間に生じる言語事例として捉え，その言語事例の拡張延線上に〈具格〉及び〈原因格〉と呼ばれる文法カテゴリを位置付けた．そこでは，日本語の「格助詞 (case)」と呼ばれている文法カテゴリは，事態に対するある解釈（概念化）が，意味論的に拡張される中で創発していると語られている．それは同時にその解釈（概念化）が，事象はそれを構成する項と項との間の「客観的」な関係から成立しているという解釈と，異なる次元にあると語っているのである．

　前出の事例 (91) における「格助詞・で/de/」の用法を観察してみれば，道具 a，原因・理由 b，理由・結果 c，手段 d，場所 e，限定・確定 f，状態・様態 g・h・i と取れる解釈（概念化）の中心において，概念化者はその事象（イベント）の様態に関わる卓立した要因（「事象の様態特性」）を知覚していると考えられる．例えば，(91) a においては「描く」という事象（イベント）が，「筆の使用」という様態に拠ることを，「で/de/」の使用は標識しているのである．また，(91) b においては，「休む」という事象が，「風邪をひく」という様態に拠ることを，「で/de/」の使用が標識している．同様に，(91) c は「ごめんなさい」という事象が，「ひどい成績を取ってしまっている」という様態で，(91) d は「行く」という事象が，

186　第3部　言語における「主体化」論理：日本語を中心に

「自転車に乗る/漕ぐ」という様態で，(91) e は「見た」という事象が，「夢の中」という様態に拠ることを，「で/de/」が標識している．(91) f は「行く」という事象が，「その予定に基づく」という様態で，(91) g・h・i は「歩く」・「論じる」・「取り組む」という事象が，「素足」・「そら」・「無我夢中」という様態に拠っていることを，「で/de/」が標識しているのである．日本語において概念化者は，事象が生起するその様態に，卓立的な要因を「場」で知覚するとき，その要因を「事象生起の様態特性」として，「で/de/」によって標示するのである．したがって，「で/de/」の使用によって標識されている「様態特性」が，客観的意味役割として分析された場合，限定・確定，手段・道具，場所，原因・理由，また，理由・結果に該当するのである．

　このように，日本語の「で/de/」は，事象を構成する項と項の「客観的な関係(意味役割)」を，形式・カテゴリとして標識しているのではない．自身を含んだ場における事象生起の様態に，特性要因が知覚されたときに，それは「で/de/」の使用によって表象されているのである．近代ヨーロッパ標準言語における「格」という文法カテゴリとは，その創発理由が異なるのである．こうしたことから，「日本語<ruby>日本語<rt>やまとことば</rt></ruby>」の「認知標識辞」である「で/de/」は，事象の項間の客観的な関係を表す文法カテゴリの「格」と異なり，次の様な認知プロセスを以って意味拡張され，文法化されることが可能である．

　次頁の事例が示す様に，「日本語<ruby>日本語<rt>やまとことば</rt></ruby>」の「で/de/」は，「場」における「事象生起の様態の特徴要因(イベント生起の様態特性)」を標識しているので，「名詞」を受ける用法だけに留まらず，その機能が意味拡張される中で文法化していく．

　事態把握を，概念化者と環境との間に認識論的距離を設けずに行う「主体化」の認知メカニズムが，典型的には「日本語<ruby>日本語<rt>やまとことば</rt></ruby>」の言語論理の深層・中核に存在している．一方，事態把握を，概念化者と環境との間に認識論的距離を「主観的」に設けて行う「客体化」の認知メカニズムが，英語を含む近代ヨーロッパ標準諸語の言語論理として機能している．したがって，

第2章 「日本語」の論理 ②：認知標識辞「は/wa/・が/ga/・で/de/・を/wo/・に/ni/」 187

表 21.「日本語」における「認知標識辞・で/de/」の意味拡張

a. 彼は私の提案を，鼻で笑った． 　　　　　　　（事象様態の特性要因が体の一部分に特徴的に表れる心情）
↓
b. よく噛んで食べなさい．（様態の特性要因が「名詞」から「動詞」へ拡張： 　　　　　　　　　　　　事象の様態の特性要因を標示する機能の文法化①）
↓
c. 「A は B であり，B は C である．したがって，A は C でもある．」 　　　　（にてあり→であり：事象の様態の特性要因を標示する機能の文法化②）
↓
d. 彼女はとても優秀な生徒です（デアリンス→デス）． 　　　　　　　　　　（事象の様態の特性要因を標示する機能の文法化③）
↓
e. それでいいです．　　（事象の様態の特性要因を標示する機能の文法化②＋③）

　岡（2013）における「主体」という用語は，むしろ「日本語」に生じる言語現象を説明する際に前景化されるべきものである．「日本語」の論理を捉える際に，客体的な概念内容を持つ「場所」という用語を使用することは，肝心の「日本語」の論理を捉えるのに，別言語の論理を持ち込む結果になっている．当該言語の論理を捉えるためには，まず当該言語の視点で言語現象（事例）を観察・分析しなければならず，最初から他言語論理の視点で観察・分析してはならないのである．他言語論理の視点と道具立てを，当該言語の論理を捉えるための分析・説明に用いれば，そこにおいて生じるのは誤謬であり，それは倒錯したイデオロギーの隠蔽に繋がっていく．

　英語に生じる言語現象を説明する際に，自覚的に用いられるべき用語は「客体化」である．これとは逆に，「日本語」に生じる言語現象を説明する際に自覚的に用いられるべき用語は，「場所」ではなく「主体化(modalization)」なのである．

第3章

「日本語」の論理 ③：
「態」及び「時制」の不在

　ここまで，「形容詞(adjective)」・「主語(subject)」・「主語(subject) + 述語(predicate)」・「格(case)」といった近代ヨーロッパ標準諸語の基本的な文法カテゴリが，日本語に妥当しないことを論述してきた．品詞レヴェルにおいて，また，基本的文法レヴェルにおいて，日本語と近代ヨーロッパ標準諸語，特に英語との間で互換性が認められないということは，日本語及び近代ヨーロッパ標準諸語は，異なる「認知のモード」で世界解釈及び事態把握を行っていることになる．この章においては日本語が，英語を含む近代ヨーロッパ標準諸語とは異なる「認知のモード」で，世界解釈・事態把握を行っていることを更に確認するために，近代ヨーロッパ標準諸語の基本的文法カテゴリである「態(voice)」と「時制(tense)」が，日本語に妥当しないことを論証する．

1 ―「日本語」における「態」の不在

　第2部第2章において，「態」とは「語順(word order)」を統語の第1原理とする言語が，「力動性の伝達」という解釈を「類像的」に構文に創発させた結果，派生的に創発した文法カテゴリであることを明らかにした．この節においては，日本語で「態」と呼ばれている文法カテゴリが，どのような事態把握（言語論理）により創発しているのかを明らかにすることで，英語で「態」と呼ばれている文法カテゴリは，日本語には妥当しないことを論証する．日本語において，「態」という文法カテゴリは構文に創

190　第 3 部　言語における「主体化」論理：日本語を中心に

発しておらず，「受け身文」の事例とされている「れる/reru/・られる/rar-eru/」構文は，「事象生起の制御が不可能」という「主体的解釈(modalizing construal)」を創発しているのである．

1-1.「日本語」における「態」という文法カテゴリの出自

　ヨーロッパ諸語の文法概念である「態」を，「日本語」に最初に明確に紹介したのは，大槻文彦（1891）であったと思われる．

> 　Voice. ハ口氣ト譯スベクシテ，辭書ニ據レバ，「動詞ノ一種ノ變體ニシテ，以テ文主（サブゼクト）ト動詞ノ動作トノ關係ヲ指別セシムル別體ナリ，」トアリ，此口氣，二樣二分レテ 能相（ハタラキカケ）（Active.）所相（ウケミ）（Passive.）トイヒ，羅甸語ニテハ，一動詞ノ語體ニ，此ノ二樣ノ變ヲ具セリ．然ルニ，我ガ動詞ニテ，此ノ能，所，ヲ言ハバ，例ヘバ，「打ツ」傳フ」ノ能相タルハ論ナケレドモ，其所相ヲ寫シ出サムトスレバ，別ニ，助動詞ノる，らる（亦，變化アリ，法アリ，）ヲ添ヘテ，「打タる」傳へらる」ナドセズハアルベカラズ．而シテ，其能相ノ意義ハ所相ニ對シテ生ズルモノナレバ，今ハ，助動詞ノる，らる，ノ條ニ至リテ説クコトトセリ．（英ノ動詞ニモ，所相ハ，前ニ助動詞ヲ添ヘテ言フガ多シ，）　　　　　　　大槻（1891: 33[1]）　下線部強調原著者

　大槻が述べているのは，voice とは動詞が表す動作と主語との関係を表現し分ける動詞の形態で，その形態には能動（能）相と受動（所）相の 2 種があり，また，ラテン語の様な言語においては，この区別が動詞の語形変化に表れる，ということである．実際，ラテン語のヴォイスは，regō《私が支配する》と regor《私が支配される》，regimus《私達が支配する》と regimur《私達が支配される》の様に，動詞の形態によって表現し分けられている[2]．この大槻の紹介以来，日本語を研究する学者達は，近代ヨーロッパ標準諸語においてヴォイスという文法カテゴリが存在してい

---

1 ）　外字の関係で，大槻文彦の『語法指南』のテキスト・データは，創価大学の金子弘先生が編集されたものを使わせていただいた．それを勉誠社からの復刻版である『語法指南』と対照させながら引用した．使用の問い合わせに対し金子弘先生からは，「研究者共通の学術財産であるので自由に使用を」と快諾を頂いた．そのご厚誼に，深くお礼を申し上げたい．本書の引用に関わっては，多くの方々のご厚意を頂いている．

第3章 「日本語」の論理 ③：「態」及び「時制」の不在　191

るのならば，当然日本語にもヴォイスがあるはずで，無ければ日本語は2
等言語だ，という様な倒錯した強迫観念に駆られてきたように思われる．
この強迫観念の下に，日本語にもヴォイスという文法カテゴリが探し求め
られ，「る/ru/・らる/raru/」・「れる/reru/・られる/rareru/」と「す/su/・さす
/sasu/・しむ/simu/」・「する/suru/・させる/saseru/」の対比関係が，日本語
の「受動態(受け身)・能動態(使役)」のカテゴリと規定されている．細江
逸記（1928）は次の様に述べる．

> 印歐語の一端を學びたる予が國語を觀察する時，覺束なき予の言語眼に映ずる我
> が國語の動詞の相なるものは，その運用の有様と使用の範圍とに於ては彼等の諸國
> 語に於けるとは甚だしき懸隔のある様に思はれるにも拘はらず，その原義及び發達
> の徑路に於ては頗る彼と相似たるものがある事を現はし來るのである．乃ち予は適
> 當なる觀察を適當なる方面にそゝぐならば，彼我の動詞の相なるものは其差異の大
> なる點に於てよりも寧ろ其類似の著しき點に於て吾人の注意を惹くべきものたるを
> 思はざるを得ないのである．　　　　　　　　細江（1928: 96-97）下線部強調筆者

　この細江の認識が，その後ヨーロッパ言語との比較において日本語が研
究される中で，日本語研究におけるパースペクティブの主流となってき
た．日本語を研究する上での方向違いのパースペクティブが，端から採用
されてきた．今では，日本語における「態」という文法カテゴリを，その
出自において問いかける研究者もいない．こうした精神の在り様を，現代
人である私達も笑うことができない．何故ならば，こうした倒錯したパー
スペクティブの採用は，日本人が「辺境」に位置する歴史を生き抜く中
で，無意識的な生存戦略の一部になっているからである．内田 樹は，次
のような指摘を行っている．

2）　ラテン語において，英語の文法視点から voice と呼ばれている言語現象が，英
　　語と同じ事態把握の創発（力動性の伝達）であるのかは，研究してみないと
　　判らない．つまりラテン語の voice において，英語に「受動態構文」を創発さ
　　せている「力動性伝達の遡及的解釈」という事態把握が存在しているのか，
　　また，「中動態」と定義可能な言語形式がどのような事態把握によって創発し
　　ているのかが，研究の対象となる．

192　第 3 部　言語における「主体化」論理：日本語を中心に

　私たちの時代でも官僚や政治家や知識人たちの行為はそのつどの「絶対的価値体」との近接度によって制約されています．「何が正しいのか」を論理的に判断することよりも「誰と親しくすればいいのか」を見きわめることに専ら知的資源が供給されるということです．自分自身が正しい判断を下すことよりも「正しい判断を下すはずの人」を探り当て，その「身近」にあることの方を優先するということです．

　ここではないどこか，外部のどこかに，世界の中心たる「絶対的価値体」がある．それにどうすれば近づけるか，どうすれば遠のくのか，専らその距離の意識に基づいて思考と行動が決定されているそのような人間のことを私は本書ではこれ以後「辺境人」と呼ぼうと思います．　　　　　　　　　　　内田（2009a: 44）

　日本人が「外部（中国・近代ヨーロッパ・アメリカの文字・文化・思想）」を無批判に受容しながら，それを自身にとって使い勝手良いように無自覚的に変容させていく意志・行為は，「辺境」において日本人が歴史的に選択した，生存に関わる戦略と言える．そうした知的倒錯は，日本人の精神の無意識の層ともなり，そのことを自身で自覚できるだけの強さを，現代の私達も持ち合わせていないように思われる．内田は，次の様に述べる．

　ひねくれた考え方ですけれど，華夷秩序における「東夷」というポジションを受け容れたことでかえって列島住民は政治的・文化的なフリーハンドを獲得したというふうには考えられないか．朝鮮は「小中華」として「本家そっくり」にこだわったせいで政治制度についても，国風文化についてもオリジナリティを発揮できなかった．それに対して，<u>日本列島は「王化の光」が届かない辺境であるがゆえに，逆にローカルな事情に合わせて制度文物を加工し，工夫することを許された</u>（かどうかは知りませんけれど，自らには許しました）．

　　　　　　　　　　　　　　　　　内田（2009a: 66-67）　下線部強調筆者

　「文字」・「稲作」・「律令」・「貨幣」・「儒教」・「文学」・「仏教」等の多くの制度文物を，日本人はむしろその「辺境性（コスモロジカルな劣位）」を逆手に取って，勝手に加工することで，その中にオリジナリティを発揮してきたのだと，内田は述べている．彼が指摘するこうした日本独自の歴史的精神性が，仮に「辺境精神」と名付けられるなら，日本の特に人文科学に

第 3 章 「日本語」の論理 ③：「態」及び「時制」の不在　193

おいて，この「辺境精神」から抜け出た研究を目にすることは困難である．何故なら，日本人にとって始まりは常に「外」及び「世界の中心」に在り，その「外」及び「世界の中心」とは，古代・中世においては中国（中華）を意味し，また，近代・現代においてはヨーロッパ・アメリカ（西欧）を意味するからである．現代の政治・経済においても，日本はアメリカという「外部」の意向を常に忖度し，時には存在さえしていない「外部（アメリカ）」の意向を自ら作り出し，それに対して自ら進んで迎合しようとする．こうした歴史的・地理的「辺境」精神から，認知言語学を含む日本の人文科学も，抜け出すことができていない．歴史的・地理的「辺境」精神に甘んじることを自ら選択し，それを無意識的に生存戦略として利用しているからである．ただし，この歴史的・地理的「辺境」精神の存在が，日本人が「客体化・客観化」というパラダイムへの転換を可能とする「文字」というものを中国から得ながら，言語論理の深層に「日本語」の論理を存続させてきた理由となっている[3]．こうした日本人の精神を形成している歴史的・地理的要因の理解が伴わない中で，これまで日本語研究もなされてきたのである．寺村秀夫は次の様に述べた．

　　さて，一方で上の様な観点からの国語学の成果をひきつぎ，他方，先に見た様な，印欧語の長い歴史の中で変遷を経てきた voice という概念，それの訳語として使われてきた「態」という用語を，現代の日本語の文法体系の記述に組み入れ，さらに欲をいえば外国語との対照研究の枠組みの一つとするためには，形態，統語，意味の三つの面からの明確な特徴づけが必要となる．ここでは，それを，「補語の格と相関関係にある述語の形態の体系」と規定する．この場合問題になる述語は動詞であるが，格の移動と対応する動詞の形の中に，予見可能的に出没する形態素が抽出できるとき，それは「文法的な態」の一つの下位類と認めることになるが，予見不可能な，つまり辞書に個別的に記すことが必要なような形態的対応であれば，それは「語彙的な態」の形ということになる．　　寺村（1982:208）下線部強調筆者

3）「客体化・客観化」というパラダイムへ転化するための重大な認知的動機となる「文字」を得ながら，日本人が「主体化」という認知メカニズムに基づいた「日本語」の論理を手放さなかった歴史的背景・理由は，内田樹（2009）『日本辺境論』新潮社の論理展開から，種々読み解いていくことができる．

194 第3部 言語における「主体化」論理：日本語を中心に

　上記の様なパースペクティブを基にして，寺村（1982）は日本語の「態」の体系として，その文法カテゴリに「受動態・可能態・自発態・使役態・語彙的態の類型」といった5つの下位区別を行っている．このパースペクティブを基にした分析は，今日でも広く日本語の研究分野において用いられる．

> 　動詞は，ある動作をおこなうもの（A）を主語として表現するか，その動作をうけるもの（B）を主語として表現するかによって，いい方がちがってくる．たとえば，
>
> 　　太郎が　次郎を　たたいた．
>
> といえば，太郎（A）が次郎（B）に対して，たたくという行為を実現させたということなのだが，おなじ事実は，次郎（B）を主語にして，
>
> 　　次郎が，　太郎に　たたかれた．
>
> といいあらわすことができる．この様に動作をおこなうもの（A）を主語として表現するか，動作をうけるもの（B）を主語として表現するかのちがいによる動詞のいい方の相互関係は，ボイス（voice）とよばれ，ふつう，前者のいい方を能動態，後者を受動態という．
>
> 　ところで，「たたく」という動作が，第三者（たとえば，三郎）のはたらきかけによって生じたばあいには，
>
> 　　三郎が　太郎に　次郎を　たたかせた．
>
> 　　太郎が　三郎に　次郎を　たたかせられた．
>
> のようないい方ができるが，これもボイスとしてあつかわれ，「たたかせる」のいい方は使役態，「たたかせられる」のいい方は使役受動態といわれている．
>
> 　この様に，日本語では，<u>ボイスとして，能動態・受動態・使役態・使役受動態の対立</u>をみることができる．　　　　日本語文法研究会（1989: 40）下線部強調原著者

　第2部2章において，英語における「態」という文法カテゴリは，「類像性」を介した「力動性の伝達(transmission of force dynamics)」という解釈が，言語形式（構文・文法カテゴリ）に創発することで見出されたものであることを確認した．「力動性伝達の直接性」がそのまま保持されると解釈された場合には，その解釈は「類像性」を介して規範的な「能動態・他動詞構文」として創発していた（cf. 事例（11）・（12）・（13）・（14）・（15）・（16）・

第 3 章 「日本語」の論理 ③：「態」及び「時制」の不在　195

(17)・(18)・(19)・(20)・(21)．また，その「力動性伝達の直接性」が遡及的に把握される場合には，その解釈は「類像性」を介して「受動態構文」として創発していた（cf. 事例 (22)・(24)）．すなわち，英語における「態」という文法カテゴリは，「力動性の伝達」という「客観主観」によって裏打ちされた（パラダイム内での）解釈が，「類像性」を介して言語形式として創発することで初めて成立するものであった．これに対し，日本語において通常「受け身文」と称されている構文は，「力動性の伝達」という「客体的・客観的」な論理による解釈の創発結果ではない．日本語の「受動態」とされる構文には，典型的に「れる/reru/・られる/rareru/」という語末が使われるが，そこに創発している事態把握のあり方は，「受け身文」という文法カテゴリに一元的に還元できるものではないのである．

1-2．「日本語」の「れる/reru/・られる/rareru/」と「受け身文」

　日本語の「受け身文」と称される構文において，一般的に 'agent（動作主）' と呼ばれる意味役割は，「に/ni/」及び「によって/ni-yotte/」によって標示されるが，その創発理由の違いを「類像性(iconicity)」の原理によって説明したのは谷口一美であった．

(92, 原著の 12)　a. この窓は，昨日太郎 ¦に/によって¦ 壊された．
　　　　　　　　b. あの岩は，昨日太郎 ¦に/によって¦ 動かされた．
(93, 原著の 13)　a. 太郎は花子 ¦に/*によって¦ 殴られた．
　　　　　　　　b. 花子は太郎 ¦に/*によって¦ 蹴られた．
(94, 原著の 14)　a. この絵は，太郎 ¦*に/によって¦ 描かれた．
　　　　　　　　b. この石碑は，太郎 ¦*に/によって¦ 建てられた．

谷口（2005: 84）

　上記「受け身文」と呼ばれる言語現象を提示した上で，谷口は述べる．

　日本語の受け身文で Agent を明示するには，「に」あるいは「によって」の 2 通りの標示方法があるが，どちらが適切であるかは用いられる動詞によって異なる．(12) にある動詞「壊れる」「動かす」のように，「に」・「によって」のどちらも容

認される場合もあるのに対し，(13) の「殴る」「蹴る」に対しては「に」のみが，(14) の「描く」「建てる」に対しては「によって」のみが容認される．

　これは，各々の動詞が表す事態における tr と lm の概念的距離が類像的に投影された結果であると考えられる．「に」も「によって」も共に Agent を標示するという同じ機能を担っているのであれば，言語的にみて長さのある「によって」の方が，tr と lm の概念上の距離のより長い関係を表示するのに用いられるという類像性が想定される（Haiman 1983）．実際に，(12) の「壊す」「動かす」といった他動詞は図 3-1（3-7 に加筆の上再掲）の P-transitive relation に合致するものであり，lm は tr から直接エネルギーを伝達する CHANGE の分節に位置しているが，それが変化した結果としての位置・状態を表す分節に位置する参与者も同じ lm であるので，tr と lm の距離は長短 2 通りの解釈が可能である．従って，受け身文にした場合，Agent の表示には短い距離に対応する「に」と長い距離に対応する「によって」のいずれも用いることができるのである．

図29．（原著の 3-7）．**P-transitive relation** と「に」「によって」

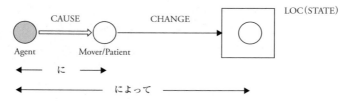

　一方で，「殴る」「蹴る」といった他動詞はいずれも「表面接触動詞」であり，3.2.2 で見た様に（CHANGE-）STATE の分節を欠いた事態を表している．その場合，P-transitive relation とは異なり，tr と lm は互いに隣接し，両者間の概念的距離は短いという可能性しかない．したがって，受け身文にした場合，Agent の標示には単距離に相応する「に」のみが容認されるのである．

図30．（原著の 3-8）．表面接触動詞と「に」「*によって」

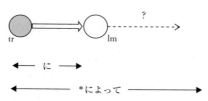

第3章 「日本語」の論理 ③：「態」及び「時制」の不在　197

　また，作成動詞の場合は表面接触動詞とは逆で，lm が STATE の分節にしかあらわれず action chain の中間部が欠落した形になっているため，tr と lm の距離は必然的に長くなる．従って，概念的に長距離の関係に対応する「によって」のみが Agent の標示に選ばれるのである．

図31．（原著の3-9）．作成動詞と「*に」「によって」

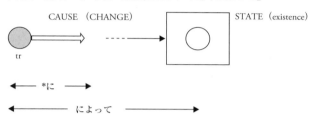

谷口（2005: 84-86）下線部強調筆者

　谷口（2005）が述べているのは，「動詞」の意味構造が，日本語の「受け身文」における 'agent(動作主)' 標示としての「に・によって」の使用を，「類像的」に動機付けるということである．ただし，ここで問題なのは，「〜に〜される・された」の日本語の構文に，次の様な事例も見出されることである．

(95) a. ピカチュウの図柄が，機体 {に/*によって} 描かれた．
　　 b. 坂本竜馬の銅像が，桂浜 {に/*によって} 建てられた．

(96) a. 学校帰りに，雨 {に/*によって} 降られた．
　　 b. 彼女は夫 {に/*によって} 先立たれた．
　　 c. 赤ちゃん {に/*によって} 泣かれてしまった．
　　 d. その仕事は彼 {に/*によって} 任されています．
　　 e. 彼女の返事 {に/*によって}，がっかりさせられた．
　　 f. そんなことをしたら，お父さん {に/*によって} 叱られます．
　　 g. 成績が良かったので，先生 {に/*によって} 褒められた．

　(95) a・b の事例においては，「描く」・「建てる」は作成動詞であっても，「に」が標示しているのは agent ではなく，「機体」・「桂浜」という場

198　第3部　言語における「主体化」論理：日本語を中心に

所になる．しかし，何故「日本語」の「受け身文」において，agent 標示
とされる「に」が，場所標示の「に」と同じであるのか，その認知的動機
が判らないのである．また，（96）a・b・c の事例において，「降る」・「先
立つ」・「泣く」は，従来の言語類型論の基準に基づけば，「他動詞」では
なくて「自動詞」ということになるだろう．しかしこれも同様に，何故
「自動詞」とカテゴライズされるものが，「被害受け身」とカテゴライズさ
れる「受け身文」に使われるのか，その認知メカニズムが判らない．（96）
d・e・f・g の事例においても「に」を採ることが適格と見なされるだろう
が，「任す」・「がっかりさせる」・「叱る」・「褒める」という「表面接触動
詞」とはカテゴライズできない「動詞」のどのような意味内容が，「受け
身文」と呼ばれる構文において「に」を要求するのか，その認知的動機も
判らないのである．

　日本語において，「受動態」と名称される文法カテゴリに該当している
と解釈されている構文においては，典型的に「れる/reru/・られる/rareru/」
という語尾が構文に用いられる．しかし英語の「態」という文法概念が，
「能動態/受動態」といった明確な言語事例の中で創発しているのに対し
て，寺村（1982）なり日本語文法研究会（1989）なりが，日本語の「態」
という文法概念に，「受動態・可能態・自発態・使役態・語彙的態の類型」
や「能動態・受動態/使役態・使役受動態」といった，多岐に亘る構文カ
テゴリを充てなければならい状態が生じている．これは，日本語の「れる
/reru/・られる/rareru/」の構文には，「力動性の伝達」という意味・解釈を
パースペクティブとした「受動態（受け身文）」という文法カテゴリに一元
的に収まりきらない事態把握（意味・解釈）が，創発しているからである．

(97) a. 「旅行中に財布を盗まれた」

　　b. 「電車の中で，足を踏まれてしまいました」

　　c. 「2020 年のオリンピックは東京で開かれます」

　　d. 「そのフレスコ画は，無名の画家によって描かれたものです」

　　e. 「薬師寺は，現代の名工達によって修復されました」

第3章 「日本語」の論理 ③：「態」及び「時制」の不在　199

　日本語の「受け身文」は，「直接受け身」と解される事象（cf.（92）a・b，（93）a・b，（94）a・b，（95）a・b，（96）e・f・g，（97）d・e）を表すと共に，「間接受け身」とか「被害受け身」とか呼ばれる事象（cf.（96）a・b・c，（97）a・b）も表す．さらに日本語の「受け身文」とされる構文において用いられている「れる/reru/・られる/rareru/」は，次の様な構文にも用いられる．

(98)　a. 故郷が偲ばれる．
　　　b. バルコニーからは琵琶湖が一望できる．
　　　c. 熊倉先生がお読みになられます．
　　　d.「あっ，花瓶が倒れる」

　事例（98）aの「れる/reru/」は「自発」と呼ばれる用法であり，（98）bは「可能」と呼ばれる用法である．また，（98）cは「尊敬」と呼ばれる用法であり，（98）dは「自動詞」と呼ばれる用法である．日本語においては，「れる/reru/・られる/rareru/」という形式が，「自発」と呼ばれる構文にも，「可能」と呼ばれる構文にも，「尊敬」・「自動詞」と呼ばれる構文にも，共通して用いられる．「れる/reru/・られる/rareru/」という言語形式が，「自発」・「可能」・「尊敬」・「受け身」・「自動詞」とカテゴライズされる構文において共通して用いられているということは，「れる/reru/・られる/rareru/」の構文に創発している事態把握のあり方には，共通性が潜んでいるということである．したがって，「日本語」の「〜に/ni/〜られる/rareru/」構文は，CAUSE・CHANGE・STATE といった「力動性の伝達」をパースペクティブにした「受動態・受け身文」に，単一に還元することはできないのである．

1-3.「日本語」の「れる/reru/・られる/rareru/」構文に創発する「事態生起の不可避性（unavoidability）」という解釈

　日本語の「れる/reru/・られる/rareru/」は，平安時代以降用いられていた「る/ru/・らる/raru/」が，江戸時代になって変化したものである．奈良

200　第3部　言語における「主体化」論理：日本語を中心に

時代以前においては，「ゆ/yu/・らゆ/rayu/」が多く用いられていた．この
「ゆ/yu/」は「きこゆ」・「おもほゆ」という動詞語尾と同源であり，本来
は「自発」を意味するものであった（cf. 山口明穂・杉浦克己・月本雅幸・坂梨
隆三・鈴木英夫 1997，山口明穂・鈴木英夫・坂梨隆三・月本雅幸 1997，沖森卓也
2010，沖森卓也・山本慎吾・永井悦子 2012）．この「自発」という文法カテゴ
リに該当する用法を，奈良・平安時代において求めてみれば，次の様な事
例に出会うことができる．

(99) a.（原文）金野乃 美草苅葺 屋杼礼里之 兎道乃宮子能 借五百礒所念
　　　（仮名）あきののの みくさかりふき やどれりし うぢのみやこの
　　　　　　　かりいほしおもほゆ
　　　（訓読）秋の野のみ草刈り葺き宿れりし宇治の宮処の仮廬し思ほゆ
　　　　　　　　　　　　　　　　　　　額田王歌 ［未詳］『万葉集』1 巻 7
　　b.（原文）宇利〈波〉〈米婆〉 胡藤母意母保由 久利波米婆 麻斯提斯農波由 伊豆
　　　　　　　久欲利 枳多利斯物能曽 麻奈迦比尓 母等奈可可利提 夜周伊斯奈佐
　　　　　　　農
　　　（仮名）うりはめば こどもおもほゆ くりはめば ましてしぬはゆ いづくよ
　　　　　　　りきたりしものぞ まなかひに もとなかかりて やすいしなさぬ
　　　（訓読）瓜食めば 子ども思ほゆ 栗食めば まして偲はゆ いづくより来りし
　　　　　　　ものぞ まなかひに もとなかかりて 安寐し寝さぬ
　　　　　　　　　　　　　　　　筑前國守山上憶良『万葉集』5 巻 802
　　c.（原文）心者 忘日無久 雖念 人之事社 繁君尓阿礼
　　　（仮名）こころには わするるひなく おもへども ひとのことこそ しげきき
　　　　　　　みにあれ
　　　（訓読）心には忘るる日なく思へども人の言こそ繁き君にあれ
　　　　　　　　　　　　　　　大伴坂上郎女歌一首『万葉集』4 巻 647
　　d.（原文）相模治乃 余呂伎能波麻乃 麻奈胡奈須 兒良波可奈之久 於毛波流留
　　　　　　　可毛
　　　（仮名）さがむぢの よろぎのはまの まなごなす こらはかなしく おもはる
　　　　　　　るかも
　　　（訓読）相模道の余綾の浜の真砂なす子らは愛しく思はるるかも
　　　　　　　　　　　　　　　右十二首相模國歌 『万葉集』14 巻 3372

第3章 「日本語」の論理 ③：「態」及び「時制」の不在　201

e. 今日は京のみぞ思いやらるる　　　　　　　　　紀貫之　『土佐日記』

f. 殊に物深からぬ若き人々さへ，世の常なさ思ひ知られて涙にくれたり

紫式部『源氏物語』須磨

g. 住みなれにしふるさと，限りなく思ひ出でらる　菅原孝標女　『更級日記』

下線部強調筆者

　沖森（2010）は，この「る/ru/・らる/raru/」の用法を次の様に説明する．

　「る・らる」は平安時代以降一般化した語で，奈良時代以前では「ゆ・らゆ」が
多く用いられました．この〈自然にそうなる〉の意から，〈そのことが生じる〉→
〈そのことができる〉という可能の意ともなりました．また，他者の行為が，動作
の受け手において自然に実現するという意から，受身の意にも用いられました．ち
なみに，「る」は下二段動詞「ある」〈「生まれる」の意〉に由来するものも見られ
ます．　　　　　　　　　　　　　　　　　　　　　　　　　沖森（2010: 79）

　沖森（2010）では触れられていないが，古代の「る/ru/・らる/raru/・ゆ
/yu/・らゆ/rayu/」の「可能」の用法は，主に否定表現として用いられた．

(100) a.（原文）和我都麻波 伊多久古⟨非⟩良之 乃牟美豆尓 加其佐倍美曳弖
　　　　　　　　余尓和須良礼受
　　　　（仮名）わがつまは いたくこひらし のむみづに かごさへみえて よに
　　　　　　　　わすられず
　　　　（訓読）我が妻はいたく恋ひらし飲む水に影さへ見えてよに忘られず
　　　　　　　　　　　　　　　　相替遣筑紫諸國防人等歌『万葉集』20 巻 4322
　　b. 歩むともなくとかくつくろひたれど足の裏動かれず，わびしければ
　　　　せんかたなくて休み給ふ　　　　　　　　　紫式部『源氏物語』玉鬘
　　c. 変はりゆく形，ありさま，目もあてられぬこと多かり　　鴨長明『方丈記』
　　d. 家の作りやうは，夏をむねとすべし．冬はいかなる所にも住まる

吉田兼好『徒然草』55 段

下線部強調筆者

「受け身」とされる用法には，次の様なものがある．

(101) a.（原文）奈我波伴尓 己良例安波由久 安乎毛能 伊弖来和伎母兒 安必見而

202　第3部　言語における「主体化」論理：日本語を中心に

　　　　　　由可武

　（仮名）ながははに こられあはゆく あをくもの いでこわぎもこ あひみ
　　　　　てゆかむ

　（訓読）汝が母に 嘖られ我は行く青雲の 出で来我妹子相見て行かむ

　　　　　　　　　　　　　　　　　　　　　　　　　『万葉集』14 巻 3519

b.（原文）神代欲理 云傳久良久 虚見通 倭國者 皇神能 伊都久志吉國 言霊
　　　　　能 佐吉播布國等 加多利継 伊比都賀比計理 今世能 人母許等期等
　　　　　目前尓 見在知在 人佐播尓 満弓播阿礼等母 高光 日御朝庭 神奈
　　　　　我良 愛能盛尓 天下 奏多麻比志 家子等 撰多麻比天 勅旨［反云
　　　　　大命］〈戴〉持弓 唐能 遠境尓 都加播佐礼 麻加利伊麻勢 宇奈原能
　　　　　邊尓母奥尓母 神豆麻利 宇志播吉伊麻須 諸能 大御神等 船舳尓
　　　　　［反云 布奈能閇尓］道引麻〈遠志〉天地能 大御神等 倭 大國霊 久
　　　　　堅能 阿麻能見虚喩 阿麻賀氣利 見渡多麻比 事畢 還日者 又更 大
　　　　　御神等 船舳尓 御手〈打〉掛弓 墨縄遠 播倍多留期等久 阿〈遅〉可遠
　　　　　志 智可能岫欲利 大伴 御津濱備尓 多太泊尓 美船播将泊 都々美
　　　　　無久 佐伎久伊麻志弓 速歸坐勢

　（訓読）神代より 言ひ伝て来らく そらみつ 大和の国は 皇神の 厳しき国
　　　　　言霊の 幸はふ国と 語り継ぎ 言ひ継がひけり 今の世の 人もこと
　　　　　ごと 目の前に 見たり知りたり 人さはに 満ちてはあれども 高照
　　　　　らす 日の朝廷 神ながら 愛での盛りに 天の下 奏したまひし 家
　　　　　の子と 選ひたまひて 大御言［反云 大みこと］戴き持ちて もろ
　　　　　こしの 遠き境に 遣はされ 罷りいませ 海原の 辺にも沖にも 神
　　　　　づまり 領きいます もろもろの 大御神たち 船舳に［反云 ふなの
　　　　　へに］導きまをし 天地の 大御神たち 大和の 大国御魂 ひさかた
　　　　　の 天のみ空ゆ 天翔り 見わたしたまひ 事終り 帰らむ日には ま
　　　　　たさらに 大御神たち 船舳に 御手うち掛けて 墨縄を 延へたるご
　　　　　とく あぢかをし 値嘉の崎より 大伴の 御津の浜びに 直泊てに
　　　　　御船は泊てむ 障みなく 幸くいまして 早帰りませ

　　　　　　　　　　　山上憶良謹上 大唐大使卿記室 『万葉集』5 巻 894

c. 御簾のそばいとあらはに引き上げられたるを，とみに引きなほす人もなし

　　　　　　　　　　　　　　　　　　　　紫式部 『源氏物語』若菜上

d. 敵はあまたあり，そこにてつひに討たれにけり 作者不詳 『平家物語』11 巻

第 3 章　「日本語」の論理 ③：「態」及び「時制」の不在　203

下線部強調筆者

　「自発」から「可能」・「受け身」へと拡張したこの用法は，平安時代以降，受け手において〈自然とそのような気持ちを生じさせる〉との意味から，「尊敬」にまで拡張された．

(102) a. 御格子参りね．…人々近う<u>さぶらはれ</u>よかし　　　紫式部『源氏物語』若紫
　　　 b. 君はいまだ<u>しろしめされ</u>候はずや，あれこそ八嶋の大臣殿

『平家物語』10 巻

　　　 c. 験あらむ僧たち，<u>祈り試みられ</u>よ　　　　　吉田兼好『徒然草』54 段

下線部強調筆者

　この様な認知的な動機を背景として，通時的な拡張を経た「日本語」の「る/ru/・らる/raru/（ゆ/yu/・らゆ/rayu/）」は，森田良行（1995）において，次の様な現代文の事例として創発する．

(103) 田中君に先生が教えられた．　　　　　　　　　　　　　森田（1995: 141）

　この事例は「に/ni/」の解釈次第で，「教えられた」のが「先生」という「受け身」の意味にもなるし，「教えになった」のが「先生」という「尊敬」の意味にもなる．また，別の文脈が必要になるが，「教えた」のが「田中君」という「可能」の意味にもなる．森田（1995）は「られる」の用法を，次の様に説明する．

　例えば

(104) 背に腹は<u>代えられ</u>ぬ．
　　　 人の口に戸は<u>立てられ</u>ない．
　　　 どうにも手が<u>着けられ</u>ない．
　　　 顔が<u>合わせられ</u>ない．

のような慣用的なことわざや言い回しでは，意志をもたない状態の表現となる．そのため表面的には「られる」は可能の意味にしか解釈できない．（これらの例は後

204　第 3 部　言語における「主体化」論理：日本語を中心に

に打消が続くいわば否定の状態表現のため，不随意の可能「〜しようにも〜できない」といった色彩が濃くなる．）

　それにしても，これらの例を見ると，いずれも付随意の事態が先行していて，それを受け止めようにもどうにもならない不可能状態といった色彩が濃い．「背に腹を代えたい」と努力しても，それは不可能という，言ってみれば，まず「受身」状態があって，可能なかぎり努力する「可能」に対して，それは無理という“自ずからなる状態性”「自発」の意味も含まれる．

　肯定表現の場合も全く同じだ．「悔悛の情が認められる」と言えば，相手の悔悛の情がまず当方側に伝わってきて，こちらはそれを受け入れる．「受身」の状態である．次いで，それを認めまいとしても認めざるを得ない「自発」の状態と，積極的に認めえる「可能」の気持ちとが混在する．

森田（1995: 144-145）下線部強調筆者

　森田（1995）は，現代日本語の事例を以って日本語の「れる/reru/・られる/rareru/」の意味を説明しようとしているが，日本語の「る/ru/・らる/raru/」がこのような解釈の幅を持つ様になったのは，本来「自発」の用法であったものが，通時的に「受身」・「可能」・「尊敬」へと意味が拡張されてきたからである．意味が通時的に拡張されてきたというのは，事態解釈において意味の拡張を許す様な認知的・認識論的な動機が存在していることを意味する．その認知的・認識論的な動機とは，「事態生起の不可避性(**unavoidability**)」の知覚に他ならない．したがって，森田（1995）においても「付随意の事態が先行していて，それを受け止め様にもどうにもならない不可能状態」という表現が用いられるのである．この「事態の生起は不可避である」という知覚が，発話者（概念化者）をして自ら「自発」させるのであり，その事態が発話者（概念化者）の意思に関わらず生じてしまうことから，「受け身」・「可能」・「尊敬」へと拡張される．下記にまとめているような語彙も，この認知的・認識論的動機を理由として，創発しているのである．

第3章　「日本語」の論理 ③：「態」及び「時制」の不在　　205

表 22. 「非制御表示動詞（れる/reru/）」が表す「事態生起・推移の不可避性」

a. 「心情生起・推移の不可避」

呆（aki）れる・憧れる・呆気（akke）にとられる・甘ったれる・うかれる・
己惚（unubo）れる・恐（怖・畏・懼）れる・気触（kabu）れる・聞き惚れる・
ぐれる・気圧される・焦がれる・心惹かれる・苛（saina）まれる・思案に暮れる・
しみったれる・しょぼくれる・そそられる・焦（ji）れる・だれる・つまされる・
（狐に）つままれる・囚われる・ねじくれる・ばっくれる・ひねくれる・
ふてくされる・狂（fu）れる・へこたれる・ほだされる・惚れる・
見惚（mito）れる・むくれる 等

b. 「事態生起・推移の不可避」

悪たれる・暴れる・荒くれる・溢（afu）れる・あぶれる・現（表・顕）れる・
荒れる・言いそびれる・いかれる・容（入）れる・薄れる・魘（una）される・
項垂（unada）れる・生（産）まれる・埋もれる・うらぶれる・熟れる・
抉（egu）れる・老い耄（oibo）れる・遅（後）れる・落魄（otibu）れる・
訪れる・溺れる・折れる・隠れる・擦（掠 kasu）れる・涸（枯・嗄）れる・
切れる・崩れる・括（縊 kubi）れる・暮（呉）れる・草臥（kutabi）れる・
穢（汚 kega）れる・擦（kosu）れる・事切れる・こましゃくれる・熟（kona）れる・
毀（零 kobo）れる・壊（毀）れる・ささくれる・寂（錆 sabi）れる・
萎（sio）れる・垂（枝垂 shida）れる・姿垂（shinada）れる・痺（shibi）れる・
嗄（shaga）れる・しゃくれる・洒落（share）る・時雨れる・しばれる・知れる・
痴れる・戯（ja）れる・優れる・廃（suta）れる・擦れる・ずれる・そぼ濡れる・
逸れる・垂れる・倒れる・黄昏（tasogare）る・爛（tada）れる・撓（tawa）む・
垂（ta）れる・戯（tawamu）れる・ちぎれる・縮（tiji）れる・疲れる・
憑かれる・潰れる・連れる・釣（吊）れる・溶（融・解）ける・途切れる・
捕らわれる・取（捕・採・撮・執・摂）れる・流れる・雪崩（nada）れる・
慣（馴）れる・濡れる・ねじれる・寝そびれる・逃れる・剥がれる・
逸（hagu）れる・はち切れる・外れる・離れる・晴れる・腫れる・ばれる・
膨れる・触れる・ぶれる・紛れる・塗（mami）れる・見慣れる・耳慣れる・
群れる・捲（meku）れる・凭（mota）れる・縺（motsu）れる・分（別）れる・
忘れる・割れる等

　こうした事態生起を不可避とする知覚（事態把握）によって創発させら
れた事態生起・推移の「非制御表示動詞」が，「自発」構文から拡張され
た「可能」・「受け身」・「尊敬」構文において使用されることになる．事態
の生起を不可避とする事態把握が，「れる/reru/・られる/rareru/」の使用を
通して，「自発」・「可能」・「受け身」・「尊敬」と呼ばれる構文に創発する
のである．「意味」を，その言語固有の形式（構文・文法カテゴリ）に「類

206　第3部　言語における「主体化」論理：日本語を中心に

像性」を介して創発させているのは，その言語の事態把握（論理）である．故に，当該言語の事態把握のあり方が明らかにされない限り，何故その言語が固有の構文または文法カテゴリを創発させているのかの問いに，答えることはできない．また，何故共通した構文に，異なるように見える文法カテゴリ（意味）が創発しているのかの問いにも，答えることはできないのである．

(105) a. この春，息子が<u>生まれ</u>ます．/ 間もなく，日が<u>暮れ</u>ます．
　　　風で花瓶が<u>倒れ</u>ました．/ 川は<u>流れる</u>．　　　　　（非制御表示動詞）
　　b. 故郷のことが<u>偲ばれる</u>．/ 娘のことが<u>想い出される</u>．　　　（自発）
　　c. 災難に<u>見舞われ</u>ました．（被害受け身）→拡張→<u>窓が割られた</u>．　（受け身）
　　d. 富士山が<u>見える</u>．（非制御）→拡張→ 100mを11秒台で<u>走れ</u>ます．（可能）
　　e. 先生がお読みに<u>なられ</u>ます．/ 先生が間もなく<u>来られ</u>ます．　（尊敬）

　「日本語_{やまとことば}」の論理による事態把握が構文として創発する際には，必ず「主体化」の論理による認知的・認識論的な動機づけが存在する．日本語において「自発」・「受け身」・「可能」・「尊敬」が構文として創発するのは，認知主体によって，「事態の生起は自身の制御を超える」という事態把握が行われているときである．したがって，日本語の「受け身文」と呼ばれている文法・構文カテゴリは，英語の「受動態構文」と呼ばれている文法・構文カテゴリに対して，互換性を有しない．英語の「受動態構文」と呼ばれている文法・構文カテゴリは，「力動性の伝達の遡及的把握」という事態把握のあり方が，構文に創発した結果であった．日本語の「受け身・自発・可能・尊敬（れる/reru/・られる/rareru/ 構文）」と呼ばれる構文・文法カテゴリは，「事態生起・推移の不可避性」という概念化者の知覚（「主体的解釈(modalizing construal)」）が，構文に創発した結果なのである．
　　二枝美津子は，近代ヨーロッパ標準諸語等の構文を分析することで，「中動態(middle voice)」での事態把握の認知的特徴には，「主語／目的語」及び「他動詞／自動詞」という言語形式の「融合現象」が観察されることを述べている．

態は形の上の違いで，主語の動作への関与を表わし，エネルギーの方向性の違いをも示している．能動態に対して中動態・受動態では主語の行為への関わり方は他動的ではなく自動的であり，自動詞化にその特徴がある．つまり，主語は典型的な動作主としては関与せず，動作主性があると同時に受影性もある．言語によって異なるが，これを再帰構文，「受動態構文」，中間構文などで表わす．「受動態構文」，中間構文も大きな枠組みでは自動詞構文である．どの構文を用いるかによって話者の事態の捉え方が反映される．　　　　　　　　　　　　　　二枝（2011: 186）

　近代ヨーロッパ標準諸語においては，「能動態／受動態」という前提カテゴリが存在するので，「中動態」という定義も意味を持つ．（ただし，後に述べるが，「中動態」の本質は，「主体化の認知モード」での事態把握の創発にある）．しかし，「日本語」の論理は，「力動性の伝達」という「客体的・客観的」な事態把握を行っていないので，近代ヨーロッパ標準諸語の「態（能動態/受動態）」という文法カテゴリは，日本語に妥当していない．「日本語」に「態」という用語の使用を求めるならば，'voice（active voice / passive voice）' 以外のカテゴリ（「認知の様態」）として，その使用が認められるだろう．

2 －「日本語」における「時制」の不在

　日本語という言語は，中核に文字を持たない言語である「日本語」の論理が存在している．その論理が飛鳥・奈良・平安時代を通して中国から文字を得る中で，また，明治時代において近代ヨーロッパ標準諸語から「客観」主観に基づいた「科学」というパースペクティブの導入が図られる中で，拡張され，変容されてきたのである．日本語に関わる研究者達の多くは，日本語の中核に「日本語」の論理（「認知 PA モード」による事態把握のあり方）が存在することを，また，その論理が通時的に拡張・変容されてきた事実を見ようとしない．事実から目を背け，只管，近代ヨーロッパ標準諸語の論理（「客観主観（「認知 D モード」による事態把握)」）で，日本語を共時的に観察・分析・説明しようとする．コーパス言語学においても，この

208　第3部　言語における「主体化」論理：日本語を中心に

実態は変わらない．このことは，日本の大学における言語研究のあり方自
体が，欧米のパースペクティブ及び価値観によって枠組まれ，評価される
構造であることと，密接に関係している．またそれは，日本という国やそ
の国の教育のあり方を，グローバリズム及び市場原理の存在をア・プリオ
リに是認する立場から考え始めることと，軌を一にするものであるだろ
う．言語の研究は，欧米の価値観・パースペクティブに同化することが目
的ではないはずである[4]．言語に創発している人間の認知のあり方を解明
することで，多様性において存在している世界に資することを，目的にし
なければならない．

　この節においては，「態(voice)」と同じく，「時制(tense)」という近代
ヨーロッパ標準諸語の基本的文法カテゴリが，日本語には妥当しないこと
を論証する．

2-1．「蘇発化・現前化」標識としての「たり/tari/・た/ta/」
　現代日本語の「時制化された過去(tensed past)」は，「た/ta/」が標示する
とされている．

(106)　a. 昨夜はひどく雨が降りまし<u>た</u>．
　　　　b. 卓也は結局，絵を仕上げることができませんでし<u>た</u>．
　　　　c. 今月，「中東」さんには，行かはりまし<u>た</u>？
　　　　d. その論文の片隅に，とても重要なことが書かれ<u>てい</u>まし<u>た</u>．

　しかしながら日本語の「た/ta/」には，次の様な事例があることに注意
が払われなければならない．

(107)　a.（相撲で）「はっけよい，残っ<u>た</u>，残っ<u>た</u>」
　　　　b.（2時間歩いて）「やっと，着い<u>た</u>」
　　　　c.（探し物をしていて）「あっ，ここにあっ<u>た</u>」

---

4)　cf. Halliday, Michael Alexander Kirkwood（2013）*Interviews with M. A. K. Halliday: Language Turned Back on Himself*, ed. J. R. Martin, 148. London: Bloomsbury Publishing.

第 3 章 「日本語」の論理 ③：「態」及び「時制」の不在　209

　　d.（市場の魚屋さんで）「さあさ，買った，買った」
　　e.（日程を確認していて）「あ，明日，現代文のテストだった」

　（107）a・d の「た/ta/」は，「残る」・「買う」という事象が現在に生起し，未来に存続することへの，話者の期待を表している．（107）b・c は，「着く」・「在る」という事象の生起が，話者によって確認されていることを表している．（107）e も，「テスト」という事象の未来の生起が，話者によって確認されていることを表している．これらの事例を観察すれば，日本語の「た/ta/」は，「時制化された過去(tensed past)」という文法カテゴリを標示しているのではないことに気が付く．同じ認識を，森田は次の様な事例で説明しようとする．

（108）「火星に衛星はあったっけ」（確認）
　　　　「じゃ，頼んだよ」（確述・念押し）
　　　　「あの人は以前からここに居ました．間違いはありません」（確述）
　　　　「どうも有難うございました」（確述）
　　　　「社長，お車が参りました」（確述）
　　　　「台風が来るから早く帰ったほうがいい」（強調）
　　　　「そうだ，今日は家内の誕生日だった」（想起）
　　　　「あ，ここに在った」（発見）
　　　　「なあんだ，夢だったのか」（発見）
　　　　「やっぱり君だったのか」（予想の的中）
　　　　「まあ，呆れた」（驚愕・驚嘆）
　　　　「こりゃ，驚いた」（驚愕・驚嘆）

　いずれも，時制とは関係の無いところでの「た」である．括弧の中に記した説明は，その「た」の文脈的意味であり，「た」が表わす表現意図と言い換えてもよい．
　　　　　　　　　　　　　　森田（1995: 305-306）下線部強調原著者　太字強調筆者

　森田（1995）は，日本語の「た/ta/」は事象が「客体的・客観的に過去時制化」されていることを標示しているのではなく，事象生起に対する主体の意識を標示していると述べている．事象の生起が主体（概念化者）の意

210　第 3 部　言語における「主体化」論理：日本語を中心に

識の中で確認されるプロセスを経るからこそ，この言語形式（構文・文法
カテゴリ）は，「確認・確述・念押し・強調・想起・発見・予想の的中・驚
愕・驚嘆」という「意味」を創発する．再度注意を向けなければならない
のは，森田（1995）も指摘する様に，日本語の「た/ta/」は「過去」とされ
る事象の生起にも，「現在」とされる事象の生起にも，また，「未来」とさ
れる事象の生起にも使用可能なことである．

(109) a.「昨日，雨で試合が中止になっ<u>た</u>」　　　　　　　（「過去」）
　　　 b.「あっ，雨が降り始め<u>た</u>」　　　　　　　　　　 （「現在」）
　　　 c.「先に着い<u>たら</u>，ぼくを待たずに，始めてい<u>て</u>ね」（「未来」）

　事象の生起が「過去」であっても，「現在」であっても，さらに「未来」
であっても，同じ構文・文法形式である「た/ta/」を用いることが可能で
ある．日本語の「過去」を標示するとされる「た/ta/」が，「過去」以外に
「現在」・「未来」に対しても使用可能ならば，このことから導き出される
合理的な結論は一つしかない．つまり，日本語の「過去」の標識とされて
いる「た/ta/」は，「過去・現在・未来」という「時制」を名称とした文法
カテゴリを標示していないのである．日本語は時間を，「時制」という文
法カテゴリを創発させる認知メカニズムによって表象しているのではな
い．日本語が時間を，「時制」を創発させる認知メカニズム以外の認知メ
カニズムによって表象させているということは，日本語は，英語を含んだ
近代ヨーロッパ標準諸語とは異なる認知のメカニズムで，時間の把握・解
釈（time construal）を行っていることを意味する．この事実は，言語感性の
鋭い日本人英語教員には良く知られていることがらであった．何故ならば
彼・彼女らは，英語を生徒に教えるに際して次の様な事例に出会うからで
ある．

(110) a. It is said that she is a beauty.
　　　　 She is said to be a beauty.　　　⇔ <u>彼女は美人である</u>と言われている．
　　　 b. It is said that she was a beauty.
　　　　 She is said to have been a beauty.　⇔ <u>彼女は美人であった</u>と言われている．

第3章 「日本語」の論理 ③：「態」及び「時制」の不在　211

c. It was said that she was a beauty.

　　She was said to be a beauty.　　⇔　<u>彼女は美人である</u>と言われていた.

d. It was said that she had been a beauty

　　She was said to have been a beauty.　⇔　<u>彼女は美人であった</u>と言われていた.

下線部強調筆者

　日本語にもし「時制」という文法カテゴリが存在するなら，「過去時制」と「過去時制」の一致という言語現象が，事例（110）cの日本語対応文において生じるはずである．しかしながら（110）cの日本語対応文を見れば判る様に，その文は「彼女は美人であると言われていた」である．英語の「時制」という文法カテゴリで見るならば，この「<u>彼女は美人である</u>」という文は「現在時制」である．もし日本語の「た/ta/」が「過去時制」を標示しているものならば，時制の一致によって（110）cの日本語文は，「<u>彼女は美人であった</u>と言われていた」になるはずである．しかし実際は，「<u>彼女は美人である</u>」と表記される．「<u>彼女は美人であった</u>と言われていた」は，（110）dに対応する日本語文になっている.

　この場合の事例に対する論点は2つある．一つは，日本語で「従属節（subordinate clause）」に「た/ta/」を含む「複文（complex sentence）」は，英語の「複文（この場合は‘It be said that S be C’の構文）」が表象する事象の時間とは対応関係を持たず，「不定詞（infinitive verb）」による「単文（simplex sentence）」が表象する事象の時間と，対応関係を持つという主張である．今一つは，日本語の「た/ta/」構文は事象生起の順次・順番を標示し，それが日本語の「過去時制」のあり方だという主張である.

　現行の日本語文法の定義によって判断すれば，「<u>彼女は美人である</u>」は「節（clause）」である．現行の日本語文法は，「は/wa/」は「主題（topic）」（場合によっては「主語（subject）」）の標識であり，「である/de aru/」は「ニテのつづまったデと動詞アルとの接合」であると定義する．したがって，日本語の「時制」が，同じ文法次元である英語の「節」と対応関係を持たずに，異なる文法次元である英語の「句（phrase）：不定詞句（infinitive verb phrase）」と対応関係を持つという主張は，自己矛盾に陥る．「節」と「句」は異な

212　第3部　言語における「主体化」論理：日本語を中心に

る次元の文法カテゴリであり，異なる次元の文法カテゴリであるということは，意味（概念化），すなわち事態把握のあり方の次元も異なる．因みに，「彼女は美人であると言われていた」の日本語文を，英語文へ逆に置換しようとする際に生徒が書く'*[That she is a beauty] was said' を，先の主張は論理的に不可とすることができない．'she is a beauty' は，「日本語」の「主体化」論理においては個人的な価値判断としての不変の真理になり得るが，英語の「客体化」論理においては，節形態を採ることでの不変の真理になり得ないのである．

　次に，日本語の「た/ta/」構文は事象生起の順次・順番を標示し，それが日本語の「過去時制」のあり方だという主張は，自ら「時制」と称する文法カテゴリの定義を，崩すことになってしまう．何故ならば，「順次・順番(sequence)」というのは，認知主体の「確認・確述」意識において成り立つ意味（概念化）であって，「時制」そのものの意味ではないからである．第2部2章で確認した様に，英語の「時制的過去(tensed past)」という文法カテゴリは，動詞の形態を長化させることで，時間的な隔たりを認知空間上の距離として，「類像的」に言語形式（構文・文法カテゴリ）に創発させたものであった．「過去完了」が表象する事象の生起は，「過去」が表象する事象の生起よりも，順番において先であるという主張は，「過去完了」が用いられる構文が，認知空間上のさらに遠い距離の事象を表象しているという事態把握に基づいている．「順次・順番」という意味（概念化）は，認知主体の「確認・確述」意識から離れて創発するものではないのである．熊倉千之（1990）は次の様に述べる．

　　ここで現代語の「た」について，文章の中のイメージのありようを考えてみる．助動詞「たり」から現代語の「た」ができたことは，「早く食べた，食べた」などと，人をせかすときの表現が，昔は「食べたり，食べたり」といっていたことからも知られる．「たり」は /te＋ari/ と分析されて，完了の助動詞「つ」の連用形に，存続詞の「あり」がついた形と考えられる．その意味は，「完了した動作・作用(つ)の主体が存在する(あり)」ということだろう．
　　それならば，ここでも発話時点で意味をもっているのは，「あり」という言葉

第3章 「日本語」の論理 ③：「態」及び「時制」の不在　213

で示される，動作・作用を完了した主体の存在だ．したがって，現代語の「た」
は，本来，西洋語のような過去を過去として指示する機能をもつものではないと
いうことになる．

　もしそうならば，「た」を西欧語の文法範疇であるテンスの枠にはめて解釈す
ることは意味がない．「た」は，発話の現在に話し手が，完了している事象に関
わる主体の存続を認めているという意味と解釈しよう．

　現代語の文章には，「る/(r)u/」で終わる文と「た」で終わる文がない交ぜに現
れる．この「た」に西欧語の過去時制の機能を認めて，日本語は時制の統一性に
欠けるというような結論を導き出してはならないのだ．

　　　　彼に指ざされて，私は川向うの共同湯の方を見た．湯氣の中に七八人の
　　　裸體がぼんやり浮んでゐた．
　　　　仄暗い湯殿の奥から，突然裸の女が走り出して來たかと思ふと，脱衣場
　　　の尖鼻に川岸へ飛び下りさうな恰好で立ち，両手を一ぱいに伸して何か叫
　　　んでゐる．手拭もない眞裸だ．それが踊子だった．

　この五つの文は，その三つが「た」止め，ほかの二つがいわゆる現在形の
「る」と，断定の助動詞「だ」だ．はじめの二つの「た」は，古典語ならば「つ」
と「たり」を使い，最後の「た」の例，すなわち「踊子だった」の「た」は，
「けり」だろう．

　いずれも発話の現在，つまりこの物語の現在に結びついていて，いわゆる「過
去形」ではない．そこで他の二つの文末―「何か叫んでゐる」「眞裸だ」―が生
き生きと場面を描きだせているのだ．こういう「た」は，いずれも西欧語の過去
形とは関係がない．<u>『伊豆の踊子』全体は回想形式で書かれているので，文章は
ほとんど「た」止めなのだが，それは語り手が回想する過去のイメージが物語の
現在に再現されているからで，この作品が西欧語の過去形を基本的な時制として
もっているというわけではない．</u>　　　　熊倉（1990: 47-48）下線部強調筆者

　ここまで，日本語の時間の把捉・解釈のあり方は，英語を含む近代ヨー
ロッパ標準諸語の「時制」とは異なることを述べてきた．日本語の時間把
捉・解釈の認知メカニズムを解明するためには，現代日本語の「た/ta/」
が，通時的にどのような経緯によって創発してきたのかも，確認しておか
なければならない．

214　第3部　言語における「主体化」論理：日本語を中心に

2-2.「日本語」の時間標識「た/ta/」の出自

　現代日本語で「時制化された過去(tensed past)」を標示するとされる「た/ta/」は，江戸時代までは「たり/tari/」であった．「たり/tari/」は「てあり/teari/」が音変化したものである．「過去」を表象する助動詞とされている「たり/tari/」の定義は，『広辞苑』によれば次の様なものである．

> （テアリの約）（活用はラ変型．［活用］たら／たり／たり／たる／たれ／たれ）
> 動詞型活用の語の連用形に付いて，<u>ある動作がなされて，その結果が今もあること</u>を示す．平安末期から，動詞に付いた場合は<u>単にその事態があったことを表す</u>だけになった．時の助動詞の中で，平安時代までは使い分けた「き」「けり」「つ」「ぬ」「り」が徐々に衰えて行き，「たり」だけが残って現代語の「た」になる．
> ①<u>動作・作用が完了し，その結果が現在もある意</u>を表す．…てある．…ている．…た．万葉集17「羽咋(はくい)の海朝凪ぎしたり船楫もがも」．竹取物語「門たたきて，くらもちの皇子おはしたりと告ぐ」．天草本平家物語「重盛が首の刎ねられたらうずるを見て仕れ」．歌舞伎，鳴神「生まれてはじめてのんだれば，腹の内がひっくり返る」
> ②<u>動作・作用が確かにあったと認める意</u>を表す．…た．源氏物語若紫「さて心安くてしもえ置きたらじをや」．天草本平家物語「あはれ，その人が亡びたらば，その国は明かうず」
> 『広辞苑』第六版　助動詞「たり」下線部強調筆者

　『広辞苑』は，現代日本語の「過去時制」を表すとされる「た/ta/」の派生元の「たり/tari/」が，時制としての「過去」を表すのではなく，「動作・作用が完了し，<u>その結果が現在もある意</u>」もしくは「動作・作用が確かにあったと認める意」を表すとしている．このことを言い換えれば，『広辞苑』が日本語で「完了・過去」を標示するとしている「たり/tari/」は，「客体的・客観的」な事象の完了化・過去化を標示しているのではなく，主体の意識において，事象が「現前化」または「蘇発化」していることを標示していることになる．

(111) a.「これこそ，まさしく，私が夢見<u>た</u>景色だ．」

　　 b. 咲い<u>た</u>，咲い<u>た</u>，チューリップの花が，

第3章 「日本語」の論理 ③：「態」及び「時制」の不在　215

並んだ，並んだ，赤白黄色．

どの花見ても，きれいだな．

　　　　　　作詞：近藤宮子，作曲：井上武士．　童謡『チューリップ』

c. 山路を登りながら，こう考えた．

智に働けば角が立つ．情に棹させば流される．意地を通せば窮屈だ．とかくに人の世は住みにくい．

住みにくさが高じると，安い所へ引き越したくなる．どこへ越しても住みにくいと悟った時，詩が生れて，画が出来る．

人の世を作ったものは神でもなければ鬼でもない．やはり向う三軒両隣りにちらちらするただの人である．ただの人が作った人の世が住みにくいからとて，越す国はあるまい．あれば人でなしの国へ行くばかりだ．人でなしの国は人の世よりもなお住みにくかろう．　　　　夏目漱石『草枕』

d. 国境の長いトンネルを抜けると雪国であった．夜の底が白くなった．信号所に汽車が止まった．向側の座席から娘が立って来て，島村の前のガラス窓を落した．雪の冷気が流れこんだ．娘は窓いっぱいに乗り出して，遠くへ叫ぶように，

「駅長さあん，駅長さあん．」

明りをさげてゆっくり雪を踏んで来た男は，襟巻で鼻の上まで包み，耳に帽子の毛皮を垂れていた．もうそんな寒さかと島村は外を眺めると，鉄道の官舎らしいバラックが山裾に寒々と散らばっているだけで，雪の色はそこまで行かぬうちに闇に呑まれていた．川端康成『雪国』　下線部強調筆者

　（111）a は，まさしく話し手の意識の中に在ったものが，「イマ・ココ」の「場」で「現前化」していることを表す．（111）b は，事象の生起が「イマ・ココ」の「場」で「確定・確認」されていることを表す．（111）c，d は，事象が「イマ・ココ」の「場」に「蘇発化」されて「現前化」されていることを表す．これらの事例は，話し手・書き手と共に，聞き手・読み手を含む「イマ・ココ」という「場」において，事象の「蘇発化・現前化」が，「確定・確認」されていることを標示しているのである．「蘇発化・現前化」が「確定・確認」されるために，「確定・確認」の意味を音として表すタ行の音（「た/ta/・だ/da/・て/te/・で/de/・と/to/」等[5]）と結び

216 第3部 言語における「主体化」論理：日本語を中心に

つくのである．これらの音は，認知主体が事象の生起を確認したり，事態の様態に特徴を見出している意味を持つ．後に述べることになるが，日本語は音自体に意味を見出している（「音象徴」）言語なのである．近代ヨーロッパ標準諸語に，ソシュールが見出した言語論理とは異なる論理によって，意味を言語形式（構文・文法カテゴリ）に創発させている．日本語は音自体が意味を有することは，そのオノマトペの豊穣が端的に物語っている．日本語の「た/ta/・だ/da/」という音は，主体が事象の生起・様態を「確定・確認・確信」していることを表象する，「音象徴」の標識なのである．

　日本語の事象は，決して主体の意識を母体とする「イマ・ココ」の「場」を離れることがない．日本語は，事象を認知主体の意識から独立させて，「場」の外に，「客体的・客観的」に創発させる認知メカニズムと「主観」及び機能を持ち合わせていない．逆に，日本語が，事象を「イマ・ココ」の「場」に「蘇発化・現前化」させる認知メカニズムと「主観」及び機能しか持ち合わせていないことこそが，日本語の表現に命を与えている．（111）b・c・dに描かれる事象が，これ程までに鮮やかに臨場感を発現させられるのは，歌い手・書き手の意識において，「イマ・ココ」として「蘇発化・現前化」されている事象が，聞き手・読み手に「イマ・ココ」の事象として追体験・共有されるからである．歌い手・書き手の意識を透して生起する事象が，聞き手・読み手の意識の中でも，「た/ta/・だ/da/・つ/tsu/・て/te/・で/de/・と/to/」音によって，「確認・確定」されていく．このような歌い手・書き手・聞き手・読み手を内包させる「イマ・ココ」という「場」を，日本語の言葉は作品内に顕現させられるからこそ，『チューリップ』・『草枕』・『雪国』等の独自世界が生み出される．日本語は作品内に，書き手・読み手を内包した「イマ・ココ」の「場」の顕現を，「主観」するのである．日本文学の本質は，事象を「蘇発化・現前

5）「だった・たった・たしかに・たとえ・だらだら・だんだん・だから・てやんでぇ・てゆーか・とっても・とにかく・とっくに・どんどん・どかどか等」

第 3 章 「日本語」の論理 ③：「態」及び「時制」の不在　217

化」させることで，書き手と読み手を含んだ「イマ・ココ」の「場」を作品内に顕現させられる機能にある．それは文芸作品だけでなく，日本画・能・狂言・文楽・浄瑠璃・歌舞伎・料理と，日本の芸術・文化のあらゆる分野に通底している．紫式部の『源氏物語』も，世阿弥作と言われる『野宮』も，等伯の「松林図屏風」も，「なかひがし・天寿し・未在・いふき・飯田」等の日本料理の感性も，日本語のこの機能を離れて存在するものではない．

　日本語の「完了・過去」を標示するとされる「たり/tari/・た/ta/」は，認知空間上で主体から「客体的・客観的」に距離化された順次存在としての事象のあり方（「時制的過去」）を表象しているのではない．主体の意識内の事象が，「イマ・ココ」という「場」に「蘇発化・現前化」されていることを表象している．「場」とは，主体の意識を母体とした，共同注視・共有が可能な認知空間として存在する（そう主観されている）ものなので，そこに発現する事象は，「客体的・客観的」な言語形式の「主語」を必要とすることもない，認知主体の「確認・確述」意識として，言語形式に創発されるのである．これは，「日本語」の「た/ta/」が，「てあり/te-a-ri/（て在り）」から「たり/ta-ri/」への音韻変化から創発し，その元の意味が，事象が確定状態（「て/te/」）として「イマ・ココ」に「在る/aru/」（てあり/te-a-ri/ →たり/ta-ri/ →た/ta/）であるという，通時的事実から明らかなのである．熊倉は述べる．

　平安時代以降，純粋に過去動作「将然」の助動詞だった「キ」と，過去動作主体「現前」の「ケリ」が形骸化して，「タリ」に吸収されたのが鎌倉からあとの時代です．江戸時代には「ケリをつける」というふうに，文章の終わりを飾る意味から，面倒な事態を収拾する意味に転用されて寿命がつきてしまいました．今では「ケリ」は，「そうだっケ」のように，特別な想起表現として現代語にかろうじて痕跡をとどめています．だからといって，「たり」の「アリ」がまったくぼくたちの頭から消えて，「タ」になったわけではありません．<u>「タ」を発音するとき，ぼくたち</u><u>は間違いなく頭に過去の事象が「現前」することを表出しているのです．</u>
　<u>「タリ」と「ケリ」などに「アリ」という存在詞がついていたという事実が，現</u>

218　第3部　言語における「主体化」論理：日本語を中心に

在われわれが助動詞「タ」を使う「イマ」という時間に，完了（「テアリ」）か過去（「キアリ」）かを「峻別する意識」としてあります．それは完了事象なら発話の「イマ」目の前に，過去事象なら発話者の内に蘇っている「イマ」かの区別を，発話者はみな無意識のうちにしているのです．ですから，「タ」を「完了現前（ココに存在）」に使うか「過去現前（脳裏に存在）」に使うかを，日本語話者はとまどうことがありません．目の前に現前するか想起した過去が現前するかは，イメージのありようで直感的に区別できるからです．　熊倉（2011: 131-132）　下線部強調筆者

　森田（1995）・熊倉（2011）も述べる様に，「日本語」の過去は，対象事象を認知空間上で主体から「客体的・客観的」に距離化された順次存在として表象する認知メカニズム（「認知 D モード」＝「客体化の認知モード」）から生まれきたものではない．「日本語」の過去は，主体の意識の内包である「イマ・ココ」という「場」に，対象事象を「蘇発化・現前化」させる認知メカニズム（「認知 PA モード」[6]＝「主体化の認知モード」）から生まれきたものである．事象を「客体化・客観化」された順次存在に変えること（「時制化された過去」）で過去を表象する言語論理と，事象を主体の意識の内包である「イマ・ココ」という「場」に「蘇発化・現前化」させること（「確認・確述」）で過去を表象している言語論理とは，世界解釈・事態把握の仕方が，根本的に異なっているのである．つまり，近代ヨーロッパ標準諸語の「時制的過去」と，「日本語」の「蘇発化・現前化されることでの過去」とは，そこに創発している意味（時間の把捉・解釈）が，根本的に異なる．日本語の「過去」は，「客体化・客観化された時制的過去」ではなく，認知主体の意識の中で「確認・確述化による主体化された過去」である．聞き手・読み手は，認知主体の意識が内包される「場」において，「確認・確述化された過去」を，「は/wa/」の使用によって「共同注視」する．「イマ・ココ」という「場」において，聞き手・読み手によって「共同注視」された認知主体の「主体的過去」は，この「共同注視」という認知プロセスを経ることで，共同体において共有・社会化される．認

　6）　PA モード：The Primordial and Assimilative Mode of Cognition（始原的内化の認知モード）

第3章 「日本語」の論理 ③：「態」及び「時制」の不在　219

知主体の意識の中で起きた「主体的過去」が「共同注視」されることで，
「共有・社会化された過去」として定位する．日本語の「過去」は，「客体
化・客観化された過去(「時制的過去(tensed past)」)」としてではなく，「主体
化(modalization) された事象の共同注視によって，共有・社会化された過去
(「主体的過去」)」として，言語形式（構文・文法カテゴリ）に創発している
のである．

2-3．「日本語」における「時制」という文法カテゴリの出自

　ここまで，日本語は過去を「時制」によってではなく，「主体化」とい
う認知メカニズムによって表象していることを述べてきた．近代ヨーロッ
パ標準諸語の論理の時間と，「日本語」の論理の「トキ」は，その意味
（概念化の仕方）が異なるのだった．この節においては「態」と同様に，こ
の日本語と近代ヨーロッパ標準諸語の異なる時間解釈及び時間把握（「主
体化されたトキ」と「客体化・客観化された時間」）が，どのような通時的経緯
を経て混同される様になったのかを概観する．

　日本語の時間概念と近代ヨーロッパ標準諸語の時間概念の違いが，文法
カテゴリにおいて混同される様になった直接的な始まりも，『言海』の編
集に関わった大槻文彦の「語法指南」に発する．大槻（1891）は次の様に
述べる．少し長くなるが，重要な論点を含んでいるので引用する．

○洋語ノ動詞ニ Mood.（姑ク，英語ニテ記ス，下同ジ）トイフモノ，即チ，此篇
ニイフ動詞ノ法ナリ．然レドモ，彼我ノ語性ニ就キテ，頗ル其趣ヲ異ニスルコ
トアリ．又，洋語ノ動詞ニハ，Voice.（口氣ト譯ス）Tense.（時ト譯ス）トイフモ
ノアルガ，我ガ動詞ニテハ，是等ノ意義ハ，他ノ助動詞ト連帶關係シテ始メテ起ル
ガ故ニ，今ハ，助動詞ノ條ニテ説クコトトセリ．左ニ，是等ノ異同ヲ辨ゼム．（中
略）

Tense.ハ，時ト譯シテ，亦，動詞ノ動作ノ現在ナルト，過去ナルト，未來ナルト，
ヲ示スニ就キテ起ル一種ノ轉化ニテ，是モ，羅甸ノ動詞ニテハ，其語體ニ，此ノ轉
化ヲ具セリ．我ガ動詞ニテモ，「打ツ」傳フ」ノ現在ナルハ論ヲ待タザレド，過去
ヲ寫シ出サムトスレバ，助動詞ヲ加ヘテ，「打チたり」傳へき」ノ如クシ，未來モ，

220　第 3 部　言語における「主体化」論理：日本語を中心に

助動詞ヲ加ヘテ，「打タ<u>む</u>」傳へ<u>む</u>」ナドトスルナリ．(此<u>たり</u>，<u>き</u>，<u>む</u>等，亦，皆，變化アリ，法アリ，)因テ，是，亦，助動詞ノ條ニ説クコトトセリ．(英語ノ如キハ，過去ノ轉化ヲ，動詞ノ體ニ具スルアリ，或ハ，前ニ助動詞ヲ添ヘテ示スモアリ，而シテ，未來ハ，率ネ，前ニ助動詞ヲ加フルガ如シ，)畢竟ズルニ，單ニ，「打ツ」傳フ」トイフ語ヲ指セバ，一ノ動詞ト呼ブベキノミ．扱，單ニ，「打ツ」傳フ」トイフ語ナルガ，所相ノ「打タ<u>る</u>」傳へ<u>らる</u>」ニ對スレバ，能相ノ名目ヲ生ジ，過去，未來ノ「打チ<u>たり</u>」傳へ<u>む</u>」等ニ對スレバ，現在ノ名目ヲ生ズルナリ．而シテ，其所相トイヒ，過去，未來，トイフ意義ハ，スベテ助動詞ノ方ニ存スルコトナレバ，是等ノ事ハ，動詞ノ語體ノ轉化ニ生ズルモノトハ見ズシテ，他ノ助動詞ノ條ニ説カムトスルナリ．　　　　大槻（1891: 31, 33-34）　下線部強調原著者

○<u>過去，未來，ノ助動詞</u>　「押ス，」受ク，」トイフハ，其動作ノ最中［モナカ］ナルニイフ．扱，其動作ヲ，既往ニ就キテイフトキハ，「押し<u>き</u>，」受ケ<u>たり</u>，」ナドイヒ，又，其動作ヲ，未然ニ就キテイフトキハ，「押サ<u>む</u>，」受ケ<u>む</u>，」ナドイフ．此ノ如キ動作ノ差違ヲ，動詞ノ時［／トキ］トイヒ，其差違，<u>現在</u>［／ゲンザイ]，<u>過去</u>［／クワコ］<u>未來</u>［／ミライ]，ノ三様ニ分ル．

<u>現在</u>　現在トハ，現ニ，今，動作スルヲイフ，「押ス，」受ク，」生ク，」着ル，」ノ如シ．

<u>過去</u>　過去ノ意義，三種ニ分ル．

　<u>第一過去</u>ハ，動作ノ方ニ終ハリタルヲイフモノニテ，<u>つ</u>，<u>ぬ</u>，<u>たり</u>，ノ三助動詞ヲ用キル．即チ，「押シ<u>つ</u>，」押シ<u>ぬ</u>，」押シ<u>たり</u>」受ケ<u>つ</u>，」受ケ<u>ぬ</u>，」受ケ<u>たり</u>，」生キ<u>つ</u>，」生キ<u>ぬ</u>，」生キ<u>たり</u>，」着［キ］<u>つ</u>，」着<u>ぬ</u>，」着<u>たり</u>，」ノ如シ．此三語ノ意，相同ジ．又，コレト同意ナルニ，「押<u>せり</u>，」罪<u>せり</u>，」ナドイフ<u>り</u>，<u>せり</u>，アリ，末ニ説クベシ．

　<u>第二過去</u>ハ，動作ノ過ギテ程歷シヲイフモノニテ，助動詞ノ<u>けり</u>，<u>き</u>，ヲ用キル．例ヘバ，「押シ<u>けり</u>，」押シ<u>き</u>，」受ケ<u>けり</u>，」受ケ<u>き</u>，」ノ如シ．此二語ノ意モ，相同ジ．

　<u>第三過去</u>ハ，第二ヨリハ，一層程歷タリシヲイフモノニテ，第一過去，第二過去，ノ助動詞ヲ重用ス．即チ，第一ノ<u>つ</u>，<u>ぬ</u>，<u>たり</u>，ノ第五變化ナル<u>て</u>，<u>に</u>，<u>たり</u>，ト，第二ノ<u>けり</u>，<u>き</u>，トヲ，重ネテ，「押シ<u>て</u>，<u>けり</u>，」押シ<u>に</u>，<u>けり</u>」押シ<u>たり</u>，<u>けり</u>，」押シ<u>て</u>，<u>き</u>」押シ<u>に</u>，<u>き</u>」押シ<u>たり</u>，<u>き</u>」ノ如シ，而シテ其意モ，皆，相同ジ．

<u>未來</u>　未來ハ，未ダ起ラザル動作ヲイフモノニテ，助動詞ノ<u>む</u>，ヲ用キル，「押サ

む．」受ケむ．」生キむ．」ノ如シ．又，第一，第二，第三過去，共ニ，其動作ハ，過去ナルベキヲ，推測シテ未來ニイフコトアリ．即チ，

第一過去ニテハ，<u>つ</u>，<u>ぬ</u>，<u>たり</u>，ノ第四變化ナル<u>て</u>，<u>な</u>，<u>たら</u>，ニ，未來ノむヲ重ネテ，「押シ<u>て</u>，<u>む</u>，」押シ<u>な</u>，<u>む</u>，」押シ<u>たら</u>，<u>む</u>，」受ケ<u>て</u>，<u>む</u>，」受ケ<u>な</u>，<u>む</u>，」受ケ<u>たら</u>，<u>む</u>，」ナドイフ．

第二過去ノ<u>けり</u>，<u>き</u>，ニハ，別ニ，助動詞ノ<u>けむ</u>ヲ用ヰテ，「押シ<u>けむ</u>，」受ケ<u>けむ</u>，」生キ<u>けむ</u>，」ナドイフ．

第三過去ニテハ，第一過去ノ<u>つ</u>，<u>ぬ</u>，<u>たり</u>ノ第五變化ナル<u>て</u>，<u>に</u>，<u>たり</u>，ニ，前ノ<u>けむ</u>ヲ重ネテ，「押シ<u>て</u>，<u>けむ</u>，」押シ<u>に</u>，<u>けむ</u>，」押シ<u>たり</u>，<u>けむ</u>，」受ケ<u>て</u>，<u>けむ</u>，」受ケ<u>に</u>，<u>けむ</u>，」受ケ<u>たり</u>，<u>けむ</u>，」ナドイフ．

以上，數樣ノ時ヲ，表ニシメスコト，下ノ如シ．　　　　【時制の表が続く】

大槻（1891: 60-62）　下線部強調原著者

　ここにおいて大槻（1891）は，日本語の「トキ」を，動詞の語形変化を以ってではなく，助動詞を以って標識される文法カテゴリと定義している．この定義は，英語の「時制(tense)」の定義と異なる．英語において「時制」とは，次の様に定義される文法カテゴリである．

tense

2 Grammar. <u>Any of the various (sets of) forms of a verb</u> which distinguish temporal and associated features of a denoted action or state in relation to the time of utterance, writing, etc.; the quality of a verb by which it represents or distinguishes such features.

時制

2 文法．発話や文章等の時間に関わって，示される行為や状態の継時的な，また，経緯に関連した特性を識別する，<u>動詞の種々の（対からなる）形式によるもの</u>．発話・文章時間は，動詞の性質によって，そういった特性を表わしたり，区別したりする．　　　　*Shorter Oxford English Dictionary* 下線部強調筆者

　近代ヨーロッパ標準諸語において「時制」とは，まずその動詞の形態において創発し，標識される文法カテゴリである．「時間(time)」の異なりという事態把握を言語形式（構文・文法カテゴリ）に創発させるために，近代ヨーロッパ標準諸語はその動詞の形態を，典型的には長化させた．英語の

'tense（時制）' とは，第 2 部 2 章で述べた様に，動詞の形態の長化によって[7]創発する文法カテゴリであった．これは，認知空間上の主体と対象との認知的距離が，絶対時間軸に対して「類像的」に適用された結果，生じる言語現象であった．

図 18. Iconicity（類像性）を介した「客体的間接性（objective indirectness）」の創発：認知空間上の距離（「時制（tense）」と「否定（negation）」）　　　　（再掲）

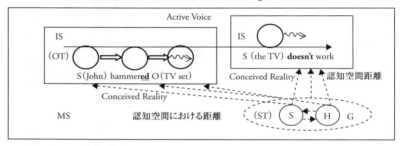

IS(immediate scope), S(subject), O(object), (OT)=(Objective Time).

MS(maximal scope), S(speaker), H(hearer), G(ground), (ST)=(Subjective Time).

この英語における「時制」を標示する構文，及び「類像性」を介して創発している「時間」という事態把握のあり方は，日本語の「確認・確述」を標示する構文，及び「類像性」を介して創発している「トキ」という事態把握のあり方と異なる．

time

1　A finite extent of continued existence，e.g. the interval between two events, or the period during which an action or state continues; a period referred to in some way.

7）古英語の時代から残ってきた英語の動詞の多くは，語形の長化によってではなく，音韻の強化によって「時制」を表している（e.g. make-made-made, get-got-got / gotten 等）．英語においては，音韻強化の類像性の原理と語形長化の類像性の原理とが，まだ共存している．音韻的類像性の原理とは，「日本語」の原理にも関わり，そこにおいては，事象生起に関わる主体の確信度が，その音韻に類像的に創発することになる．

第 3 章 「日本語」の論理 ③：「態」及び「時制」の不在　223

時間

1 有限の存続. 例えば，二つの事象の間隔や，行為または状態が持続する期間. 何
らかの手立てで言い及ばれる期間.

Shorter Oxford English Dictionary　下線部強調筆者

　英語において「時間(time)」とは，「有限の存続(a finite extent of continued
existence)」と定義される. つまり，3 次元（空間）に還元・置換されること
で把捉される概念となっている.

extent

3 The amount of space over which a thing extends; size,　dimensions,　amount.

4 Width or limits of application; scope; the limit to which something extends.

広がり

3 モノの広がりによる空間量，大きさ，体積，容量.

4 適用幅や適用限度，範囲，何かが広がる上での限度.

Shorter Oxford English Dictionary　下線部強調筆者

　したがって英語の「時制(tense)」とは，認知空間上の「距離(distance)」
が，形式として「類像的」に創発している文法カテゴリである（cf. 図 18・
19). これに対して日本語の「トキ」は，「イマ・ココ」という「場」に制
約された認知主体の意識を指し，また，「過去」は，事象の「蘇発化・現
前化」による認知主体の「確定・確述」意識として在る.「日本語」の
「トキ」とは，「イマ・ココ」という「場」における認知主体の意識のこと
であり，日本語の「過去」とは，その意識の流れの中に現れる「認知主体
の確認・確述意識(記憶)」のことなのである. この「確認・確述」意識
は，「イマ・ココ」の「場」に制約された認知主体の意識の流れの中で，
認知主体の記憶に残る事象の「蘇発化・現前化」を引き起こしている. 日
本語の「過去」は，動詞の形態の長化として創発する「客体化・客観化さ
れた認知空間」などではなく，事象生起の母体である認知主体の意識の流
れの中の，「蘇発化・現前化」現象として在る. 故に「日本語」の「トキ」
は，「客体的・客観的」な事象の存在を表象する言語形式（構文・文法カテ

224　第 3 部　言語における「主体化」論理：日本語を中心に

ゴリ）を採っていない．主体の意識の流れを表象する「主体化」された言語形式（「音」と「意味」の一致（「音象徴」），具体的にはタ行音）を採る．

　上記のことから，現代日本語に「時制(tense)」があり，それが「助動詞(auxiliary)」とカテゴライズされる「た/ta/」によって標識されるという大槻（1891）の定義は妥当性を有していないことになる．何故ならば英語の「助動詞」の機能とは，まず第一に，それが名称している様に，「動詞」に創発している事態判断の「叙法化(modalization)」にある．まず認知主体の事態判断が「動詞」の様態で在り，「助動詞」はそれが更に「叙法化(modalization)」というプロセスを介して認知的に精緻化（elaborating）されることを示す．

auxiliary

3 Grammar. Used in forming words, constructions, etc. Now spec. <u>(of a verb)　used in forming tenses, moods, aspects, or voices, of other verbs.</u>

助動詞

3 文法．単語や構文等を構成するのに用いられる．今日では特に，他の動詞の時制，法，相や態を形成するのに使われる（動詞の場合もある）．

Shorter Oxford English Dictionary　　下線部強調筆者

　「動詞」の事態判断に「叙法化」というプロセスが掛けられることで，その事態判断がより認知的に精緻化されていることを，「助動詞(auxiliary)」という文法カテゴリは表す．したがって，近代ヨーロッパ標準諸語において，「動詞」に表象される事態判断を認知的に精緻化することで機能している「助動詞」が，対象の客観的な性質を表象するとされる「形容詞」（cf.（112）a）に係ったり，日本語で指定の意味を表すとされる「助動詞」の「です」（cf.（112）b・c）や，断定の意味を表すとされる「助動詞」の「だ」（cf.（112）b）に更に係ったりするというのは，論理矛盾でしかない．

(112) a.「昨日の夜は，風が<u>すごかった</u>ね．」「風のせいか，随分<u>寒かった</u>ですしね．」
　　　 b.「今日は，どう<u>だった</u>．」「まあまあ<u>でした</u>．」

第 3 章 「日本語」の論理 ③：「態」及び「時制」の不在　225

　　c.「書類は無事でした．拾っていただき，有難うございました．」

　上記の事例に用いられている「た/ta/」は，明らかに「時制的過去」を標示していない．表象しているのは，話し手の「確認・確述」意識である．それは記憶としての事象を，「イマ・ココ」の「場」において，「蘇発化・現前化」させる認知プロセスとして在る．日本語の「た/ta/」は，「時制的過去」を標示するものではなく，ましてや「助動詞」と名称される文法カテゴリでもない．日本語の「た/ta/」は，事態判断における主体の確認・確定意識を反映する「確述活用語尾」とでも名称されるべき「主体的」文法カテゴリなのである．

　この「確述活用語尾」を，英語の「助動詞」として折衷することの論理矛盾は，つまり折衷日本語文法の論理矛盾は，山田孝雄にも指摘されていたものであった．

　　落合小中村の日本文典は形は折衷のようであるが，その実質は堀秀成権田直助の系統に属するものであったが，その後間もなく，折衷文典として大勢力を有する広日本文典があらはれた．広日本文典は明治三十年に出版せられたものであるが，その基は語法指南にある．語法指南はもと言海といふ辞書の編纂のために作つたもので，言海の首巻をなしたものであるが，その原稿は明治十五年にできたものだといふ．明治二十二年言海を出版した時にその巻首に加へて出版し，後にこれを別冊として出版し，後又それを訂正増補して広日本文典と名づけ，その広日本文典の綱文を以って中等教育日本文典と名づけ，広日本文典の補説をつくり，之を別記と名づけ，その三部をば，明治三十年に出版したのである．この書は一面において，富士谷成章，鈴木朗，本居春庭，義門等の研究を継承してその要をとり，一面において田中義廉，中根淑等の研究をも参酌し，二流を調和按排したもので，折衷派の文典としては大体において成績を挙げたものといふべきものである．本書に於ける富士谷の影響はその動詞の語尾変化の表にあらはれてゐる．すなわちその活用表は裝図に基づいて多少変更を加へたものである．また動詞のうちに「在り」の類を加へたのは富樫の説によつたものである．又八品詞を設けたことは田中以来の為す所に倣つたものである．かやうにして二者の折衷は到る所に見られ，しかも比較的に無難であつて，国語学史の上に一の時期を劃するものと見てよいであらう．そこ

で，上にも述べた形容詞と助詞とがどう取扱はれたかと見るに，その形容詞といふものは名目は西洋風であるが，実際はまさしく本邦の学者の間に伝へられた形状言に該当するものである．又弓爾乎波といふ名目を立てて助詞といふ名目さへも用ゐといふことは，国語の本性を無視しないことを示すものである．かやうにして従来難題となつてゐた点は大体解決せられたのである．しかし，深く考ふると，その動詞形容詞は従来の作用言形状言と同じく，名詞は体言におなじく，弓爾乎波また古のまゝとすれば，これらは言語四種類に述べた範囲と大差ないものである．その他の品詞，代名詞，助動詞，副詞，接続詞，感動詞が，それらの外に設けられた部分で，これが西洋流の分類を折衷した結果と見らるべきものであるが，それが果たして当を得たものか，どうか．ことに助動詞を一品詞と立てたのは西洋にもない事である．助動詞というのは西洋文典の名目であるが，それは動詞の内部の小区分に属する名目である．これを一品詞とたてたのは西洋流に見ても不合理であるので明かに失敗と評せねばならぬ．その他，こまかな点には論ずべきことが少なくない．本書はかくの如く欠陥が少なくないものであるけれども，大局から見れば，その範疇の名目は西洋文典のによつたけれども，実質は国語の特性を破ることなく，従来の研究の要をつくして組織した功は認めねばならぬ．顧みれば，鶴峯以来西洋文典の組織に目を奪はれ模倣をなし，折衷を試みて来たこと，ここに六十余年，はじめて国語をそこなふことの少い折衷文典を得たと評すべきである．而して，その前後において国文法の書が多く出たけれど，本書に及ぶものなく，本書が出てからは本書の影響を受けないものは稀である．

山田（1950，復刻 2009：250-252）下線部強調筆者

　大槻（1891）において残そうとされていた国語学の知見は，大槻・山田の後に時枝文法（1941・1947・1950・1954・1955・1956）に継承されたところもあったが，日本語文法の大勢は，折衷文法から国語学の知見を外した橋本（進吉）文法（1935・1939・1946・1948a・1948b・1969）を基とする西洋化（westernized）日本語文法（学校文法）へと収斂されていった．現在では，近代ヨーロッパ標準諸語，特に英文法のパラダイム，パースペクティブを類型論的に普遍だと信じ込む（特に生成文法を信奉する）研究者達が，国語学に豊かな知見が眠っているのを見出すことはない．認知言語学の視点において言語を研究している研究者達の中でも，認知言語学のパースペクティ

第 3 章 「日本語」の論理 ③：「態」及び「時制」の不在　　227

ブの萌芽に先駆けること 50 年前に，「意味」から「形式」の創発理由を捉えようとしていた学問の流れが日本に存在していたことを知る人は少ない．西洋化された日本語文法が，折衷文法の名称にさえそぐわない教説を当たり前の様に振り撒いている現状がある．そこでは折衷文法案の初期に存在していた，「形容詞 (adjective)」・「格助詞 (case)」・「助動詞 (auxiliary)」といった文法カテゴリの，類型論的妥当性を問題意識化するパースペクティブと思考がない．また，自国の言語の文法を，自国の言語の論理から解き明かそうとする研究姿勢も，存在していない．

第 4 章

「日本語」の論理 ④：「音＝意味」による
「主体化」と「主体化」論理の拡張及び変容

　ここまで，日本語においても従来ア・プリオリに是認されてきた文法概念・カテゴリである「主語(subject)／目的語(object)」・「形容詞(adjective)」・「格(case)」・「態(voice)」・「時制(tense)」が，類型論的にその普遍的妥当性を維持できないことを論じてきた．またその一方で，近代ヨーロッパ標準諸語の文法概念・カテゴリである「主語」・「形容詞」・「格」・「態」・「時制」が，どのような世界解釈や事態把握のあり方 (a construal through a cognitive mode) を反映することで，言語形式（構文・文法カテゴリ）として創発しているのかも論じてきた．これまでの論証から明らかになったことは，近代ヨーロッパ標準諸語の世界解釈及び事態把握のあり方と，「日本語」の世界解釈及び事態把握のあり方とは互いに異なっており，その結果，それが創発している構文・文法カテゴリも異なるという，非常にシンプルな事実であった．したがってこの結論は，日本語と近代ヨーロッパ標準諸語の間に存在する非互換性，すなわち，翻訳の不可能性も導いている．また同時にこの結論は，日本語の言説が表象しているのは「イマ・ココ」という「場」に制約された主体の意識であるので，日本語の言説は「客体性・客観性」と名称される意味（概念）を，その言語形式に創発・維持し得ないという事実にも結び付いている．日本語の言語論理においては，言説内容の妥当性は，典型的には共同注視を言語論理的に標示している「認知標識辞・は/wa/」の使用によって担保されている．この日本語の「認知標識辞・は/wa/」は，共同注視という認知メカニズムを通して，言説内容に「社会性」を創発させているのである．日本語の言説内容の妥当性が，言

230　第 3 部　言語における「主体化」論理：日本語を中心に

語論理的な「客観性」によってではなく，「社会性」によって担保されている事実に，日本の現代思想・哲学も向き合う必要がある．

　この最終章においては，上記「主語」・「形容詞」・「格」・「態」・「時制」といった文法カテゴリを必要としない世界解釈・事態把握のあり方（「認知 PA モード」を介しての「主体的」解釈・把捉）の創発が，どのような「主観」によって可能となっているのかを，もう一度確認する．「日本語」の世界解釈・事態把握のあり方を可能としているのは，環境（∋対象）と主体とは認識論的に連続して在る（「場/ba/」）という「主観」であった．それでは「日本語」の認知主体は，何故環境と自身とが認識論的に連続して在ると「主観」できるのであろうか．それは，「日本語」を用いる認知主体が「音」自体に「意味」を聴き分けていることと，深く結び付いている．「日本語」において，「音」と「意味」の関係は「主体化（音象徴）」されて在る．

　またこの章においては，環境と主体とが認識論的に連続して在るという「主観」から，その言語形式（構文・文法カテゴリ）に創発・維持し得ない「客体・客観」という意味（概念）が，何故日本語に倒錯的に創発し，定位するようになったのかを，言い換えるならば，何故日本語と近代ヨーロッパ標準諸語間に互換性・翻訳可能性が在ると信じられる様になったのかを，通時的に概観してみることにする．

1 ―「日本語」におけるオノマトペ（「様態音・語」）：「音＝意味」の「主体化」現象

　「日本語」は文字を持たなかった言語である．文字を持たなかったということは，そのコミュニケーションは発話者の声が届き，発話者の音声が存続できる時間内に限られていたということである．つまり，「日本語」のコミュニケーションは，「イマ」と「ココ」に限られていたのである．概念化者がそのコミュニケーションを「イマ」と「ココ」に限られている場合，その世界解釈及び事態把握が，「イマ・ココ」を超え出ることはない．何故ならば，自身が経験し得ない状況と対応している様な世界解釈及

第 4 章 「日本語」の論理 ④：「音 = 意味」による「主体化」と「主体化」論理の拡張及び変容　231

び事態把握とは，その言語を用いる認知主体にとっての「外部」だからである．この「イマ・ココ」という「場」に条件・制約づけられている世界解釈及び事態把握が，「認知 PA モード(Primordial and Assimilative Mode of Cognition)」を介した解釈及び把握である「主体化(modalization)」と名称される論理であった．主体の世界解釈及び事態把握のあり方は，主体が置かれているコミュニケーション環境によって，決定的に条件・制約づけられている．

　ある民族が「文字」を創り出したということは，単にその民族が文字を得たことを意味するのではない．その民族の世界解釈及び事態把握のあり方が，決定的に変化したことを意味する．つまり「文字」を創り出したということは，その民族のコミュニケーションが，「イマ・ココ」を離れることに成功したことになる．「イマ・ココ」を離れることができるコミュニケーション状況にあるとき，認知主体の世界解釈及び事態把握も，「イマ・ココ」に制約・条件付けられるものではなくなる．それがたとえ主観的であっても，「客観」という意味（概念）を言語形式（構文・文法カテゴリ）に創発させることができる様になる．「イマ・ココ」を離れた「外部」からの世界解釈・事態把握が，「認知 D モード(Displaced Mode of Cognition)」を介した解釈及び把握である「客体化(objectification)・客観性 (objectivity)・」と名称される論理であった．この「客体化・客観化」の論理に基づいて言語形式に創発している文法カテゴリが，「主語」・「形容詞」・「格」・「態」・「時制」だったのである．

　環境・聞き手を含んだ「イマ・ココ」という「場」に，自身の世界解釈・事態把握が制約・制限されている認知主体が，自然豊かな環境下で他者（言葉を違える者達）と密に遭遇（交易・戦争）することなく長きに亘り歴史的平穏状態を享受していれば，その環境内で自身の感覚・感性を研ぎ澄ませていくことは，強ち仮説の域に止まるものではないだろう．アマゾンの熱帯雨林奥地等の部族文化に共通して見られる現象でもあるだろう．日本語においてその感覚・感性の研ぎ澄ましは，まず，環境内の音を聴くことにあった．そして音の中に，音としての意味をキキ（「聴き・聞き・効き・

232　第3部　言語における「主体化」論理：日本語を中心に

利き・訊き」）トッテ（「捕って・獲って・録って・撮って・取って・採って・摂って・執って・盗って」）いる．その後，それをハナス（「放す・離す・話す」）．その音自体に意味を見出す認知メカニズム（「音象徴」）が，「日本語」の同音異義の語の数の多さと，またオノマトペの豊穣さの，母体にもなっている．

　近年，この「オノマトペ」という言語現象の本質的な意味に目を向けた研究も増えてきている（cf. Hinton, Nichols, and Ohala 1994, Voeltz and Kilian-Hatz 2001, 秋田・松本・小原 2010, 浜野 2014 等）．「オノマトペ」と名称される言語現象の本質は，認知主体者が「音」自体に意味を見出していることと，動作・行為・状態から物理的には聴こえていない「音」を，心的解釈を介した様態音として抽出していることにある．これが「音象徴(sound symbolism)」と呼ばれる言語機能現象[1]であり，特に日本語においてはこの「音象徴」が，日本語が「日本語(やまとことば)」として機能する上での中核原理となっている（cf. 阪倉 1966・1978（2011）・1993，熊倉 1990・2011，渡部 2009）．例えば日本語は，静寂又は沈黙にさえ，「様態音（「し〜ん・しんしん」）」を聴き取る．静寂・沈黙に様態音を聴き取る他の文化感性の存在を，筆者は寡聞にして知らない．

　ここで述べる日本語のオノマトペとは，擬声語・擬音語・擬態語の3種を包括した「様態音・語」のことである．世界中の各言語がどの程度のオノマトペを有しているのか確かなことは判らないが，少なくとも英語と日本語のオノマトペ数には大きな差が在る．一説には，日本語のオノマトペ数は英語の3倍，1200種，その基本語は4500語にも上るとされている（cf. 山口 2002, 小野 2007・2009）．ただ日英語間において，オノマトペ数に差が在るということは，ある言語現象の裏返しになっている．すなわち，従来「形容詞(adjective)」とされてきたものや，「動詞(verb)」のレヴェルで数の比較を行えば，近代英語成立までの特殊な通時的変遷という理由もある

　1）　英語において代表的な事例となるのは，stream, street, stretch, streak, striat, straight, striate などの語において，str- という音には共通して「長く伸びる」という意味が担われていることなどである．

第4章　「日本語」の論理 ④：「音＝意味」による「主体化」と「主体化」論理の拡張及び変容　233

が，英語の方が圧倒的に数は多くなる．試みに「歩く」という「動詞
(verb)」を辞書で調べると，英語では，

（113）a. ankle / foot / heel / hoof / pad / schlep / squash /step / swing / tread / troop /
　　　　　 walk / stroll / strut / trudge / toddle
　　　　　　　　　　　　『英辞郎 on the web』及び『goo 辞書』の検索による「歩く」

の様な語を挙げることができる．これに対して，日本語音の /aruku/ に該
当する「動詞」は，「歩く」の1語のみである．英語は様態の異なる歩き
方を，その「動詞」の違いで表現するが，日本語は異なる様態の動作・行
為を「動詞」の違いで表さない．多くの場合，「オノマトペ（様態詞）」を
用いるのである．異なる様態の動作・行為を「動詞」の違いで表さないと
いうことは，事態把握のあり方（疑念化）も異なることを意味する．日本
語は，「歩く/aruku/」の様態に次の様な「音」を聴き出し，

（113）b. とぼとぼ・よちよち・うろうろ・ふらふら・ぶらぶら・どんどん・
　　　　　 とことこ・のっしのっし・そろそろ・そろりそろり・すたすた・
　　　　　 ちょこちょこ・ずしんずしん・こそこそ・えっさえっさ・どうどう・
　　　　　 どかどか・ぺたぺた・よたよた・ずんずん・へたへた

と「歩く」．日本語は動作・行為・状態の様態に，「音象徴」を見出す論理
の言語なのである．因みに五味太郎 (2004) は，重ね言葉による主要な擬
態語を，次の様にまとめている（次頁の表）．
　「日本語」においてこれらの重ね言葉は，「様態音・語」の一部しか成し
ていないだろうが（例：きらり・じっくり・しっとり・ぱっ・ぎくり・のんび
り・ダーン・バーン等），それでも多岐に亘る．そしてこれら重ね言葉に目
を通していて気が付くことは，「様態音・語」の「意味」を言い換えるこ
との難しさである．例えば私達日本人にとって「さらさら」という重ね音
は，その音自体に意味を感じ取ることができる「様態音・語」であり，そ
れを別の表現に換えることが難しい．つまり「さらさら」という「様態
音・語」は，表面が滑らかな何かが，連続的に触れ合っている様態を「音

234　第 3 部　言語における「主体化」論理：日本語を中心に

表 23. 重ね言葉一覧

あ	あおあお　あかあか　あきあき　あらあら　ありあり　あれあれ
い	いきいき　いがいが　いちゃいちゃ
う	うかうか　うすうす　うつうつ　うつらうつら　うねうね　うはうは　うようよ　うんうん
え	えっさえっさ　えんえん
お	おいおい　おさおさ　おせおせ　おそるおそる　おめおめ　おやおや　おりおり　おんおん
か	かさかさ　がさがさ　かしゃかしゃ　がしゃがしゃ　かすかす　かずかず　かたかた
	がたがた　がたんがたん　がちがち　かちゃかちゃ　がちゃがちゃ　かちんかちん　かつかつ
	がっぽがっぽ　かねかね　がばがば　からから　がらがら　からんからん　かりかり
	がりがり　かるがる　がんがん
き	きいきい　ぎいぎい　ぎこぎこ　きしきし　ぎしぎし　きちきち　ぎちぎち　きちんきちん
	きつきつ　ぎとぎと　きゃあきゃあ　ぎゃあぎゃあ　きゃっきゃっ　きゃぴきゃぴ
	きゅっきゅっ　きょときょと　ぎょろぎょろ　きらきら　きりきり　ぎりぎり　ぎろぎろ
	ぎんぎん
く	くうくう　ぐうぐう　ぐさぐさ　くしゃくしゃ　ぐしゃぐしゃ　ぐしょぐしょ　くすくす
	くだくだ　ぐたぐた　ぐだぐだ　ぐちぐち　くちゃくちゃ　ぐちゅぐちゅ　ぐちょぐちょ
	くっくっ　ぐつぐつ　ぐでんぐでん　くにゃくにゃ　ぐにゃぐにゃ　ぐびぐび　ぐらぐら
	くりくり　ぐりぐり　くるんくるん　ぐるんぐるん　くろぐろ　くんくん
け	げこげこ　げそげそ　けたけた　げたげた　けちょんけちょん　けらけら　げろげろ
こ	こうこう　ごうごう　ごきごき　ごくごく　ごしごし　こせこせ　ごたごた　こちこち
	こちょこちょ　ごちょごちょ　こっくりこっくり　ごつごつ　ごつんごつん　ごてごて
	こてんこてん　ことこと　ごとごと　ごんごん
さ	さあさあ　さくさく　ざっくざっく　ざっくりざっくり　ざっざっ　ざぶざぶ　ざぶんざぶん
	さまざま　さやさや　さらさら　ざらざら　さわさわ　ざわざわ　さんさん　ざんざん
し	じいじい　しかじか　じきじき　じくじく　しこしこ　しとしと　しなしな　しましま
	しめしめ　じめじめ　じゃあじゃあ　しゃかしゃか　じゃかじゃか　しゃきしゃき
	しゃなりしゃなり　じゃらじゃら　しゃりしゃり　じゃりじゃり　しゃんしゃん
	じゃんじゃん　しゅうしゅう　じゅうじゅう　しゅるしゅる　しゅんしゅん　じょきじょき
	しょぼしょぼ　じょりじょり　じょろじょろ　しらじら　しらずしらず　しわしわ
	じわりじわり　しんしん　じんじん
す	すうすう　すかすか　ずきんずきん　すけすけ　ずしんずしん　すたすた　すっすっ
	すぱすぱ　ずばずば　ずぶずぶ　すべすべ　すみずみ　ずらずら　ずんずん
せ	せいせい　ぜいぜい　ぜえぜえ　せっせせっせ
そ	そうそう　そこそこ　そよそよ　そろりそろり
た	たえだえ　たかだか　だくだく　たびたび　たまたま　たんたん　だんだん
ち	ちかちか　ちまちま　ちゃかちゃか　ちゃきちゃき　ちゃくちゃく　ちゃぽちゃぽ
	ちゃらちゃら　ちゅうちゅう　ちょいちょい　ちょきちょき　ちょくちょく　ちょぽちょぽ
	ちょろちょろ　ちりちり　ちりんちりん　ちろちろ　ちんちん
つ	つうつう　つぎつぎ　つくづく　つぶつぶ　つらつら
て	てかてか　でかでか　でぶでぶ　てらてら　でんでん
と	とうとう　どうどう　どかどか　とくとく　どくどく　とげとげ　とことこ　どさどさ
	どしどし　どすどす　とっとっ　とびとび　どほんどほん　どやどや　とろとろ

第 4 章 「日本語」の論理 ④：「音＝意味」による「主体化」と「主体化」論理の拡張及び変容　235

な　なくなく　なみなみ

に　にじにじ　にたにた　にちゃにちゃ　にまにま　にゅるにゅる　にょきにょき

ぬ　ぬけぬけ　ぬめぬめ　ぬらぬら

ね　ねとねと

の　のうのう　のしのし　のっしのっし

は　はあはあ　はいはい　ぱかぱか　ばさばさ　ばしばし　ばしゃばしゃ　はたはた　ぱたぱた
　　ぱちぱち　ばちゃばちゃ　はやはや　ばらばら　ばりばり　はればれ　ばんばん　ぱんぱん

ひ　ひいひい　びいびい　ぴいぴい　ひえひえ　びくびく　ぴくぴく　ぴこぴこ　ひしひし
　　びしびし　ぴしぴし　ひたひた　ぴたぴた　ぴちぴち　びちゃびちゃ　ぴちゃぴちゃ
　　びちょびちょ　ひゃらひゃら　ひゅうひゅう　びゅうびゅう　ぴゅうぴゅう　ひゅるひゅる
　　びゅんびゅん　ひょいひょい　ひょうひょう　ひょこひょこ　ぴょこぴょこ　ぴよぴよ
　　びらびら　ぴらぴら　ぴりぴり　ひろびろ　ひんひん　びんびん　ぴんぴん

ふ　ふうふう　ぶうぶう　ぷうぷう　ふかふか　ふかぶか　ぶかぶか　ぷかぷか　ぶくぶく
　　ふさふさ　ぶすぶす　ふつふつ　ぶつぶつ　ぷつぷつ　ふにゃふにゃ　ぷよぷよ　ふらふら
　　ぶりぶり　ぷりぷり　ぷりんぷりん　ぶるんぶるん　ふわふわ　ふんふん　ぶんぶん
　　ぷんぷん

へ　ぺいぺい　ぺかぺか　へこへこ　ぺこぺこ　へたへた　ぺたぺた　べちゃべちゃ
　　ぺちゃぺちゃ　へとへと　べとべと　ぺとぺと　べりべり　へろへろ　べろべろ
　　べろんべろん　ぺんぺん

ほ　ほいほい　ぽいぽい　ほうほう　ほきほき　ぽきぽき　ほくほく　ぽこぽこ　ほそほそ
　　ぼたぼた　ぼちぼち　ぽちぽち　ぼちゃぼちゃ　ぽちゃぽちゃ　ぼつぼつ　ぽつぽつ
　　ぽつんぽつん　ほてほて　ほとほと　ほどほど　ほとぼと　ぽとぽと　ほのぼの　ぼやぼや
　　ぼりぼり　ぽりぽり　ほろほろ　ぼろぼろ　ぽろぽろ　ぼろんぼろん　ぽろんぽろん
　　ぼんぼん　ぽんぽん

ま　まあまあ　まえまえ　まごまご　まざまざ　ますます　まずまず　またまた　まるまる
　　まんまん

み　みいんみいん　みしみし　みしりみしり　みすみす　みちみち　みなみな　みゃくみゃく
　　みりみり　みるみる

む　むくむく　むざむざ　むしゃむしゃ　むちむち　むらむら

め　めためた　めちゃめちゃ　めらめら　めりめり　めろめろ　めんめん

も　もくもく　もぐもぐ　もこもこ　もごもご　もしもし　もしゃもしゃ　もじゃもじゃ
　　もそもそ　もぞもぞ　もてもて　もともと　もやもや　もろもろ

や　やあやあ　やいやい　やいのやいの　やまやま　やれやれ

ゆ　ゆくゆく　ゆめゆめ

よ　よいよい　よくよく　よしよし　よたよた　よちよち　よれよれ

ら　らくらく　らんらん

り　りいんりいん　りゅうりゅう　りんりん

る　るいるい　るんるん

れ　れろれろ　れんれん

ろ　ろくろく

わ　わあわあ　わさわさ　わなわな

五味（2004：附属表）一部文中より筆者付加

236　第3部　言語における「主体化」論理：日本語を中心に

象徴」しているが，私達はその表面が滑らかな何かが，連続的に触れ合っ
ている様態を表象する「動詞」及び近代ヨーロッパ標準諸語でいうところ
の「形容詞」を持ち合わせていないのである．それは品詞カテゴリにおい
て，英語の 'bicker'・'rustle'にも，'smooth'・'fluent' にも対応していない．
何故ならば，「日本語<ruby>やまとことば</ruby>」の「オノマトペ（「様態音・語」）」は，主体が事象
の生起に意識を重ね合わせたときに，「主体化」された「音＝意味」の関
係として捉えられたものであり，「動詞」及び近代ヨーロッパ標準諸語で
いうところの「形容詞」として創発する以前の事態把握（概念化）に拠る
言語形式（構文・文法カテゴリ）だからである．「客体的・客観的」な意味
（概念）である「動詞」を創発させている /bíkər/・/rʌsl/・/smúːð/・/flúːənt/
という音とは，その機能・本質を異ならせている[2]．「さらさら」が表象
する事例は，次の様なものである．

(114) a.「彼女の髪は，さらさら / さらさらだ / さらさらしてる / さらさらやね」
　　　 b.「風に笹の葉が，さらさら揺れている / 小川が，さらさら流れている」
　　　 c.「彼女は短冊に七夕の願いをさらさら書いた」
　　　 d.「さらさらな絹の布地 / さらさらの砂ですね」

　「さらさら」が「様態音」として特定のモノを表象しているのならば，
若しくはその音が生じている特定の状態を表象しているのならば，それは
「名詞」または「形容詞」としてカテゴライズすることが可能である．し
かしそのカテゴリ定義は，(114) b の「さらさら揺れている / さらさら流
れている」，及び (114) c の「さらさら書いた」と矛盾する．また「副詞」
とカテゴライズされるならば，そのカテゴリ定義は (114) a の「さらさら
/ さらさらだ / さらさらしてる / さらさらやね」，及び (114) d の「さらさ
らな絹の布地 / さらさらの砂」と矛盾するのである．
　日本語の「様態音・語」の「さらさら」は，「名詞」でも，「形容詞」で

───────────────

　2）　本来は「日本語」以外，英語等においても，「音象徴」を内包して顕現してい
　　　る事例は多いだろう．glitter・glisten・glimmer・gleam における gl-という音な
　　　ど．

第4章 「日本語」の論理 ④：「音＝意味」による「主体化」と「主体化」論理の拡張及び変容　237

も，また「副詞」・「動詞」でもない．このことを逆に述べれば，日本語の「様態音・語」の「さらさら」は，近代ヨーロッパ標準諸語の品詞カテゴリである「名詞」・「形容詞」・「副詞」・「動詞」といった品詞カテゴリに，部分的に分化することが可能な意味（概念）でもあることになる．つまり日本語の「様態音・語」の「さらさら」は，近代ヨーロッパ標準諸語の品詞カテゴリである「名詞」・「形容詞」・「副詞」・「動詞」といった「客体的・客観的」な品詞カテゴリが創発する以前の世界解釈・事態把握が，言語形式に創発している事例なのである．そこにおいては「音＝意味」であるために，「音」と「意味」の関係は「主体化」されており，そしてこの「主体化」は，事象・環境と認知主体の意識とが，認識論的に地続き（シンクロ）状態にあることで可能となっている．認知主体の意識も「表面が滑らかな何かが，連続的に触れ合っている様態」であるとき，その認知主体の意識に，「さらさら/sara sara/」という「主体化」された「音＝意味」の関係が生起するのである．認知主体の意識と対象・環境とが未分化のまま事態が把捉されたときに創発するのが，「音＝意味」という「主体化」された関係から成る「オノマトペ（様態音・語）」という言語形式なのである[3]．そしてこの始原的な認知メカニズムこそが，日本語に「名詞・動詞」といった品詞カテゴリを生じさせる機能も担っているのである．私達は「様態音・語」の「さらさら」を基にして，「サラサ（洗剤・ボールペンの名）」という名の新しい「（日本語の）名詞」が創り出されても，そのイメージを理解・共有することができる．それは「日本語」の論理が，「音象徴（音＝意味）」を原理として語彙を作り出しているからである．

3）　これは，第3部第1章1・4節で述べた「日本語」の「認知様態詞（従来，形容詞）」とされた文法カテゴリが創発する認知メカニズムと，同じものである．主体と対象（環境）が認知的に地続き（「主客未分化」）状態に在るときの事態把握の創発現象として在る．

238　第3部　言語における「主体化」論理：日本語を中心に

2 ─「日本語<ruby>（やまとことば）</ruby>」の語彙生成：「音象徴（音＝意味)」による「膠着」生成の認知メカニズム

　事例（114）で用いた「様態音・語」の「さらさら」は，『広辞苑』においては次の様に定義される.

さら─さら
①乾燥した軽くて薄いものや小さいものが触れ合って発する連続音. また, そのさま.「ススキの穂が―鳴る」
②浅い川の水が小石などに当たりながら淀みなく流れる音. お茶漬をかきこむ音. また, そのさま.「小川が―と流れる」
③流れるように字や絵をかくさま.「短冊に―と書く」
④油気・粘り気・湿気がなく心地よく乾いているさま.「―した砂」

　軽いもの，小さなもの，または水等の様なものが互いに，または別のものと触れ合う際にキキ（「聴き・聞き・効き・利き・訊き」）トラレ（「捕られ・獲られ・録られ・撮られ・取られ・採られ・摂られ・執られ・盗られ」）ているのが「さらさら/sara sara/」という「様態音・語」である. 古典においては次の様に使われていた.

(115) a. 海のおもていと騒がしう, さらさらと騒ぎたり. 藤原道綱母『蜻蛉日記』
　　　 b.（原文）多麻河泊尓 左良須弖豆久利 佐良左良尓 奈仁曽許能兒乃 己許
　　　　　　　太可奈之伎
　　　　（仮名）たまかはに さらすてづくり さらさらに なにぞこのこの ここだ
　　　　　　　かなしき
　　　　（訓読）多摩川にさらす手作りさらさらになにぞこの子のここだ愛しき
　　　　　　　　　　　　　　　　　　　　　　　　武蔵國歌『万葉集』14 巻 3374
　　　 c.（原文）我背子之 将来跡語之 夜者過去 思咲八更々 思許理来目八面
　　　　（仮名）わがせこが こむとかたりし よはすぎぬ しゑやさらさら しこり
　　　　　　　こめやも
　　　　（訓読）我が背子が来むと語りし夜は過ぎぬしゑやさらさらしこり来めやも

第 4 章　「日本語」の論理 ④：「音 = 意味」による「主体化」と「主体化」論理の拡張及び変容　239

正述心緒『万葉集』12 巻 2870

d.　（原文）道邊之　乎花我下之　思草　今更尓　何物可将念

　　　（仮名）みちのへの　をばながしたの　おもひぐさ　<u>いまさらさらに</u>
　　　　　　　なにをかおもはむ

　　　（訓読）道の辺の尾花が下の思ひ草<u>今さらさら</u>に何をか思はむ

寄草『万葉集』10 巻 2270

　（115）a においては，海が「さらさら」騒いでいる．（115）b においては，麻布が流れる水と接触させられている．流れる水と接触させることで，「晒す（sara su）」という「動詞」が派生し，そこからまた「晒（sara-shi）」という「名詞」も派生する．また初期段階においては，木の葉等でできた薄く触れ合う「皿・盤（sara）」でもあるだろう．さらに，「さらさら/sara sara/」と途切れることのない流れのイメージが，「更に/sara ni/・更々に/sara sara ni/」と意識が先に進む「様態音・語」を生み出す（115）c．しかしそれが今というトキにおいて止められてしまうと，「今更/ima sara/」という語彙へ拡張することになる（115）d.

　このように「日本語」においては，「名詞・動詞」でさえも，「音 = 意味（音象徴）」の原理から創発するのである．キク（kiku: 聴く・聞く・効く・利く・訊く）は，心身（囲まれた場所）への出来［キ「城（ki）」ク「来（ku）」］という音象徴原理により成り立ち，トル（toru: 捕る・獲る・録る・撮る・取る・採る・摂る・執る・盗る）は，手元に留める［ト「処・止（to）」ル「留（ru）」］という音象徴原理により成り立っている．「キ/ki/・ク/ku/・ト/to/・ル/ru/」のそれぞれの音に意味が聴き取られ，音自体の意味の合成として，「聴き取る」が成立するのである．ハナス（hanasu: 話す・放す・離す）も，内から外へと出す［フ「吹（fu）」ハク「吐（haku）」ヒル「放（hiru）」ナ「成（na）」ス「為（su）」→ /hanasu/］の「音 = 意味」の合成としてある．「聴く・聞く・効く・利く・訊く」際には，その「音象徴（「音 = 意味」）」が［キ「城（ki）」ク「来（ku）」］であることが，「捕る・獲る・録る・撮る・取る・採る・摂る・執る・盗る」際には，その「音象徴」が［ト「処・止（to）」ル「留（ru）」］であることが，「話す・放す・離す」際に

240　第3部　言語における「主体化」論理：日本語を中心に

は，その「音象徴」が［フ「吹（fu）」ハク「吐（haku）」ヒル「放（hiru）」ナ「成（na）」ス「為（su）」]であることが，「日本語」を用いる私達には，言語感性として身体化されている．私達は「音」を聴くだけで，これらの語生成に用いられている「日本語」の論理（「主体化・身体化」された「音＝意味」の関係）を知覚するのである．近代ヨーロッパ標準言語の世界解釈及び事態把握は，「類像性」を介して，その形式（構文・文法カテゴリ）に「客体的な特性（例えば，認知空間上の距離）」を創発させる．これに対して，「日本語」の世界解釈及び事態把握は，「類像性」を介して，その形式に「音＝意味の関係（音象徴の原理）」を創発させている．「日本語」における「類像性の原理」の中核には，「音象徴」が存在するのである．

　「日本語」のス/su/ は，対象に働きかける認知主体の意志を様態する音（「為」：従来「他動詞化語尾」）であり，ル/ru/ は，主体または対象に状態が生じるのを様態する音（「留」：従来「自動詞化語尾」）である．

表24.「日本語」のス/su/・ル/ru/の「音＝意味」関係

ス/su/	マハス / タス / サ（ス）ス　 /　　ワカラ（ル）ス　 /　　トラ（ル）ス
	ス→サ音便　　　　ル→ラ音便
ル/ru/	マワル / タル /　　スル　　 /　 ワカル⇔ワカレル　 /　　 トル⇔トレル
	サ（ス）セ（ス）ル / ワカラ（ル）セ（ス）ル / トラ（ル）セ（ス）ル
	ス→サ / ス→セ音便 ル→ラ / ス→セ音便 ル→ラ / ス→セ音便

　上記の表は，ス/su/ 音が他動詞化語尾であり，ル/ru/ 音が自動詞化語尾であることを標示しているのではない．この表は，「日本語」の「動詞」生成原理を物語る．つまり，ル/ru/（留）は状態が生じること，ス/su/（為）は意思行為であることを表すのである．それを基に，スル/suru/（為留）は，意思行為によって状態が生じること，サ（ス）ス/sasu/（為為）は，自身の意思行為と働きかけた相手の意思行為を表す．更に，サ（ス）セ（ス）ル/saseru/（為為留）は，自身の意思行為と，働きかけた相手の意思行為によって，状態が生じることを表すのである．「音象徴」に基づいた「日本語」の膠着原理を示すのである．「音象徴」に基づいたこの膠着原理は，先にも述べたが，「日本語」の「語彙」生成の原理なのである（例：ワカル→ワカラ

第 4 章 「日本語」の論理 ④：「音＝意味」による「主体化」と「主体化」論理の拡張及び変容　241

（ル）ス→ワカラ（ル）セ（ス）ル，トル→トラ（ル）ス→トラ（ル）セ（ス）ル[4]．「日本語」の「セ/se/＋ル/ru/動詞」の創発には，この認知主体の意思行使（「為/su/」）と意思行使の結果生じる状態（「ル（留）/ru/」）が，「音象徴（「音＝意味」）」に基づいて膠着していく原理を表すのである．

　このように，「オノマトペ」及び「日本語」の語彙形成の本質が，「音象徴（「主体化」された「音＝意味」の関係）」であるために，私達は次の様な事例において，「音象徴」が表象している様態を鮮明に心象化することができる．

(116) a.「てぇやんでー．こちとらちゃきちゃきの江戸っ子よ．宵越しの銭は持たねぇ」
　　　b.「どうでっか，もうかりまっか」
　　　　「ぼちぼちでんなぁ」
　　　c.「どいつもこいつも，ふにゃふにゃしやがって…，お前たちにはちょっとは性根ってものがないのか」
　　　d.「今日は生きの良いのが入っているよ，鰯とかお勧め」
　　　　「ほんと，この鰯ピチピチしてる」
　　　e. 春の海　終日のたり　のたりかな　　　　　　　与謝蕪村『蕪村俳句集』
　　　f. 水枕ガバリと寒い海がある　　　　　　　　　　西東三鬼『西東三鬼句集』

　この「音象徴（「音＝意味」の「主体化」関係）」はここまで述べてきた様に，「日本語」の中で種々にカテゴリ化される，語彙（構文）が創発する際の根本原理として機能している．渡部正路も，「日本語」の「名詞」の生成について次の様に述べている．

　　上代語には単音節の名詞が 150 語ほどあるといいます．足もア，畦もアだった時代があったのです．しかし，奈良時代以降，次第に単音節のコトバは少なくなってきます．どのようにして，単音節の語が複音節化したのでしょうか．
　　　　ハシ　　　ハナ　　　ハタ

―――――――――――
　4）　既に第 3 部 3 章 1 節 3 項において，「日本語」の「れる/reru/・られる/rareru/」が事象生起・推移の不可避性を表象することは述べた．

242　第3部　言語における「主体化」論理：日本語を中心に

　これらはいずれも「端」の意の語ですが，古く，端を「ハ」と言ったものを，このハにシ・ナ・タなどの音を付加して二音節語にしていることがわかります．これを名詞の多音節化接尾辞ということにします．

　ハシ（端）のシは，ムカシ（向＋シ，昔），ハヤシ（生＋シ，林），アラシ（荒＋シ，嵐）などの語に用いられています．2音節でも，フシ（節＋シ，節），ニシ（逃＋シ，西），アシ（足＋シ，足）などの語を作っています．

　ハナと言う語も「先端」の意味の語で，これはハ（端）にナが付いた語です．ナ行の接尾辞は，カヒナ（交ヒ＋ナ，臀），カバネ（被＋ネ，屍），セナ（背＋ナ，夫），ヤネ（屋＋ネ，屋根）のように多数あります．「長い・伸びている・続く」などの意が本来あったのでしょう．

　ハタもハ＋タですが，エダ（枝），ワダ（曲），アシタ（朝）などのタと同じものでしょう．

　このように，1音節語では弁別性が弱いために，シ（ス・サ）・ナ（ネ・ノ）・タ（ダ）・ラ（ロ）などの語を付して2音節化を図るということが行われたようです．

　名詞の構造は46ページに示した通りです．3音節語は動詞の名詞形か1音・2音の合成によってできており，2音節語も動詞の名詞形の他は，1音＋1音の合成語です．

　結局，名詞はハ（端），エ（枝），ト（処）と言った1音節名詞が最も基本的な形ということになります．

表25. 大和言葉の典型的な名詞多音節化辞

［ シ ］	ムカシ（昔）	アラシ（嵐）	イマシ（汝）
［ ナ ］	カヒナ（臀）	オキナ（翁）	イロネ（兄弟）
［ タ ］	エダ（枝）	ワダ（曲）	アシタ（朝）
［ ラ ］	ハシラ（柱）	タカラ（宝）	タバリ（束）

渡部（2009: 58-59）下線部強調筆者

　「日本語」の論理は，主体と環境が認識論的に地続き（『主客未分化』）状態にある中で，事象に「意味」ある「音」を聴き分ける．それが上記，渡部（2009）や阪倉（1966・1978（2011）・1993），熊倉（1990・2011）が触れている上代語のあり方であり，そこにおいては「音」は「意味」であり，「意味」は「音」であったのである．文字を得た後の「日本語」において

も，「表音＝意」文字の形態として，この語彙生成の原理は保持されてきたのである．

3 ー「日本語（やまとことば）」の原母音：/a/・/i/・/u/ の 「音象徴（音＝意味）」と語彙生成の認知メカニズム

ここにおいては，上代「日本語（やまとことば）」の語彙研究が未だ十分ではない状況から仮説に留まるところもあるが，上代語辞典編修委員会 (1967)，阪倉 (1966・1978 (2011)・1993)，大野 (1974)，松本 (1995)，熊倉 (1990・2011)，渡部 (2009) に連なって，「日本語」の語彙生成に関わる重要な視点であるので，「日本語（やまとことば）」の「原音象徴」を論じる．それは，色彩に「3原色」が在る様に，「日本語」の語彙形成に関わって，3つの母音 (「3原母音」) の機能論（世界解釈・事態把握）となる．

類型論的に言って，「動詞 (verb)」と「形容詞 (adjective)」とされる文法カテゴリの意味論的な区別は，'process（経過）' と 'atemporal relations（「経過を伴わない関係」）' に見出せるであろう．ラネカーは「動詞」と「形容詞」の定義付けに関わり，次の様に述べる．

Relational predictions are divided into those that profile "processes", and those that designate "atemporal relations". The set of processual predictions is coextensive with the class of verbs. By contrast, atemporal relations correspond to such traditional categories as prepositions, adjectives, adverbs, infinitives, and participles. The nature of the intended distinction requires explicit characterization, since it is not at all self-evident. What do I take to be a process? In what sense do I say that a verb is temporal, while other relations are atemporal?

関係叙述は，「経過」をプロファイルするものと「経過を伴わない（非時間的）関係」を示すものに分かれている．経過を叙述するものは，動詞のクラスと共にある．それに対して，非時間的関係は，前置詞や形容詞，副詞，不定詞，そして分詞のような伝統的カテゴリに該当する．こうしたことはまだ自明になっていないので，この区別の本質が知られるために，明示的に判別できる特徴が必要である．経過とは何を意味するのか．どのような意味合いにおいて，動詞は時間的であると言えるのか．一方，他の関係は非時間的であると言えるのであろうか．

Langacker （2002: 78）

244　第 3 部　言語における「主体化」論理：日本語を中心に

　私達もこのラネカーの記述に対応して，日本語の「動詞：‘process（経過）’」及び「認知様態詞：‘atemporal relations（非時間的関係）’」が，どのような認知メカニズムに拠って「日本語」に創発しているのかを解明しなければならない．またその認知メカニズムが，「名詞」と呼ばれる文法カテゴリの創発と，どのように関連しているのかも，解明しなければならない．

　第 3 部 2 章 4 節 2 項において，「上代特殊仮名遣」の存在に触れたが，古代「日本語」において，基本短母音は 3 つであったと考えられる．その第一の理由は，奄美・琉球諸語の基本的な母音が，/a/・/i/・/ï/・/u/ の 4 つ（奄美 / 宮古・八重山），または，/a/・/i/・/u/ の 3 つ（沖永良部・与論・沖縄諸島 / 与那国）（cf. 外間 2000，沖縄大学地域研究所 2013）に集約されることである．第二の理由は，発音上 /ia/ から短母音として甲類の /e/ 音　（例：咲けり［咲き /saki/ あり /ari/ → sakia（いぁ）ri → sake（え）ri］）が，/ai/（/ui/・/oi/）から長母音としての乙類 /ë/ 音　（例：嘆き［（長息）/nagai（あい）ki/ → /nagë（え－）ki/]，大概［/tai（あい）gai（あい）/ → /të（え－）gë（え－）/]）が，創発したと推定できるからである．同時に，乙類 /ï/ は，神（/kamu/ → /kamui（うぃ）/ → /kamï（い）/）または月（/tuku/ → /tukui（うぃ）/ → /tukï（い）/）の様な音変化から，創発したと推定できる．乙類 /ö/ は，持つ（/mutu/ → /muo（うぉ）tu/ → /mö（お）tu/）の様な音変化から創発したと推測できるのである（cf. 上代語辞典編修委員会 1967，阪倉 1966・1978（2011）・1993，大野 1974，松本 1995，片柳・村上 1999，渡部 2009[5]）．乙類 /ë/ 音及び乙類 /ö/ 音が，長母音化の過程で生じていること，/ia/ 音が 1 音化の方向へ崩れて甲類 /e/ 音が生じている現象が観察されることと，琉球諸語の母音の観察によって，日本語の /e/・/o/ 音は，/a/・/i/・/u/ 音より後に現れてきた「音」と推定できるのである．

---

　5 ）　音変化に関わる部分の記述は，上代語辞典編修委員会（1967），阪倉（1966・1978（2011）・1993），大野（1974），松本（1995）を参照したが，特に渡部（2009）の纏めに基づいた．

表 26. 「日本語」と琉球諸語の母音数の比較

日本語	奄美	沖永良部・与論・沖縄諸島	宮古・八重山	与那国
/a/	/a/	/a/	/a/	/a/
/e/	いう /ï (i (u))/	/i/	/i/	/i/
/i/	/i/	/i/	いう /ï (i (u))/	/i/
/o/	/u/	/u/	/u/	/u/
/u/	/u/	/u/	/u/	/u/

表 27. 3 原母音と他母音の創発関係（日本語 8 母音説の背景）

	前　舌	中　舌	後　舌
高母音	/i/	/ï/	/u/
中母音	/e/	/ë/	/o/　/ö/
低母音		/a/	

　　上代特殊仮名遣における甲・乙類音の問題は，上代「日本語」の資料が十分でないこともあり確定的なことを述べることはできない．但し，確定的なことは述べられないにしても，上記表 27 は上代特殊仮名遣の甲・乙類音の問題（「渡り音」）を説明し得るだろう．ただこの章の目的は，日本語と琉球諸語の比較等から，母音の /a/・/i/・/u/ が「日本語」（及び琉球諸語）の語彙生成において，認知的な役割を担っていることにある．

　　これまでの論述及び上記 2 表のまとめを参照することから，「日本語」においても一番深い「音＝意味：主体化（身体化）」の関係に在る母音は，/a/・/i/・/u/ の 3 つであると推定できる（cf. 松本 1995）．この「音＝意味：主体化（身体化）」の関係において，**/a/** は「天(ama/ame)・穴・跡（足）・網・欠伸・阿吽（あうん）等」（cf. 上代語辞典編修委員会 1967，阪倉 1966・1978(2011)・1993，大野 1974，渡部 2009 等）の事例からイメージできる様に，「（心理的・物理的な）空間の出来」を意味する「音」と理解できる．**/u/** は

246　第3部　言語における「主体化」論理：日本語を中心に

語末に付くことで「動詞」が創発することからも判る様に，「プロセス(経過)の創発」を意味する「音」と，また同様に，/i/ は語末に付くことで「認知様態詞(従来，形容詞)」が創発することからも判る様に，「非プロセス(様態)の創発」を意味する「音」と理解できる．こうした前提を基に「あく」という語を見てみる．

「あく(空く・開く・明く・飽く⁶⁾)」とは，出来した空間（「あ/a/」）の到来（/k/）が，プロセス化（く・来「/ku/」）されることにより生成された「動詞(プロセス把握：経過)」であることが判る．空間の到来というプロセス化が外される（/u/ → /i/：様態化する）と，「あき(空き・飽き・秋)」という「名詞(非プロセス把握：様態)」が創発する．「あき(空き・飽き・秋)」という「名詞(非プロセス把握)」は，「あく(空く・開く・明く・飽く)」という「動詞」の「様態化」によって創発している⁷⁾．「あく/aku/」が非プロセス把握されることで，「あき/aki/」という「様態化名詞(語末/i/ 音の名詞)」が創発するのである．「名詞(非プロセス把握)」が「動詞(プロセス把握)」の「様態化」から創発するということは，「日本語」の「名詞」に，「プロセス把握」が認知主体の中で「非プロセス化：様態化」されることで創発する事例があることを意味する（「読み・書き・泣き・笑い」等）．「日本語」において，「主体化」の認知メカニズムを介して創発している「名詞」が在ることを意味するのである．「日本語」において，「認知様態詞(従来，形容詞)」及び「動詞」・「名詞」でさえも，「主体化」の認知メカニズムによって創発するということは，「日本語」の成立全般に「主体化(modalization)」という認知メカニズムが深く関わっていることを意味するのである．

更に，「あき/aki/」に対して「あか/aka/」の生成が対比されるが，「あか/aka/」とは，「動詞(プロセス把握)」の「あく/aku/：(空間・あ/a/ ＋到来・く(来)/ku/)」が，非プロセス化されて「様態化名詞」の（「あき/aki/:（空間・

6）「飽く」とは，元々は広がり充足することであり，日本が「秋津洲・秋津島」と呼ばれたのは，豊かに充足した洲・島の意味と解される．「秋」とは実りまでに充足すること．

7）「読み」・「書き」・「浮き」・「沈み」・「見聞き」・「洗い」・「濯ぎ」・「開き」「弾き・引き」・「笑い」・「嘆き」・「戦い」・「論（アゲツラ）い」等々．

あ/a/ +到来・き（来)/ki/」）となり，それが再度（心理的・物理的）空間（「あ/a/」）として出来する（「出来化名詞」に拡張される）ことを意味する．「日本語」において「あか/aka/」とは「垢」であり，浮き上がり出たものを意味する．「あき/aki/」という「様態化名詞」が，「あか/aka/」という「出来化名詞」へと拡張されている．

　この「あ/a/（空間出来の知覚)」→「あく/aku/（プロセス把握・動詞)」→「あき/aki/（非プロセス把握・様態化名詞)」→　+「あ/a/（空間出来の知覚)」→「あか/aka/（非プロセス把握・出来化名詞)」に見受けられる事態把握の連なりの中で，文法カテゴリである「動詞（プロセス把握)」・「様態化名詞（非プロセス把握)」・「出来化名詞（非プロセス把握)」が創発している．「様態化名詞」から「出来化名詞」への拡張も存在している．「あ/a/」は「空間出来の語基」として，「い/i/・居」は「様態化の語基」として，「う/u/・続」は「プロセス化の語基」として，「音象徴」により語彙を創発させる機能を担っているのである．

表28.「日本語」の「音象徴」による語彙創発のメカニズム：
　　　「あ/a/: 空間出来語基」・「う/u/: プロセス化語基（動詞)」・
　　　「い/i/：非プロセス化語基（様態化詞（認知様態詞・様態化名詞))」・
　　　「出来化名詞」

1音節　「あ/a/」→空間出来の語基
a. あ/a/　感動・空間出来詞　　　　　　　　　　「語基」　　　　　　「空間の出来」

2音節化「あ/a/」+他行音
あ行
a. あ/a/ +様態化語基 い/i/　あい/ai/
　　　　　　　　　　　　　　　　　　　「(出来)様態化名詞」　　　　「間」
b. あ/a/ +プロセス化語基 う/u/　あう/au/
　　　　　　　　　　　　　　　　　　　「(出来)動詞」　　　　「合う・会う」

か行（詳細は★）
さ行
a. あ/a/ + / 及・s/ +様態化語基 い/i/　あし/asi/
　　　　　　　　　　　　　　　　　　　「(及)様態化名詞」　　　　「足」
b. あ/a/ + / 及・s/ +出来化語基 あ/a/　あさ/asa/
　　　　　　　　　　　　　　　　　　　「(及)出来化名詞」　　　　「朝」

248　第3部　言語における「主体化」論理：日本語を中心に

な行
a. あ/a/ + √成・存・n/ + 出来化語基 あ/a/　あな/ana/
　　　　　　　　　　　　　　　「(成・存)出来化名詞」　　　　　　「穴」

ま行
a. あ/a/ + √間・向・m/ + プロセス化語基 う/u/　あむ/amu/
　　　　　　　　　　　　　　　「(向)動詞」　　　　　　「編む」
b. あ/a/ + √間・向・m/ + 様態化語基 い/i/　あみ/ami/
　　　　　　　　　　　　　　　「(間)様態化名詞」　　　　　　「網」
c. あ/a/ + √間・向・m/ + 出来化語基 あ/a/　あま/ama/
　　　　　　　　　　　　　　　「(間)出来化名詞」　　　　　　「天・海」

や行
a. あ/a/ + √弥・y/ + プロセス化語基 う/u/　あゆ/ayu/
　　　　　　　　　　　　　　　「(弥)動詞」　　　「肖ゆ（似る）」
b. あ/a/ + √弥・y/ + 出来化語基 あ/a/　あや/aya/
　　　　　　　　　　　　　　　「(弥)出来化名詞」「彩・綾（文様）」

ら行
a. あ/a/ + √留・r/ + プロセス化語基 う/u/　ある/aru/
　　　　　　　　　　　　　　　「(留)動詞」　　　　　　「在る」
　　「(留) プロセス様態詞」る/ ru / ⇔ う/ u /「プロセス化語基」
b. あ/a/ + √留・r/ + 様態化語基 い/i/　あり/ari/
　　　　　　　　　　　　　　　「(留)様態化詞」　　　「ありあり」
c. あ/a/ + √留・r/ + 出来化語基 あ/a/　あら/ara/　「(留) 出来化名詞」　　　　「新」
　　　　　　　　　　↓　　拡張（？）
　　　　　　　　　　あら/ara/　「複合語基」　　　　「荒」

か行（★）
a. あ/a/ + √離・処・k/ + プロセス化語基 う/u/(続)　あく/aku/
　　　　　　　　　　　　　　　「(出来・離処)動詞・名詞」
　　あく/aku/→明く・開く・空く・飽く（広がり充足する）
　　例：「夜が明く」・「箱が開く」・「席が空く」
　　あく/aku/→灰汁（⇔垢）
　　例：「灰汁取り」
b. あ/a/ + √離・処・k/ + 様態化語基 い/i/(居)　あき/aki/
　　　　　　　　　　　　　　　「(出来・離処)様態化名詞」
　　あき/aki/→空き・開き・明き・秋（飽き：広がり充足した状態）
　　例：「空き家」・「海開き」・「梅雨明け（き）」・「秋」
c. あ/a/ + √離・処・k/ + 出来化語基 あ/a/(出来)　あか/aka/
　　　　　　　　　　　　　　　「(出来・離処)出来化名詞」
　　あか/aka/→垢（⇔灰汁）・朱（赤・赭・丹→顔料・土）
　　例：「垢抜ける」・「赤土」

第4章 「日本語」の論理 ④：「音＝意味」による「主体化」と「主体化」論理の拡張及び変容　249

３音節化

「あか」＋あ行（「い/i/（居）」）

  a. あか（「出来化名詞」）＋様態化語基「い/i/（居）」

                                          「（出来・離処）様態化詞」

    あか＋い/aka ＋ i（居）/ → あかい/akai/ →朱（赤・楮・丹）い

      例：「朱（赤・楮・丹）い土」

「あか」＋さ行（「（及）/s/」＋「う/ u /（続）」・「い/ i /（居）」）

  a. あか（「出来化名詞」）＋（及）プロセス化詞「す」/su・及/

                                      「（出来・離処）及動詞」

    あか＋す/aka ＋ su（及）/ → あかす/akasu（及）/ →明かす・飽かす・空かす

      例：「秘密を明かす」・「金に飽かす」・「酒瓶を空かす」

  b. あかす/akasu/＋様態化語基「い/i（居）」　　　「（出来・離処）及様態化名詞」

    あかす/akasu（及）/ ＋ い/i（居）/ → あかし/akasi/ →証

      例：「身の証を立てる」

「あか」＋ら行（「（留）/r/」＋「う/ u /（続）」・「い/ i /（居）」）

  a. あか（「出来化名詞」）＋（留）プロセス化詞「る」/ru・留/

                                      「（出来・離処）留動詞」

    あか＋る/aka ＋ ru（留）/ → あかる/akaru（留）/ →明かる

      例：「夜が明かるむ→明らむ」

  b. あか（「出来化名詞」）＋（留）非プロセス化詞「り」/ri・留/

                                  「（出来・離処）留様態化名詞」

    あか＋り/aka ＋ ri（留）/ → あかり/akari（留）/ →灯り・明かり

      例：「町の灯り」・「雲間に月明かりがさした」

「あき」＋ら行（「（留）/r/」＋「う/ u /（続)」）

  a. あき（「（出来・離処）様態化名詞」）＋（留）プロセス化詞「る」/ru・留/

                                  「（出来・離処）留様態化動詞」

    あき＋る/aki ＋ ru（留）/ → あきる/akiru（留）/（満ちたること）

      例：「飽き足る（満ち足る）」

「あく」＋ら行（「（留）/r/」＋「う/ u /（続)」）

  a. あく（「（出来・離処）動詞」）＋（留）プロセス化詞「る」/ ru/

                                  「（出来・離処）留動詞」

    あく＋る/aku ＋ ru（留）/ → あくる/akuru（留）/ →明（空・開）くる→

    あける/akeru（留）/ →明（空・開）ける

      例：「明くる日」・「年が明ける」・「家を空ける」・「缶を開ける」

４音節化

「あかる」＋あ行（「い/i/（居)」）

  a. あか（「出来化名詞」）＋（留）プロセス化詞「る」/ru・留/ ＋（非）プロセ

  ス化語基「い」/i/　　　　　　　　　　「（出来・離処・留）様態化詞」

250　第3部　言語における「主体化」論理：日本語を中心に

あかる＋い/akaru ＋ i（居）/→あかるい/akarui（居）/→明るい
　　　例：「彼の表情が明るい」
「あかる」＋ま行（「う/u/・（続）」・「い/i/」）
a. あか（「出来化名詞」）＋（留）プロセス化詞「る」/ru/・留/
　　＋（間・向）プロセス化詞「む」/mu/　　　　「（出来・離処・留）間動詞」
　　あかる＋む/akaru ＋ mu（間）/→あかるむ/akarumu（間）/
　　→あからむ/akaramu（間）/
　　→明らむ・赤らむ　　　例：「顔が赤らむ」・「東の空が明らむ」
b. あか（「出来化名詞」）＋（留）プロセス化詞「る」/ru/・留/
　　＋（間）非プロセス化詞　「み」/mi/　　　「（出来・離処・留）間様態化名詞」
　　あかる＋み/akaru ＋ mi（間）/→あかるみ/akarumi（間）/→明るみ
　　　例：「真実が明るみに出た」

　記述・分析していくと切り（「切る→き/ki/（離処）様態化詞＋る/ru/（留）プロセス化詞」＋非プロセス（様態）化語基（い/i/））がないが，明らかなのは「日本語」が，「音象徴」原理の3原母音（/a/・/i/・/u/）と「音象徴」原理を持つ子音の組み合わせで，語彙の基盤を作っている事実である．3原母音において，/a/音は空間の出来を，/u/音はプロセス（継続）化を，/i/音は非プロセス（様態）化を象徴し，これらと別に音象徴を持つカ・サ・タ・ナ・ハ・マ・ヤ・ラ行の子音との1音節・2音節化・3音節化・4音節化等の「膠着」によって，「日本語」の基本語彙は生成しているのである．琉球諸語のあり方を見ても，3原母音以外の母音（/e/・/o/）は弁別性の多様化（語彙増加）をもたらすために，後代に出現してきた母音であると推測できる．
　この「日本語」の3原母音の「音象徴」は，「名詞」の形成原理としても機能していた．例えば，「い/i/（非プロセス化語基）」の膠着によって創発する「様態化名詞」の例は次のようなものであった．「灯り・濁り・狩り・読み・書き・叫び・取り・明るみ・嚙み・笑み・笑い・泣き等」．「日本語」において，非プロセス（様態）化音（い/i/）は，「認知様態詞」を創発させるだけでなく，「名詞」を生成する原理にもなっていたのである．また「あ/a/」音は，様態化された意味を再び空間に出来させることで名詞化機能も有していた．「出来化名詞」の例は次のようなものであった．

第 4 章　「日本語」の論理 ④：「音＝意味」による「主体化」と「主体化」論理の拡張及び変容　251

「垢・赤（飽く・開く→秋・開き→ aka）・空（反る→反り→ sora）・腹・肚（張る
→張り→ hara）・憂さ・寒さ・悲しさ・嬉しさ等」．この「日本語」の 3 原
母音の語彙生成機能（/ a / 音の空間の出来，/ u / 音のプロセス化（継続），/ i / 音
の非プロセス化（様態））は，日本語の名詞形成の基本原理にもなっているの
である．

表 29.「日本語」の時間名詞形成の基本原理

春→ **h/a/r/u/**（出来＋継続）「先端」＋「出来」＋「留」→先端が出来し留まったもの
夏→ **n/a/t/u/**（出来＋継続）「伸・続」＋「出来」＋「留」→伸・続は出来し留まったもの
秋→ a/k/i/ → **a/k/u/**（出来＋継続）の様態化　「飽く（空間が満ちる）」＋「居」→満ちた状態
冬→ h/u/y/u/ → **h/i/y/u/**（様態＋継続）の「冷（ひ）」＋「行（ゆ）」の音転移
夜→ y/o/r/u/ → **y/a/r/u/**（出来＋継続）「夜（や）」＋「留」の音転移
夜明け→ y/o/a/k/e/ → **y/a/a/k/e/r/u** →「出来」＋「離処」＋「留」「夜（や）」＋「明（空・開）ける」からの「留」落ち転移
昼→ **h/i/r/u/**（様態＋継続）「陽（ひ）」＋「留」「継続」を内包する「トキの名詞」は，/u/ 音（続）が語末にくる．
朝→ a/s/a（出来と出来）「出来」＋「進・及」＋「空間」「出来」を内包する時間「トキの名詞」は，/a/ 音（出来）が語末にくる．

　3 原母音の語彙形成機能（/ a / 音は空間の出来，/ u / 音はプロセス化（継続），
/ i / 音は非プロセス化（様態））は，「日本語」の種々の語彙生成において，基
本的な原理となっていることが予測できる．本書においては，「詞」及び
「辞」という用語を，富樫広蔭の『辞玉襷・詞の玉橋』を参照し，事象を
構成する意味まとまりを「詞」，その意味まとまりを「主体化（モダリティ
化）」によって事象へと構成する機能を持つものを「辞」と定義しておく．
ただし，上代語まで遡っての日本語の語彙生成原理の解明は，本書のみで
叶うものではないので，不十分な点は今後の課題としたい．

4 ―「日本語(やまとことば)」における「音象徴」と文法カテゴリ：「対格/与格」・「他動詞/自動詞」及び「過去時制」という文法カテゴリの不在

「日本語(やまとことば)」の「膠着」原理に対して，渡部（2009）は明察を示す．

表 30.「日本語(やまとことば)」の動詞形成における「膠着」原理

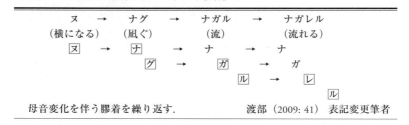

母音変化を伴う膠着を繰り返す．　　　　　渡部（2009: 41）　表記変更筆者

「日本語(やまとことば)」は，「主体化」論理によって「音象徴」による膠着を原理としながら，語を形成するものであった．このことは，日本語の文法カテゴリにおけるいくつもの事実にも繋がっている．例えば，「日本語(やまとことば)」の動詞も，「音象徴」による膠着を原理とした「主体化」の論理によって生成しているものであるので，そこにおいては一律的な「他動詞(transitive verb)/自動詞(intransitive verb)」という区別は意味を成さない．何故ならば，「他動詞／自動詞」という区別は，第2部2章6節2項で述べた様に，「力動性(force dynamics)」の伝達の有無を以って創発している文法カテゴリであり，その「力動性」の伝達を類像的に創発させるためには，「語順」が文法（統語）規則の第1位に定位している必要があった．「語順」が文法規則の第1位に定位することによって初めて，「目的語(object)」という文法カテゴリが構文に創発し，その「目的語」の存在によって，「他動詞／自動詞」という文法カテゴリも規定されるのである．日本語は「語順」が文法規則の第1位ではない．また，その構文は，「力動性」の伝達が類像的に創発したものでもない．したがって，「力動性」の伝達の類像的な創発結果による「目的語」と規定される文法カテゴリは，日本語には存在していない．また，「目的語」とされる文法カテゴリの不在から，「他動詞／自動詞」と

第 4 章 「日本語」の論理 ④：「音＝意味」による「主体化」と「主体化」論理の拡張及び変容　253

いう文法カテゴリ自体も妥当しないのである．「日本語」の「を/wo/[8]」
は，「対格(accusative case)」・「目的語（object）」の文法標識ではないのである．

(117) a.「道を歩く」
　　　 b.「空を飛ぶ」
　　　 c.「千里を駆ける」
　　　 d.「恥を掻く」
　　　 e.「後を引く」
　　　 f.「我を張る」
　　　 g.「腹を立てる」

　事例（117）の「動詞」の内，「歩く・飛ぶ・駆ける」は「他動詞」と呼べないにも関わらず，「対格」標識と言われている「を/wo/」を採っている．また，「掻く・引く・張る・立てる」は，英語の目線で見れば「他動詞」に分類されるであろうが，「恥・後・我・腹」と「を/wo/」を介して結び付くことで，英語の目線で言えば「複合自動詞」と称せられるようなものになっている．これらの用法において，日本語の「歩く・飛ぶ・駆ける・掻く・引く・張る・立てる」は，対象である「道・空・千里・恥・後・我・腹」に「力動性」を伝達しない．行為が「を/wo/」が標示する対象に為されるわけでもなく，また，「を/wo/」で標示された対象に，行為結果が及ぶわけでもない．「為及（影響の及ぼし）[9]」を表象していない．ところが同時に，「為及」を表象する場合にも，「を/wo/」は用いられる．

(118) a.「気持ちを話す」
　　　 b.「歌を詠む→本を読む」
　　　 c.「絵を描く」

　8）「を」の発音表記として/wo/ を使う．発音のあり方を上手く表象できないが，「お/o/」との区別として用いることにする．
　9）　日本語の「態」とは，「為及（影響を及ぼす意思）」であるのかないのかと，状況が 'controlability' なものであるのかどうかで解釈（construal）されていると考えられる．

254　第3部　言語における「主体化」論理：日本語を中心に

    d.「花を摘む」

    e.「秋刀魚を焼く」

    f.「未来を切り拓く」

    g.「家を建てる」

　(118) の事例に用いられている「動詞」は，「為及」を表象している．そこでは行為が対象に為(な)され，その行為結果が対象に及(およ)ぶことが表象される．(117) 及び (118) の事例から見ると，日本語の「を/wo/」は，「為及」のあるなしに関わらず，事象を構成する項・構成事象への，心身レヴェルでの「接触」を標示しているものと判断できる．「歩く・飛ぶ・駆ける・掻く・引く・張る・立てる」は，心身で「道・空・千里・恥・後・我・腹」に接触しており，「話す・詠む・読む・描く・摘む・焼く・切り拓く・建てる」も，「気持ち・歌・本・絵・花・秋刀魚・未来・家」に，心身で接触している．

　このように「を/wo/」が，事象や事象を構成する項への心身レヴェルでの「接触」知覚を表象するのに対して，事象や事象を構成する項に，「帰結」が知覚される場合には，日本語では「に/ni/」が用いられる．

(119) a.「山に登る」

    b.「母に叱られる」

    c.「雨に降られる」

    d.「被害に遭う」

    e.「図書館に在る」

    f.「夢に見る」

    g.「ミルクを買いに出る」

　(119) の事例で用いられている「登る・叱られる・降られる・遭う・在る・見る・出る」も，「非為及」を表象しているが，ここに表象されいる事象には「帰結」が伴う．「登る・叱られる・降られる・遭う・在る・見る・出る」という動詞が表象する一般事象は，「山・母・雨・被害・図書館・夢・買い」という項に「帰結」することで，個別事象として成立す

第 4 章 「日本語」の論理 ④：「音＝意味」による「主体化」と「主体化」論理の拡張及び変容　255

る．「に/ni/」によって標示される項に「帰結」が知覚されることで，事象
が成立している．「主体化」論理で事態把握を図る際に，事象が成立する
上での知覚要件を，日本語の「で/de/・を/wo/・に/ni/」は標示していると
考えられるのである．「で/de/」は「様態特性」を，「を/wo/」は心身レ
ヴェルの「接触」を，「に/ni/」は「帰結」を，それぞれ標示していると理
解できる．

(120) a.「彼に本を貸す」　　　　　　　　　　　　　　　　帰結辞・接触辞
　　　 b.「庭で落ち葉を焼いている彼に声をかけてください」

　　　　　　　　　　　　　　　様態特性辞・接触辞・帰結辞・接触辞

　　　 c.「昨日，学校の帰りに，土砂降りの雨に遭ったけど，偶然，兄に遇って，余
　　　　　分に持っていた傘を借りた」　　帰結辞・帰結辞・帰結辞・帰結辞・接触辞

　　　 d.「さあさ，涙を拭いて，明日に備えましょう．一度や二度の失敗で，挫ける
　　　　　ことはないから，元気を出して行きましょう」

　　　　　　　　　　　　　　　接触辞・帰結辞・様態特性辞・接触辞

　「日本語」における「音象徴」を基盤とした「主体化」論理が理解され
れば，従来「格助詞・接続助詞」等とカテゴライズされていた「で」や
「に」・「を」の意味・機能も，構文レヴェルからディスコースレヴェルま
で，統一的に説明することが可能になるだろう．「日本語」では，音部分
が同根であれば，「音象徴」に基づき，その意味・機能も通底している．
例えば，語頭を「た/ta/」とする語の用例を見れば，

(121) a.「確かに」
　　　 b.「達する」
　　　 c.「頼みます」
　　　 d.「たった，これだけですか」
　　　 e.「立つ・経つ・建つ・絶つ・断つ・発つ・起つ・裁つ」等，

「た/ta/」音を語頭とする語は「心的確定（確信）」を基に語彙が生成してい
ることが理解できる．「日本語」の「た/ta/」音は，「音象徴」において
「確信」を「意味」とする「音」なのである．そのことから，「日本語」の

256　第3部　言語における「主体化」論理：日本語を中心に

「時制化された過去(tensed past)」の助動詞とされる「た/ta/」は，「時制(tense)」を表象するのではなく，話者・主体の「確信」を意味していた．「音象徴」に基づいて，「日本語」に「時制」という文法カテゴリは存在していなかったのである．

(107) a.（相撲で）「はっけよい，残っ<u>た</u>，残っ<u>た</u>」

　　　 b.（2時間歩いて）「やっと，着い<u>た</u>」

　　　 c.（探し物をしていて）「あっ，ここにあっ<u>た</u>」

　　　 d.（市場の魚屋さんで）「さあさ，買っ<u>た</u>，買っ<u>た</u>」

　　　 e.（日程を確認していて）「あ，明日，現代文のテストだっ<u>た</u>」　　　（再掲）

(109) a.「昨日，雨で試合が中止になっ<u>た</u>」

　　　 b.「あっ，雨が降り始め<u>た</u>」

　　　 c.「先に着い<u>たら</u>，ぼくを待たずに，始めてい<u>て</u>ね」　　　　　　（再掲）

　「膠着」によって日本語の語彙が連続段階的に生成されていくメカニズムは，前節でも述べたが，「音」そのものに「意味」を見出す日本語の感性・論理に由っている．「音」そのものが「意味」を持つ言語論理とは，「音象徴」のことであり，語・句・節が「膠着」のメカニズムによって生成されていくためには，「音象徴」（「音」＝「意味」）が生成原理として存在しなければならなかったのである．熊倉（2011）は述べる．

　古代やまとことばの特徴の一つは，抽象的なことばを文の初めに使えないことです．「雨が降る」を英語の〈It rains.〉のように，抽象的な〈it〉から始めることがありません．さらに，もう一つの特徴として，/r/ という流音（はじき音）がけっして語頭には来ないことで，日本語辞書でラ行の語彙は，ほぼすべて漢語や西欧語（カタカナ語）の項目に限られています．この/r/ 音は，さきにぼくが日本語で「最重要な動詞」だとした，「ある」という動詞の語幹を担う音で，実際にやまとことばでは，/r/ 音は「存在」を意味する以外に使われることがありません．ですから，読者のみなさんも，/r/ 音を感知したら，そこに何かの「存在」を想定してみてください．
　さきほどの「もつれル，まつわル，つながル」など，現代日本語にあっても「ル」で終わる動詞の意味が，それぞれ「ある種の存在」に関わって意味をもつことを感

第4章 「日本語」の論理 ④：「音＝意味」による「主体化」と「主体化」論理の拡張及び変容　257

じていただきたいのです.「もつれル足・まつわル問題・つながル心」などなど,
なんでも結構ですが,具体的な「足・問題・心」といったモノ・コトが,こうした
動詞と関わって「存在する」イメージとして感じられれば,それが動詞「る」のも
つ表現力だということになるでしょう.　　　　　　　　　　　　熊倉（2011: 21-22）

　熊倉（1990・2011）も指摘する様に,「膠着」語である日本語において
は,ソシュールが主張した音と意味の関係における恣意性は妥当していな
い.日本語の「深層（やまとことば）」の論理においては,「音」自体に緊密
な「意味」が知覚されるからこそ,「膠着」の原理が働き,「語・句・節」
が連続的段階性を以って生成されていく.「る/ru/」音の語が「状態（留）の
プロセス化（存続）語尾」という「音象徴」に基づいた「意味・機能」を持
つからこそ,上記熊倉が引用する「足」・「問題」・「心」といった「名詞」
にも,「膠着」することができる.また,「音＝意味（音象徴）」が直接的に
創発している言語現象が「オノマトペ」であった.「オノマトペ」におい
て,その「意味」は「主体的」に感じる以外,理解の仕様のないものであ
あった.その「意味」は,「客体化・客観化」されているものではなかっ
た.「オノマトペ」は,「客体化・客観化」を論理とする認知モード以前
の,「主客未分化」という「主体化」を論理とする認知モードでの世界解
釈・事態把握を,直接的に創発させているのであった.

(122) a. 髪が（さらさら・くしゃくしゃ・べとべと・びしょびしょ・つんつん）
　　　　　してる.
　　　b. 頭が（がんがん・ずきずき・きんきん・じんじん）する.
　　　c. 喉が（からから・がらがら・いがいが・ちくちく）する.
　　　d. 目が（きらきら・しょぼしょぼ・ぱちぱち）する・（どんより・ぱっちり）
　　　　　してる・を（らんらん）させる.
　　　e. 鼻を（つんつん・ひくひく・くんくん・ずるずる・ぐずぐず）させている.
　　　f. 口を（もごもご・あんぐり）させる.
　　　g. 肌が（すべすべ・つるつる・かさかさ・しっとり・べたべた・ねちょ
　　　　　ねちょ・てかてか）している.

258　第3部　言語における「主体化」論理：日本語を中心に

「オノマトペ」と呼ばれる言語現象は，言語が「客体・客観」という「主観」で世界解釈・事態判断をする以前の状態，つまり言語が「主客未分化」で「主体化」されている状態を示している．日本語を母語とする者は「オノマトペ」の「音」の「意味」を，社会的・文化的に身体性を透して獲得している．この「音」自体が身体的に「意味」を持つ言語原理は，広く「膠着」語全体に共通する原理であると予測できる．

5 － 「日本語」の論理の拡張と変容： 「文字化・客体化・客観主観化」

「日本語」においてその論理（「主体化」）が大きく拡張・変容されたのは，「文字」の存在を知ったときであったろうと推測される．「文字化」による影響の大きさは，次の文から窺い知れる．

> 上古之時，言意並朴，敷文構句，於字即難，已因訓述者，詞不逮心．全以音連者，事趣更長．是以今，或一句之中，交用音訓，或一事之内，全以訓録．
> ［上古の時は，言 意と並な朴にして，文を敷き句を構ふること，字に於きて即ち難し．已に訓に因りて述べたるは，詞 心に逮ばず．全く音を以ちて連ねたるは，事の趣更に長し．是を以ちて，今，或は一句の中に音訓を交え用い，或は一事の内に全く訓を以ちて録しぬ］．　　　　　　　　　『古事記』真福寺本古事記原文

上記の文が語るのは，「日本語」が「文字」を得たことにより，「日本語」の「意味」を伝えるのが困難になったということである．「上古の時は，言 意と並な朴にして，文を敷き句を構ふること，字に於きて即ち難し．已に訓に因りて述べたるは，詞 心に逮ばず」には，諦念と共に深い洞察が語られている．「日本語」の意味を伝えるために「訓」化しても，「詞」で「心（意味・概念）」を伝えられないと述べているのである．1300 年前の「文字化（客体化・客観化）」に対する日本人の認識である．これ以降，「日本語」の「意味」を「訓」化していく流れの中で，「日本語」の論理は大きく拡張・変容されていくことになる．

第 1 部で，また，第 3 部においても述べてきたことであるが，「文字化

第4章 「日本語」の論理 ④：「音＝意味」による「主体化」と「主体化」論理の拡張及び変容　259

「客体化・客観化」）」という認識のあり方（「認知モード」）を見出した言語と，「文字化」という認識のあり方を借用しているだけの言語とでは，その論理（世界理解・事態把握）は全く異なる．「文字化」という認識のあり方（「認知Ｄモード」）を見出し得なかった，または，借用しているだけの言語の論理は，そのコミュニケーションが文字通り「音声」が届き，存続する範囲という条件に制約を受けている．つまり，話し手と聞き手が常に同時に存在する状況（「場/ba/」）に規定されるものなのである．そこにおいては，話し手が誰であるかは明確であり，また，聞き手が誰であるかも明確である．したがって，話し手・聞き手が言語形式化される必要はない．つまり，話し手・聞き手が「客体化」される必要はないのである．それが，話し手・聞き手が「主語化」または「目的語化」される必要がない理由である．また，コミュニケーションも同時・同処（「イマ・ココ」）でしか成立しないがために，「時間」が「客体化・客観化」される認識論的動機も存在しない．英語の命令文においても，話し手・聞き手は同時・同処に存在するがために，話し手・聞き手が「主語化」・「目的語化」される必要はなかった．また，同時・同処に話し手・聞き手が存在するがために，「過去時制（past tense）」も創発することがなかったのである．

5-1．「認知標識辞・が/ga/」の通時的拡張と変容

　「主体化」論理での事態把握の創発が，どのように拡張・変容されてきたのかを概観するために，「主体化」論理による事態把握が，最も始原的な「形式」として創発している『万葉集』に戻ることにする．そこにおいては，これまで「主格助詞」と定義づけられていた「が/ga/」音が，どのように使用されているのかを確かめることができる．

(123)（原文）高山波　雲根火雄男志等　耳梨與　相諍競伎
　　　　　　　神代従　如此尓有良之　古昔母　然尓有許曽
　　　　　　　虚蝉毛　嬬乎　相挌良思吉
　　　（仮名）かぐやまは　うねびををしと　みみなしと　あひあらそひき
　　　　　　　かむよより　かくにあるらし　いにしへも　しかにあれこそ

260 第 3 部 言語における「主体化」論理：日本語を中心に

うつせみも　つまを　あらそふらしき

（訓読）香具山は 畝傍を愛（雄々・を善）しと 耳成と 相争ひき

神代より　かくなるらし 古も　然なれこそ 現人も 褄を 争ふらしき

中大兄近江宮御宇天皇三山歌　1 巻 13

　　（123）の『万葉集』の歌は，1 音 1 漢字対応の「万葉仮名」と，「日本語」の「音」の意味に対応する漢字を「訓読み」することに拠って作られている．「万葉仮名」と「漢字訓読み」混じりの『万葉集』の歌は，「万葉仮名」のみで詠われた歌より古いとされている[10]が，おそらくは逆であろう．「日本語」の「音」に対応した「万葉仮名」のみで詠われた首数の多い方（5・14・15・17・18・20 巻）が，「日本語」の「音」を原音に近い状態[11]で伝えたものであり，皇族と称せられる人物の歌が多く収められている 1・2 巻などは，大陸の文化を意識して『万葉集』全体を格づけるために，後の編修者が「漢文」の知識を用いて編集していると推論する方が，合理的ではないだろうか．

　　『万葉集』において，「主格助詞」と通常定義される「が/ga/」音は，主に我・吾・君・人・妹などの人称詞，または，人を指す「存在詞（名詞）」と共に用いられることが多かった．また，終止形を用いての言い切り形では，「主格助詞」と呼ばれる「が/ga/」音は用いられない傾向があり，「が/ga/」音の使用は，述語が体言相当（連体形）もしくは，「条件節」と規定される「節」内に限られる傾向にあった．

(60) a.（原文）大船之 津守之占尔 将告登波 益為尔知而 我二人宿之

---

10)　山口明穂・鈴木英夫・坂梨隆三・月本雅幸『日本語の歴史』（1997：15，東京大学出版会）．

11)　しかしながら，当時中国のどの時代のどの国のどの地域の音が，「日本語」に対応する「音」として，「万葉仮名」に用いられていたかは，確定しがたい様に思われる．『万葉集』自体が，7 世紀後半から 8 世紀後半にかけて，複数の編者により編纂されたと考えられ，それまでに複数の時代・国・地方の「漢字」が，「万葉仮名」として用いられたと考えられるからである．可能性としては，漢・三国・晋・南北朝・隋の各時代・各地方からの伝達が考えられるのだろう．

第 4 章 「日本語」の論理 ④：「音＝意味」による「主体化」と「主体化」論理の拡張及び変容　261

（仮名）おほぶねの　つもりがうらに　のらむとは　まさしにしりて
　　　　わがふたりねし
（訓読）大船の津守が占に告らむとはまさしに知りて我がふたり寝し
　　　　　　　　　　　　　　　　　　　大津皇子［未詳］　2 巻 109（再掲）

b.（原文）隠口乃　泊瀬越女我　手二纏在　玉者乱而　有不言八方
（仮名）こもりくの　はつせをとめが　てにまける　たまはみだれて
　　　　ありといはずやも
（訓読）こもりくの泊瀬娘子が手に巻ける玉は乱れてありと言はずやも
　　　　　　　　　　　　　　　　　　　　　　石田王　3 巻 424（再掲）

c.（原文）此也是能　倭尓四手者　我戀流　木路尓有云　名二負勢能山
（仮名）これやこの　やまとにしては　あがこふる　きちにありといふ
　　　　なにおふせのやま
（訓読）これやこの大和にしては我が恋ふる紀路にありといふ
　　　　名に負ふ背の山　　　　　　　　　　阿閇皇女　1 巻 35（再掲）

d.（原文）和可礼奈波　宇良我奈之家武　安我許呂母　之多尓乎伎麻勢
　　　　多太尓安布麻弖尓
（仮名）わかれなば　うらがなしけむ　あがころも　したにをきませ
　　　　ただにあふまでに
（訓読）別れなばうら悲しけむ我が衣下にを着ませ直に逢ふまでに
　　　　遣新羅使人等悲別贈答及海路慟情陳思并當所誦之古歌
　　　　　　　　　　　　　　　　　　　　　　　　15 巻　3584（再掲）

e.（原文）〈愛〉我念妹　人皆　如去見耶　手不纏為
（仮名）うつくしと　あがおもふいもを　ひとみなの
　　　　ゆくごとみめや　てにまかずして
（訓読）愛しと我が思ふ妹を人皆の行くごと見めや手にまかずして
　　　　　　　　　　　　　　　　　　正述心緒 12 巻 2843（再掲）

f.（原文）水薦苅　信濃乃真弓　吾引者　宇真人〈佐〉備而　不欲常将言可聞
（仮名）みこもかる　しなぬのまゆみ　わがひかば　うまひとさびて
　　　　いなといはむかも
（訓読）み薦刈る信濃の真弓我が引かば貴人さびていなと言はむかも
　　　　　　　　　　　　　　　　　　　　　　　久米禅師　2 巻 96

262　第3部　言語における「主体化」論理：日本語を中心に

　「主格助詞」と呼ばれる文法カテゴリが，通常「終止形」では用いられ
ていない（現代語の「雨が降る」が，「日本語」においては「雨降る」と表記され
る）．このことは，「類像性(iconicity)」のパースペクティブにおいても，
「日本語」の論理によって知覚・認識された「事象」が，この時代では
「主格」標識を使用する「客体的」に精緻化された構文として，創発して
いないことを示す．重要なのは，「終止形」を使用した構文に，「主格助
詞」という標識がこの時代には現れないことではなくて，「日本語」の
「終止形」により創発している事態把握自体も，「客体・客観」を「主観」
とした「認知モード」により創発している事態把握ではないことである．
「が/ga/」音は，「事象」を構成する「項」と「項」を膠着・連結すること
による「体言化」の機能のために使われた．同時に，「場」に顕現する
「事象」が，話者独自の認知判断（条件・疑問・詠嘆等の「形式」）に拠るも
のであることを示す．『万葉集』に使用されている「が/ga/」音の使用は，
こうしたことがらを明らかにしてくれるのである[12]．「日本語の深層(やま
とことば)」の論理による事態把握の創発事例である『万葉集』も，後の編
修者の編纂，及び「文字」を用い得た詠み人を通しての「中国語の形式
（文字化・漢文）」の影響を受けていると推測できる．それでも，「文字」を
持つ言語である中国語や近代ヨーロッパ標準諸語の「主格」意識が，『万
葉集』には現れてはいないのである．

　「が/ga/」の使用が，「主格助詞」の標識（marker）と信じられるようにな
るまで拡張・変容される様になったのは，中国語（外国語）を「漢文（日本
語）」として「訓読（読み下す）」する技法を発達させる中であったと推測
できる．「日本語」において本来は「空（くう）」位置であるが，中国語の
統語論理である「語順」カテゴリの「日本語」への適用を図るために，
「体言化」機能を担っていた「が/ga/」に，統語機能を肩代わりさせるよ

---

　12)　同じく，「主格助詞」とされる「の/no/」は，人以外の「存在詞(名詞)」と共
　　　に，述語が体言相当（「連体形」）である場合，もしくは，疑問文・詠嘆文や
　　　「条件節」の場合にも現れるが，「が/ga/」とは異なり，通時的に「終止形」
　　　にも使用されることが指摘されている．「日本語」において「の/no/」が使わ
　　　れる認知的動機の研究は，今後の課題としたい．

第 4 章 「日本語」の論理 ④：「音＝意味」による「主体化」と「主体化」論理の拡張及び変容　263

うになったと推論できるのである．つまり，中国語（外国語）を「漢文（日本語）」に変換する（「語順（読み方・書き方）」明示の）工夫として，本来「体言化」機能を担っていた「が/ga/」に，「主格」という文法カテゴリを持たせる拡張がなされたと推論できるのである．したがって，この「が/ga/」に「主格」機能を持たせるパラダイムは，奈良時代以降も主として「書き言葉」に現れ，「日本語」の論理を色濃く残す「話し言葉」に現れる比率は低い（cf. 第 3 部第 2 章 4 節 2 項）．

(124)「子曰　学而時習之　不亦説乎．」

「子曰く，学びて時にこれを習ろう，また悦ばしからずや．」

「先生（孔子）がおっしゃることには，学んだことを時の状況に合わせては思い起こして理解を深める，これはなんと嬉しいことではないか．」

『論語』（訓読・読み下し）

(125) 余が鈴索を引き鳴らして謁を通じ，おほやけの紹介状を出だして東来の意を告げし普魯西の官員は，皆快く余を迎へ，公使館よりの手つゞきだに事なく済みたらましかば，何事にもあれ，教へもし伝へもせむと約しき．喜ばしきは，わが故里にて，独逸，仏蘭西の語を学びしことなり．彼等は始めて余を見しとき，いづくにていつの間にかくは学び得つると問はぬことなかりき．

（中略）

今までは瑣々たる問題にも，極めて丁寧にいらへしつる余が，この頃より官長に寄する書には連りに法制の細目に拘ふべきにあらぬを論じて，一たび法の精神をだに得たらんには，紛々たる万事は破竹の如くなるべしなど、広言しつ．又大学にては法科の講筵を余所にして，歴史文学に心を寄せ，漸く蔗を嚼む境に入りぬ．　　　　　　　　　　　　森鴎外『舞姫』（1890）

　奈良時代以降，「体言化辞」の「が/ga/」は，「漢文」読み下し形式によって「主格助詞」という「文法カテゴリ」にまで機能が拡張された．その後，明治期に，上記森鴎外の小説も示す様に日本語の「が/ga/」は，近代ヨーロッパ標準諸語論理の「客観」小説を日本語で志向することにより，「主語」という文法カテゴリが日本語においても妥当すると信じ込まれる程にまで，変容を受けることになった（cf. 267-268 頁に引用される『浮

264　第3部　言語における「主体化」論理：日本語を中心に

雲』).

　「た/ta/」音についても同様に，「が/ga/」音が「主語の標識」と誤認され
る様になった経緯とパラレルに，日本語における「時制化された過去」の
標識として誤認される様になった．そして，「日本語」の事態把握（『認知
PA モード』）においては創発し得ない「主格（主語）・時制」といった「文
法カテゴリ」が，日本語の論理として倒錯的に共有・社会化されることに
並行して，近代ヨーロッパ標準諸語における「客観」と名称される「主
観」も，倒錯的に日本語の論理としてパラダイム化されたのであった．
「形式（構文・文法カテゴリ）」が，「意味（概念）」に変容を生じさせる言語現
象が，日本語においても通時的に生じたのである．

5-2.「日本語」の論理の通時的変容

　前章において論証した様に，「日本語」においては，「イマ・ココ（場）」
における主体の意識の中の「確信」としてしか「過去」は存在していな
い．したがって，「日本語」において「時制」という文法カテゴリは存在
せず，「た/ta/」音が「音象徴」する主体の「確信」意識として，「イマ・
ココ（場）」での「主体化された過去」が創発する．「時制」などという
「客体的・客観的」な文法カテゴリは，日本語に存在していない．「客観」
という「主観」を志向することから生まれた，認識の変容でしかない．
「態」においても同様であった．「日本語」において，文法の第1位基準は
「力動性の伝達」の有無を創発させる「語順（他動詞構文・自動詞構文）」に
あるわけではなく，また，「力動性の伝達」自体も構文創発の認知的動機
ではないので，「能動態／受動態」という文法カテゴリも存在しないので
ある．第3部3章において論証した様に，「日本語」において「受動態」
とされていたものの正体は，主体の認知判断である「事象生起の不可避性
(unavoidability)」であった．「事象生起の不可避性」が事態把握されている
場合に，「れる/reru/・られる/rareru/」が構文に創発した．こうした理解を
基に，江戸時代の人情本『春色梅児誉美』と明治時代の二葉亭四迷の『浮
雲』を見ることにする．

第 4 章 「日本語」の論理 ④：「音＝意味」による「主体化」と「主体化」論理の拡張及び変容　265

(126) 主「よね八なぜ泣」　よね「それだツても」　主「それだつてもどふした」　よね「おまはんマアなぜこんなにはかねへ身のうへにならしつたらふねへ」トおとこのかたにとりすがりなく．おとこはふりむきよね八が手をとりひきよせ　主「かんにんして呉なヨ」　よね「ナゼあやまるのだエ」　主「手めへにまで悲しい思ひをさせるから」　よね「エヽもふおまはんは私をそふ思つてお呉なさるのかへ」　主「かわいそふに」トだきよせればよね八はあどけなく病にんのひざへよりそひ顔を見て　よね「真に嬉しひヨどふぞ」　主「どふぞとは」　よね「かうしていつ迄も居たひねへ」トいへば男もつくづくと見れば思へばうつくしきすがたにうつかり　主「アヽ，じれツてへのふ」トとひつたり寄添　よね「アアレくすぐッたいヨ」　主「ホイ堪忍しな」ト横に倒れる．此ときはるかに観世音の巳の鐘ボヲンボヲン

為永春水『春色梅児譽美』天保 3・4 年（1832・33）刊

(127) 出て行くお勢の後姿を目送って，文三は莞爾した．どうしてこう様子が渝ったのか，それを疑っているに違なく，ただ何となく心嬉しくなって，莞爾した．それからは例の妄想が勃然と首を擡げて抑えても抑え切れぬようになり，種々の取留も無い事が続々胸に浮んで，遂には総てこの頃の事は皆文三の疑心から出た暗鬼で，実際はさして心配する程の事でも無かったかとまで思い込んだ．が，また心を取直して考えてみれば，故無くして文三を辱めたといい，母親に忤いながら，何時しかそのいうなりに成ったといい，それほどまで親かった昇と俄に疎々しくなったといい，──どうも　常事でなくも思われる．と思えば，喜んで宜いものか，悲しんで宜いものか，殆ど我にも胡乱になって来たので，あたかも遠方から撩る真似をされたように，思い切っては笑う事も出来ず，泣く事も出来ず，快と不快との間に心を迷せながら，暫く縁側を往きつ戻りつしていた．が，とにかく物を云ったら，聞いていそうゆえ，今にも帰ッてきたら，今一度運を試して聴かれたらその通り，若し聴かれん時にはその時こそ断然叔父の家を辞し去ろうと，遂にこう決心して，そして一と先二階へ戻った．　二葉亭四迷『浮雲』（1887〜89）

前出人情本『春色梅児譽美』は，浄瑠璃と同じく語り手の「語り」において，登場人物が活きる．読み手は語り手の「語り」に沿って，登場人物と共に活きる．語り手は，浄瑠璃と同じく「場」としての暗黙の存在であり，時に語り手の存在が前景化されていても（「此のときはるかに観世音の巳の

266 第3部 言語における「主体化」論理：日本語を中心に

の鐘ほおんほおん」），「もの語（かた）り」が損なわれることはない．「もの語（かた）り」が損なわれるのは，語り手が他者を棲まわす，または，活かす度量を持たない場合である．この他者を棲まわせ，活かす度量の大きさにおいて，紫式部を越え出でる存在は，日本の文学史上，今もない．『源氏物語』において，種々の登場人物のリアリティを支えているのは，紫式部の構築的創発力である．『源氏物語』の価値は，突き詰める処，種々の登場人物を活かせる紫式部の構築的創発力の大きさとして存在している[13]．

語り手の存在が，「語りの場」であった江戸時代までの日本文学と異なり，明治時代の作家達は，「語り」を消すことを志向した．言葉を換えれば，近代ヨーロッパ標準諸語の論理に拠って，「日本語」で「客体的・客観的」に描く（書く）ことを志向したのである．彼らはそれこそが近代化だと信じ，「客体的・客観的」に書けなければ，それは日本文学が劣位にあることを意味するという，強迫観念のような想いに囚われていた．その意識の基に，日本で最初に「客体的・客観的」に書く試みが，二葉亭四迷の『浮雲』であった．日本にロシア写実主義文学を紹介したのは，二葉亭四迷である．しかし二葉亭四迷は，『浮雲』を書いた後に長く小説から離れる．彼はロシア語の翻訳と小説の創作の中で，日本語で事象を「客体的・客観的」に書くことの不可能性に，突き当たったものと思われる．何故ならば，『浮雲』において二葉亭四迷は，「語り」を消し，事象を「客体化・客観化」することに成功しなかったからである．例えば，「と思えば，喜んで宜（よ）いものか，悲んで宜いものか，殆ど我にも胡乱（うろん）になってきたので」の表現において，「胡乱になって」いるのが主人公の文三なのか，書き手の二葉亭四迷なのか，書き分けることができなかったのである．英語であれば，3人称単数の対象に対応する言語形式（構文・文法カテゴリ）が存在しているが，日本語においては，3人称単数の対象に対応する言語形式（構文・文法カテゴリ）は存在しない（cf. 三人称単数現在を示す動詞語尾（-

---

13) 紫式部『源氏物語』の構築的創発力の大きさについては，熊倉千之『『源氏物語』深層の発掘——秘められた詩歌の論理』笠間書院（2015）を参照．

第 4 章 「日本語」の論理 ④：「音＝意味」による「主体化」と「主体化」論理の拡張及び変容　267

s）等）．したがって，「胡乱になってきた」のが主人公なのか作者なのかを
示す，言語論理としての「主客の分離」を示す形式を採ることができな
かったのである．この箇所において，主人公である文三の意識と「語り
（作者）」の意識が，文体として混融する．語りの言葉（「地の文」）と，主人
公である文三の「声」，延いては，登場人物すべての「声」が，「客体化」
されたものではなく，作者の「語り」であること，言葉を換えるならば
「主体化」されたものであることを，文体が露呈させてしまうのである．
日本語の小説において，どのように叙述しようと，それは言語論的には作
者の「語り」にしかなりえないことを，日本で最初の近代小説が，明らか
にしているのである[14]．こうした事情は，川端康成の『雪国』においても
同様であった．

(111)　d.　国境の長いトンネルを抜けると雪国であった．夜の底が白くなった．信号
　　　　　所に汽車が止まった．向側の座席から娘が立って来て，島村の前のガラス
　　　　　窓を落した．雪の冷気が流れこんだ．娘は窓いっぱいに乗り出して，遠く
　　　　　へ叫ぶように，
　　　　　「駅長さあん，駅長さあん．」
　　　　　明りをさげてゆっくり雪を踏んで来た男は，襟巻で鼻の上まで包み，耳に
　　　　　帽子の毛皮を垂れていた．もうそんな寒さかと島村は外を眺めると，鉄道
　　　　　の官舎らしいバラックが山裾に寒々と散らばっているだけで，雪の色はそ
　　　　　こまで行かぬうちに闇に呑まれていた．　　　　　川端康成『雪国』（再掲）

　　日本語の場合，読み手（聞き手）の「イマ・ココ」での存在を前提にし
た「テキスト＝場」において，「書き手(語り手)」の「声＝事態把握」が，
「文体」として創発してしまうことは免れようがない．この事情は何ら変
わることなく，奈良時代から現代まで続いている．その理由は，ここまで
明らかにしてきた様に，日本語がその「形式（構文・文法カテゴリ）」におい

　　14）　二葉亭四迷の『浮雲』における「もの語り」性，すなわち「話し手の声」を
　　　　日本語の小説から消せない事実については，熊倉千之（2011）第 4 章 1「近代
　　　　小説の「非文法」，あるいは日本語の「仮構」，二葉亭四迷『浮雲』」（pp.
　　　　198-201）を参照.

268 第3部 言語における「主体化」論理：日本語を中心に

て，近代ヨーロッパ標準諸語が用いる様な「客体的」な「形式（「能動／受動」の2態，「時制」，「格・数・文法的性」等の異なりに根拠づけられた人称）等」を備えていないからである．日本語の「形式（構文・文法カテゴリ）」で表象される「事象」は，その言語論理において，全てが話者による「主体化」を経たものであるという，この単純な事実によって，日本語は英語を含む近代ヨーロッパ標準諸語に翻訳できず，また近代ヨーロッパ標準諸語も，日本語に翻訳できないのである．「科学(数学・物理学・化学・生物学・法学・経済学・歴史学・社会学・言語学等)」と称せられるものの全ての言説は，日本語で書かれている限り，「日本語(やまとことば)」の論理によって，「客観的」であるとする言語論理的根拠を維持できないのである15)．当然のことながら，この本自体も，日本語で書いている限りはその陥穽から逃れることができない．言語論理的な意味では，「客観性」を備えさせられないのである．

　私達が作者の「語り」である小説を，あたかも近代ヨーロッパ標準諸語における「3人称」小説であるかの様に変容させて読み，その変容を意識できないでいるのは，私達が無自覚的に自身の中に他者を棲まわせていることと，無関係ではないだろう．日本語を用いたコミュニケーション様態の一つである「テキスト」において，「共同把握」を「主観」する「は/wa/」の使用の妥当性は，自身の中に他者を棲まわせることでの「間主観性(intersubjectivity)」によって保証されている．「3人称単数・複数・態・時制・形容詞等」に対応する文法カテゴリを持たない日本語の言説が，あたかも「客体的・客観的」であるかのごとく「変容された意味」として語れるのも，「変容された意味」をあたかもア・プリオリな存在として倒錯的に共有・社会化できるのも，「間主観性」を故としている．『雪国』において「語って（「騙る」と同源）」いるのは作者であり，また，主人公の島村である．両者を分ける言語論理的区別は存在していない．ただ読み手は，「イマ・ココ」の「場」にいる書き手を，『野宮』におけるワキの存在の様に，

───────────

15)　熊倉（1990・2011）・中野（2005・2008a・2008b・2010）が，日本語の「言語現象」を分析する中で共に至る認識となっている．

第4章 「日本語」の論理 ④：「音＝意味」による「主体化」と「主体化」論理の拡張及び変容 269

暗黙の裡に背景化する社会・文化的な約束ごとを受け入れている．日本の小説・文学において，消え様のない書き手の存在を，暗黙の裡に背景化する社会化された二重基準構造のストラテジーを，読み手側も採り続ける．この社会化された二重基準構造のストラテジーに依存することで，最も成功した作家が大江健三郎であり，村上春樹であろう．彼らは「日本語」で叙述された自身の小説が，「客体的・客観的」で普遍性を持ったものであり，英語への翻訳も可能なものと信じる．ただし，村上春樹が自身の初期の3部作に対して自覚を持っていたように，言語論理的に，日本語で書かれたものを英語に翻訳はできないし，英語で書かれたものも日本語に翻訳はできない．出来ているように見えているのは，「共有・社会化」された思い込み（「間主観性」）が在るからである．その「間主観性」が，内田樹や佐伯啓思[16]が指摘する日本の社会・文化の二重基準構造を形成している．また，その二重基準構造を可能にしている通時的理由が，日本語の中には存在している．第4部において，その理由を明らかにしていくが，この理由に気が付くとき，人は日本語におけるアクロバシーを目の当たりにすることになる．また，「客体化・客観化」の論理で構文・文法カテゴリを創発させている英語においても，「日本語」と同じく，「主体化」の論理で構文・文法カテゴリを創発させている言語現象が存在することを，見出すことになる．

---

16) 佐伯啓思『経済学の犯罪』『日本の宿命』『貨幣と欲望』『反・幸福論』等．かつて「京都学派」は，西欧の思考に対抗できる別の思考基軸の確立を目指していたが，グローバリズムの世界にあって，その必要性は今も変わらない．

第4部

言語のグレイディエンス：
英語の中の「主体化」論理と日本語のアクロバシー

・日常言語は，歴史的な過程をへて変化を遂げてきている記号系の一種である．したがって，共時的な視点から見た言語現象の一面が，通時的・歴史的な変化にかかわる要因によって動機づけられている可能性も十分に考えられる．換言すれば，通時的・歴史的な変化のプロセスないしは拡張のプロセスにかかわる要因が，共時的な視点からみた言語現象の拡張のプロセスに反映されている可能性を考慮していく必要性がある．このことは，言葉の科学に，「通時的」（ダイアクロニック）な視点と「共時的」（シンクロニック）な視点を統合する「汎時的」（パンクロニック）な視点を導入する研究が必要になることを意味する．

山梨（2000: 7）

・言葉には，主体による外部世界の解釈，外部世界のカテゴリ化，意味づけ等にかかわる認知的な要因がなんらかの形で反映されている．……（言語の）形式・構造にかかわる制約も，根源的に言語主体の認知能力や運用能力にかかわる制約によって動機づけられているという視点に立つ……． 山梨（2000: 250）

272　第4部　言語のグレイディエンス：英語の中の「主体化」論理と日本語のアクロバシー

　第2部，第3部にわたって，英語の世界解釈・事態把握のあり方と，「日本語」の世界解釈・事態把握のあり方がどのように異なるのかを，構文・文法カテゴリの「類像性（iconicity）」を介した分析から述べてきた．明らかになったのは，個別言語の構文・文法カテゴリというのは，その言語を用いる民族の特定の「認知モード」による世界解釈・事態把握のあり方が，類像的に創発したものであるという事実である．また，特定の「認知モード」の成立基盤は，特定の「主観」にあることであった．英語を代表とする近代ヨーロッパ標準言語においては，その「主観」は「客観」であり，それが「客体化」としての構文・文法カテゴリの創発動機になっていた．「日本語」においての「主観」は「主客未分化」であり，それが「主体化」としての構文・文法カテゴリの創発動機になっていた．こうしたことから，言語類型論において，分析のパースペクティブとして用いるべきものは「類像性」であり，その「類像性」を介して各言語の世界解釈・事態把握のあり方を解明・記述することが，言語類型論が人文科学であるための条件なのである．認知言語類型論[1]という新しい言語学分野の大枠・原理を，説明できたのではないかと考える．

　この第4部においては，「日本語」の世界解釈・事態把握のあり方（construal）と思われたものが，英語の中にも存在することを述べる．「中間構文」と呼ばれているものを分析することで，そのことが明らかになる．「日本語」及び英語の「中間構文」の分析と，英語の通時的な変遷を見る中で，世界中の言語は始原的な「認知PAモード」による世界解釈・事態把握と，客観的な「認知Dモード」による世界解釈・事態把握の間で，その構文・文法カテゴリを創発させていることが予測される．また，言語には，この「認知PAモード」による世界解釈・事態把握から，「認知Dモード」による世界解釈・事態把握への，「認知モード」のシフト現象が存在することも判明する．そのシフト現象の一部が，日本語の語彙の形成の中にも潜んでいる．

---

1 ）「認知類型論」という名称の研究論文が幾つかあるが，本書の「認知言語類型論」とは関係を持たない．「認知類型論」の研究論文の多くは，意識されているものなのかどうかは判らないが，「機能主義言語学」のパースペクティブとパラダイムによるものであり，「認知言語学」のパースペクティブとパラダイムによるものではない．

第 1 章

英語における「主体化(modalization)」現象：「中間構文」・「構文イディオム」・「場所主語構文」・「再帰構文」

　第 3 部において，「日本語」における「主体化(modalization)」現象を，「認知様態詞(従来，形容詞)」，「認知標識辞(従来，助詞・格助詞)」，「事態生起の不可避性の表象(従来，自発・受け身・可能・尊敬表現)」及び「事態生起の心的確定の表象(従来，過去時制の「た」)」の分析を通して解明してきた．この部においては，英語における「主体化(modalization)」現象を，「中間構文(middle construction)」において考察する．英語の「中間構文」とは，「客観」という「主観」を母体にし，「客体化」の論理によって事態把握を行う言語主体者も，その認知的な発達段階の初期においては，「主体化」の論理を用いて事態把握を行っていることを示す言語事例である．

　英語の「中間構文」を巡っては，従来からいろいろなパースペクティブに拠って分析が行われてきたが，主体者が対象と認識論的な距離を持たずに，「主体化」の論理に拠って事態把握を行っている事例として，この言語現象を分析・解明している研究はない．「中間構文」の本質は，「主体化」にある．

1 ─「中間構文(middle construction)」の具体事例と分析視点

　「中間構文」というのは，英語においても特異な振る舞い方を示す構文であるがために，これまで多くの言語学者の興味を惹いてきた．英語における「中間構文」というのは，次の様な事例を指す．

274   第4部　言語のグレイディエンス：英語の中の「主体化」論理と日本語のアクロバシー

(128) a. This metal hammers flat easily.

　　b. The movie watches easily.

　　c. This car drives with the greatest of ease.

　　d. This wine drinks like it was water.（van Oosten）　　Goldberg（1995: 182-83）

　　e. That flower cuts.　（2歳8ヶ月の子どもが庭の花を見ながら）

　　f. This can't squeeze.（子どもがゴム製の小さな玩具を握りながら）

　　　　　　　　　　　　　　　　　　　　　　　　　　Clark（2001: 396-7）

　　g. The book sold well.

　　h. The book didn't sell.

　　i. The car drives smoothly.

　　j. The ice-cream scoops out easily.

　　k. This poem doesn't translate.

　　l. The food won't keep.

　　m. The dirt brushes off easily.

　　n. I don't photograph very well.　　　　　　　　　Taylor（2002: 434）

　　o. This knife cuts easily.

　　p. This pen writes smoothly.　　　　　　　　　　　谷口（2004: 71）

　　q. The Coolpix, although not a thing of beauty, handles easily and gives superb results.

　　r. the saw cuts well and the blades（Starrett Bi-Metal）last.

　　s. Convert between all audio file types easily from one format to another with all possible settings.

　　t. This car drives easily.

　　u. The stroller folds easily and compactly, and it can be carried with one hand with the carry strap.　　　　　　　　　　　　　　　　Sakamoto（2007: 49-50）

　この他にも，多くの研究が行われている（cf. Jespersen 1949, Lakoff 1977・1987, Keyser and Roeper 1984, Fellbaum 1986, Langacker 1987・1990, van Voorst 1988, 井島 1991, Fagan 1992, Taniguchi 1994・1995, Yoshimura 1998, 福田 1993, 山田 1997, 影山 1998, Sakamoto 2001, 吉村 2001, 坂本 2002, 本多 2002・2007, 谷口 2005,

第1章　英語における「主体化」現象：「中間構文」・「構文イディオム」・「場所主語構文」・「再帰構文」　275

二枝 2007 等).

　従来の言語学の分野における「中間構文」の分析には，この構文を構成する項が持つ意味情報，及び動詞が持つ意味情報から，「語」または「構文」というカテゴリが分析視点として用いられてきた．認知言語学の研究分野においては，アクション・チェイン・モデル，因果連鎖（causal chain）モデル，主語名詞句の指示対象（人工物）に潜在する情報（クオリア役割），または，生態心理学におけるエコロジカル・セルフ等が分析視点に用いられている．しかしながら奇妙なことに，自身の用語で 'subjectification（主体化）' といった，高次の言語学的センスが求められる言語現象を見出しているラネカー自身も，この「中間構文」という言語現象が，英語における 'subjectification（主体化）' という言語現象の典型事例であることに気が付いていない．

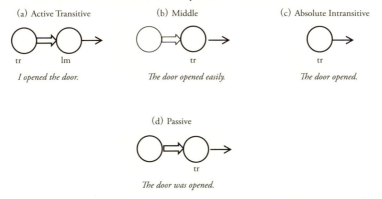

図 32.「態（voice）」と「力動性（force dynamics）」の伝達

(a) Active Transitive　　　(b) Middle　　　(c) Absolute Intransitive

I opened the door.　　The door opened easily.　　The door opened.

(d) Passive

The door was opened.

Langacker（2008: 385, FIGURE 11.6）

　ラネカーは「中間構文（middle construction）」という言語現象を，アクション・チェイン・モデルによって記述・説明しようとしている．しかしながら，ラネカーの上図は，何故「中間構文」が典型的には「副詞（adverb）・副詞句（adverbial phrase）」を付随させ，「現在時制（present tense）」の形態で創

276　第4部　言語のグレイディエンス：英語の中の「主体化」論理と日本語のアクロバシー

発するのかが，説明できないのである（cf.（128）a・b・c・d・e・f・i・j・k・m・n・o・p・q・r・s・t・u）．

　第1部において，ground が immediate scope（onstage）と重なるとき，「主語」という「形式（構文・文法カテゴリ）」から「主語性」が奪われ，「他動詞」という「形式」から「他動性」が消失する現象が生じることを確認した．これは，事態が「客観」という「主観」によって「客体的」に把握されずに，認知主体によって「主体的」に把握される場合，つまり，「創発した解釈（emerged construal）（ラネカーの用語ならば immediate scope）」が，ground 内に顕現する場合に生じる言語現象のことであった．この「主体化」という言語現象は，認知主体者の「イマ・ココ」において生じる言語現象であり，それはモダリティ化（modalize）された事態把握の，言語形式（構文・文法カテゴリ）への創発であった．それでは，'modalization（主体化，ラネカーの用語ならば subjectification）' とは，どのような認知メカニズムであったのだろうか．そのことを再度明らかにするために，ラネカーが定義した「主体的（subjective）」という用語・現象を，ここでもう一度検討することにする．

2 ― 「中間構文」と Langacker の「主体化（subjectification）」

　ラネカーは 'subjective（主体的）' 及び 'objective（客体的）' に行われる解釈（construal）に対して，次の様な説明を与えていた．

Within the full scope of awareness, S attends to a certain region — metaphorically, the "onstage" region — and further singles out some onstage element as the focus of attention. This, most specifically, is the object of conception（O）. To the extent that the situation is polarized, so that S and O are sharply distinct, we can say that S is construed **subjectively**, and O **objectively**. S is construed with maximal subjectivity when it functions exclusively as subject: lacking self-awareness, it is merely an implicit conceptualizing presence totally absorbed in apprehending O. Conversely, O is construed with maximal objectivity when it is clearly observed and well-delimited with respect to both its surroundings and the observer.

第 1 章 英語における「主体化」現象：「中間構文」・「構文イディオム」・「場所主語構文」・「再帰構文」 277

認識範囲の最大限度内で主体は特定の領域に関心を向け，── この領域を隠喩的に
表現すれば「オンステージ」領域となり ── さらに意識の焦点としてオンステージ
の何らかの要素を選出する．厳密化すれば，この意識の焦点が概念化における客体
(O) である．概念化が分極化された状態になると，S（主体）及びO（客体）は明
確に分離し，S（主体）は主体（主観）的に解釈されることになり，O（客体）は
客体（客観）的に解釈されることになる．S（主体）がもっぱら主体として機能し
ているとき，S（主体）は最大限の主体（主観）性を伴って解釈されていることに
なる．つまり自意識のない状態で，主体は単にO（客体）の把捉に同化しきった
潜在的な概念化者として存在している．このことを逆に述べると，O（客体）がは
きりと観測され，環境と観測者の両方から十分に区分されている場合，O（客体）
は最大限の客体（客観）性を伴って解釈されていることになる．

Langacker（2008: 260）下線部強調筆者 （再掲）

　彼は事態把握における認知状況が分極化すると，'subject（認知の主体）' と
'object（認知の対象）' とが明確に分化し，その分化した場合に認知の主体は
「主体的」に，認知の対象は「客体的」に解釈されると説明していた．さ
らに，主体が自己意識を持たずに認知対象の把捉活動に同化した，潜在的
な概念化を行う存在であるとき，主体は専ら主体として機能し，主体が最
大限「主体的」に解釈されていることになると説明した．また，このこと
を逆にして，客体が明瞭に認められ，観察者と客体を取り巻く環境の両方
から明確に区分されるとき，客体は最大限「客体的」に解釈されていると
説明するのであった．ラネカーはここにおいて，「主体的な解釈(subjective
construal)」とは，認知主体が認知対象の把捉活動に同化され，潜在的に概
念化を行う存在である場合だと定義しているが，認知主体と認知対象が明
確に分化している（sharply distinct）状態で，認知主体が認知対象の把捉活動
に同化されると述べることは，論理矛盾に他ならなかった．何故ならば，
彼の基本認知図において，主体と対象が分化している状態で，主体が対象
の把捉活動に同化されると述べることは，認知主体と認知対象の間に認識
論的距離が存在する状態で，認知主体と認知対象の間の認識論的距離は無
いと述べるのと同じことになるからである．つまり，下記のラネカーの認

知図 33 (a) において，認知主体 (conceptualizer ∈ ground) と対象 (immediate scope) が明確に分化しながら，認知主体が潜在的な概念化を行う存在となるとき，主体は最大限主体的に解釈されており，対象は最大限客体的に解釈されると述べているのである．

図 33. Langacker の認知図：'grounding'

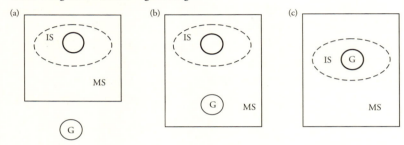

Langacker (2002: 319)

上記の 33 (a) の認知図において，「主体」を内包する ground (G) が maximal scope (MS) と分離している状態では，そもそもどのような事態把握も成立しない．この認知図が示すのは，世界は認知主体となんら関係なく独自に存在しているという認識だけである．

　第 1 部でも論証した様に，ラネカーのいう 'subjectification (主体化)' という言語現象は，上記 33 (c) の認知図が示す認知状況で創発するものであり，そこにおいては，認知主体を内包した ground 自体が immediate scope 内 (onstage) に在ることになるが，その認知状況と，Langacker (2000) が提示する下記 2 の 'subjectification' の認知図は，一致していないのである．

第1章　英語における「主体化」現象:「中間構文」・「構文イディオム」・「場所主語構文」・「再帰構文」　279

図2．Langacker の認知図：'subjectification (「主体化」)' (再掲)

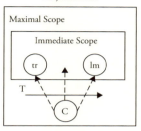

Langacker (2000: 298)

上記認知図2においては，概念化者 (C = conceptualizer：認知主体) は immediate scope (onstage) 外に居るが，他動詞 have の事例で見た様に，'subjectification (主体化)' という言語現象は，典型的には概念化者が I もしくは we の形式を以って，immediate scope 内に存在する場合に生じるものであった．つまり，ラネカーの言う 'subjectification' は，上記の33の認知図 (c) の状態，概念化者が内包されている ground 自体が，immediate scope 内に在るときに生じる言語現象だったのである．したがって，もし主体的な解釈 (subjective construal)，つまり 'subjectification' という言語現象が，上記認知図33 (b) においても生じるというならば，認知主体と認知対象が分極化すると同時に，認知主体が認知対象の把捉に同化している状態を示すためには，上記認知図33 (b) には次の様な変更が求められることになる．

図33．「主体化(modalization)」の認知状況

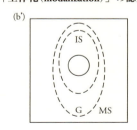

認知図33 (b') というのは，認知図33 (b) の認知状態から，ground が immediate scope の認識論的基盤として背景化している様態に変化している

280　第4部　言語のグレイディエンス：英語の中の「主体化」論理と日本語のアクロバシー

ことを，つまり，視点配置としては視覚構図内から視点が消滅する現象を指すことになる．

　ラネカーの認知図が，彼のいう 'subjectification' という言語現象を上手く表示できない理由は，「概念化」という認知プロセスが，「視点配置・視覚構図」というパースペクティブにより表示可能であると前提しているからである．ラネカーの認知図においては，その認知図を見る観察者の視点自体が，認知の対象側に移ることはない．観察者は対象に対して相変わらず認識論的距離を保ったままで，つまり視点が対象側に移動することなく，元の観察視点に固定されたままで事態把握を行っている．認知図上で認知の対象側に ground を移動させてみても，対象側に移動した ground から観察を行う，すなわち対象側に移動した ground から事態把握を行うことは，原理的に不可能である．何故ならば，「観察視点・視覚構図」が固定されている限り，つまり「客観」というパラダイムによって観察・事態把握を続ける限り，認知の対象側に観察視点が移る，表現を換えるならば，認知の対象と共に事態把握を行うという「主体化(modalization)」の認知メカニズムの発見は，認識論的に不可能だからである．認知の対象であり，同時に認知の主体となる様な事態把握のあり方，ラネカーのいうところの 'subjectification' という言語現象は，彼の提唱する視点配置・視覚構図の変形を以ってしては，それを捉え，説明することができないのである．

　ラネカーが「主体化(modalization，彼の用語でいうなら subjectification)」という言語現象を理論的に説明できない理由は，「主体が自己意識を持たずに認知対象の把捉活動に同化した，潜在的な概念化を行う存在であるとき」と記述しながら，「認知対象」と「潜在的概念化を行う存在」間において，認識論的距離が消失するという現象を説明できるパースペクティブを持ち合わせないから，あるいは，それを発想できないからである．具体的には，「主体化」という言語現象を，あくまでも認知図33（b）のパースペクティブによって説明しようとするからである．「主体化」という言語現象は，認知図33（b）において生じるのではなく，この本の第1部で論証

第 1 章　英語における「主体化」現象：「中間構文」・「構文イディオム」・「場所主語構文」・「再帰構文」　281

した様に，認知図 33 の (c) の状態[1]で生じるものであった．immediate scope 内に ground があるのではなく，対象を由来・契機として，概念化者は対象と共に在るという主観（内置・内観，すなわち「認知 PA モード」）による解釈・事態把握が，形式（構文・文法カテゴリ）として創発するのが，「主体化」と名称される言語現象の本質なのである．「主体が自己意識を持たずに認知対象の把握活動に同化した，潜在的な概念化を行う存在であるとき」と記述するならば，その事態把握のあり方を示す認知図は本来，次の様なもので在らねばならなかった．

図 34.「主体化 (modalization)」の認知図：「認知 PA モード (Primordial and Assimilative Mode of Cognition)」

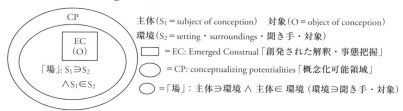

　主体的な解釈 (subjective construal) が生じる 'modalization（主体化）' という言語現象は，「主体」と「環境∋対象・聞き手」の不分離，すなわち西田 (1953) や阪倉 (1978 (2011)) や川端 (1982) が述べる，「主客未分化（「場」）」な事態把握のあり方（「認知 PA モード」）によって生じる言語現象に他ならなかったのである．

　「主体化」という認知プロセスを「視点配置・視覚構図」内で表示しようとしても，中村 (2009) も指摘する様に，事態把握のあり方（「認知モード」）がシフトする状況は，「視点配置・視覚構図」に反映させることができない．「視点配置・視覚構図」においては，認知の対象と ground は常に

---

1) 正確にいうなら，認知図 33 (c) において，immediate Scope と ground が地続きの認知状態で「主体化」は生じる．「イマ・ココ」という認知状態である「場 (∋ Ground)」と認知の対象が同化することによって，「主体化 (modalization)」は生じる．

282　第4部　言語のグレイディエンス：英語の中の「主体化」論理と日本語のアクロバシー

分離したまま，言葉を換えるなら，認識論的距離が常に存在した（つまり「客観的な」）ままである．認識論的距離が存在する（「客観的な」）状況においては，対象が主体の情意を透過することで創発する 'modalization（主体化）' という言語現象は，表示のしようがないのである．

　ground を onstage（immediate scope）内に移動させてみても，「視点配置・視覚構図」のパースペクティブから解釈（construal）すれば，その図は ground に認知的焦点が当たっていること，すなわち，ground を構成する「話し手」及び「聞き手」（I, you 及び we）が焦点化され，事象の構成項として言語形式に顕現することを表示するだけである．「話し手」及び「聞き手」，または「話し手・聞き手」が焦点化され，言語形式に顕現することを表示しても，「視点配置・視覚構図」のパースペクティブからは，何故 I, you 及び we から，その「主語性（subjecthood）」が透明化するのかを説明することができない．また，他動詞 have の意味内容としての「力動性の伝達（transmission of force dynamics）」が，何故消失するのかも説明することができない．「主語性」の透明化及び「力動性伝達」の消失を説明するためには，認知の対象が主体の情意を透過することで，対象自体も主体の情意を帯びながら形式として創発する言語現象，すなわち，概念化者と対象との間に認識論的距離のない，「主体化」という認知状況の提示法が求められるのである．

　「客観的な事態把握（objective construal）」の優位を信奉する言語論理の話者にとって，図33（b'）・図34の様に認知図化された認知様態での事態把握は，肯定・是認できるものではないであろう．何故ならば，この認知図が示しているのは，「認知主体」と「認知対象」の同化というプリミティブな認知様態での事態把握のあり方であり，そこにおいては，「認知主体」と「認知対象」は独立して存在するという客観主義的世界解釈，または，事象は「客観的」に観察し得るという科学主義の否定に繋がっているからである．すなわち，「認知主体」と「認知対象」は独立して存在するという客観主義的世界解釈のあり方も，事象は「客観的」に観察し得るという科学主義も，実は「客観」という名の「主観」の一部に過ぎないことを認

第 1 章　英語における「主体化」現象：「中間構文」・「構文イディオム」・「場所主語構文」・「再帰構文」　283

めてしまうことになるからである.

　「主体化(subjectification → modalization)」という言語現象の説明に, ラネ
カーが「主体が自己意識を持たずに認知対象の把捉活動に同化した, 潜在
的な概念化を行う存在であるとき」という記述を充てるとき, それは, 認
知主体の存在を透して事象が生起し, 事象生起の把促の様態として認知主
体が在るという, 川端康成や西田幾多郎の認識の言い換えとなっているの
である.

　143 頁に引用した西田幾多郎と, 川端康成の文章であるが, 川端の「百
合と私が別々にあると考えて百合を描くのは, 自然主義的な書き方であ
る」(川端 1982: 17) という記述は, そのままラネカーの「客体的な解釈
(objective construal)」のあり方を説明する「視覚構図・視点配置図(viewing ar-
rangement)」による事態把握に相当している. それに続く川端の「主観の
力はそれで満足しなくなった. 百合の内に私がある. 私の内に百合があ
る. この二つは結局同じである」という記述と, 西田の「純粋經驗の状態
では主觀と客觀とは全く一致してゐるのである, 否, いまだ両者の分裂が
ないのである」(西田 1953: 188) という記述は, ラネカーの「主体が自己意
識を持たずに認知対象の把捉活動に同化した, 潜在的な概念化を行う存在
であるとき」という記述に相当している. 認知主体の存在を透して事象の
生起があり, 事象の生起の把促の様態において認知主体の存在があるとい
うパースペクティブは非常に重要である. 本来,「場」という観念は,「認
知主体」及び「認知対象」の相互・同化作用により事象が生起する認知状
況のことを指すはずであり, そこにおいては, 認知主体の存在なくして事
象は生起せず, また, 事象生起の知覚・把捉を透して, 認知主体自体も存
在していると言える. 英語の「中間構文」という言語現象は, 川端の「百
合の内に私がある. 私の内に百合がある. この二つは結局同じである」と
いう認識と, 西田の「主觀と客觀とは全く一致してゐるのである, 否, い
まだ両者の分裂がないのである」という認識のあり方が, 英語の「言語形
式（構文・文法カテゴリ）」において創発する言語現象なのである.

3 ―「中間構文」を創発させる「始原的内化の認知モード(Primordial and Assimilative Mode of Cognition):PAモード」

ラネカーが「主体化(modalization)」という言語現象の本質を説明できない最大の理由は、「客体的な解釈(objective construal)」のあり方を説明する「視覚構図・視点配置図(viewing arrangement)」を用いて、「主体的な解釈(subjective construal)」と「客体的な解釈」の違いを説明しようするからであった.

図 35. Langacker の基本認知図:「視覚構図・視点配置図」と「事態把握図」の相似

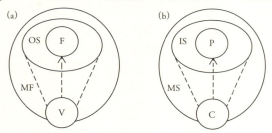

(a) V=viewer / subject　MF=maximal field of view　OS=onstage region　F=focus /object
↑=perceptual relationship

(b) C=conceptualizer　MS=maximal scope　IS=immediate scope　P=profile
↑=construal relationship

Langacker (2000: 205)

「客体的な解釈」のあり方、すなわち、「主体(subject = viewer)」から「対象(object = focus)」へ注意を向ける知覚の様態しか提示しない「視覚構図・視点配置図」(図 35 (a))においては、「主体的解釈」とは、単に認知視覚の起点を移動させることでしかない.「認知の対象(object = profile in immediate scope)」が「客体的」なままで、そこに ground(視覚認知の起点)を移動させても、対象と主体間の認識論的距離が消えることはないのである(図 35 (b)).対象と主体との間の認識論的距離が消失しない状態で、「主体

第1章　英語における「主体化」現象：「中間構文」・「構文イディオム」・「場所主語構文」・「再帰構文」　285

化」という言語現象は生じない.

　中村芳久（2004・2009）も，ラネカーが「視覚構図・視点配置図」を用いて言語現象・事態把握のあり方を説明する際に，論理矛盾が生じることに気が付いている. 中村は，ラネカーが用いた視覚構図・視点配置図における認知視覚の起点移動により，「主体化」という言語現象を観察・記述・説明することの矛盾を次の様に述べる.

　　しかしこのような主体化では，たとえば題目から主語への文法化は捉えられない. 言語の総体に関わるような文法化を捉えることもできない. 題目と主語にはそれぞれ参照点とトラジェクターという認知主体の認知能力・認知プロセスが反映しており（Langacker（1993）），認知プロセスそのもののシフトを考慮する必要がある. 先の主体化は，語彙的要素の叙述内容が希薄化し，その背後の認知プロセスのみを表すようになる意味的変化を捉えるものであるから，認知プロセスそのもののシフトはそのような主体化では捉えられない.（中略）文法化を捉える際に，語彙や構文の意味から独立して，認知プロセスのシフトや認知モードのシフトを考慮すべきだということである.　　　　　　　　　　　　　　　　中村（2009: 383）

　中村も指摘する様に，「客体的」な事態把握と「主体的」な事態把握の違い，または認知プロセスのシフトという言語現象を観察・記述・説明するためには，ラネカーが用いる「視覚構図・視点配置図」を基にした認知図ではなく，対象と主体の相互作用による知覚・認知のあり方を表示する認知図が必要になる. このために中村は，「客体的」事態把握のあり方を表す認知モード図（「認知 D モード」）と，「主体的」事態把握のあり方を表す認知モード図（「認知 I モード」）を提唱した.

図 12.「外置の認知モード（Displaced Mode of Cognition：認知 D モード）」（再掲）

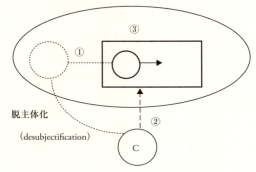

① 認知主体と対象の直接的なインタラクションは存在しない
② 認知プロセスもあたかも客観的な観察の目
③ 認知主体から独立して存在する客観

中村（2004: 37）

図 36.「認知のインタラクション・モード（Interaction Mode of Cognition：認知 I モード）」

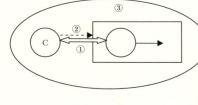

外側の楕円：認知の場（domain of cognition, or environment） C：認知主体（Conceptualizer）

① 両向きの二重線矢印：インタラクション（例えば地球上のCと太陽の位置的インタラクション 四角の中の小円は対象としての太陽）
② 破線矢印：認知プロセス（例えば視線の上昇）
③ 四角：認知プロセスによって捉えられる現象（例えば太陽の上昇）

中村（2004: 36）

　中村は，言語学，認知文法論及び認知言語類型論において，日本語を含んだ世界中の言語に，西洋の「客観」というパラダイム及びそこから派生するパースペクティブを適用させ，その適用によって各言語の言語現象を観察・記述・説明することの危険性を自覚している学者のひとりと言える．ただ，「主体的」事態把握のあり方を表す上記中村の認知モード図（「認知Iモード」）においても問題となり得るのは，認知プロセスによって捉えられる現象（③四角）と，認知主体（C）とのインタラクションを表現

するのに，両向きの二重線矢印（①）という表示を用いなければならないことである．両向きの二重線矢印という空間表示形式を用いる限り，「主体が自己意識を持たずに認知対象の把捉活動に同化した，潜在的な概念化を行う存在であるとき」という，認知主体と認知対象間の認識論的距離の消失現象（「主体化」）を上手く表示することができないのである．この認識論的距離の消滅による「主体化」を表示するためには，次の様に認知図とパラダイムを変更させる必要がある．

図37．「認知の始原的内化モード（Primordial and Assimilative Mode of Cognition）：認知 PA モード」

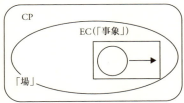

CP：conceptualizing possibilities：「概念化可能領域」
EC：emerged construal：「創発された解釈・事態把握」
　　　　　　　　　　　　→「事象」
「場」：主体∋環境 ∧ 主体∈環境
　　　　（環境∋対象・聞き手）

　この認知図が示しているのは，「事態は認知主体から独立して客観的に存在するのではなく，認知主体の存在を透して事態が生起し，事象生起の把促の様態において認知主体自体も在る」というパラダイムである．つまり，把捉・解釈された事態は，概念化者と認知の対象を含む「場」において，「事象・形式（構文・文法カテゴリ）」として創発する．この認知主体を含む認知の「場」において，把捉・解釈された事態が，「事象」として創発するパラダイムでは，それを表す認知図において，対象と主体との間に認識論的距離は設けられない．把捉・解釈された事態は，概念化者及び対象と認識論的に連続した，言葉を換えれば，認識論的に地続きな様態の事象として，「形式（構文・文法カテゴリ）」化される[2]．したがって，認知主体と対象の間に認識論的距離が存在しないモード（「認知 PA モード（**Primor-**

---

2) 「場」において事象が創発するというパースペクティブは，KLC（Kyoto Linguistics Colloquium）における山梨正明教授の指摘に依る．

288　第4部　言語のグレイディエンス：英語の中の「主体化」論理と日本語のアクロバシー

dial and Assimilative Mode of Cognition）：始原的内化の認知モード」）に
よって把捉・解釈された事態は，次の様な「形式（構文・文法カテゴリ）」と
して創発する．

（35）a.「一杯の水が（[?]を）欲しい」→「水が（[?]を）一杯，欲しい」
　　　b.「一杯の水が（[?]を）飲みたい」→「水が（[?]を）一杯，飲みたい」
　　　c.「試験にうかったことが（*を）嬉しい」
　　　d.「テニスが（[?]を）したい」
　　　e.「涼子のことが（[?]を）好きです」　　　　　　　　　　　　（再掲）

（36）a.「暑い」
　　　b.「寒い」
　　　c.「重い」
　　　d.「軽い」　　　　　　　　　　　　　　　　　　　　　　　　　（再掲）

　「欲しい」・「飲みたい」・「嬉しい」・「したい」・「好き」という「形式」
は，「形容詞」・「動詞」として在るのではなく，主体の認知様態を表す
「認知様態詞」として在る．したがって対象は，共同注視の対象としてで
はなく，主体に生じた「認知様態」の「由来・契機」として在り，表現を
換えるならば，主体が単独に注視している意識・対象として在るので，コ
ミュニケーション状況においては，共同注視の対象に用いられる「は/wa/」
ではなく，「が/ga/」が使用される．同様に，「暑い」・「寒い」・「重い」・
「軽い」の場合には，状況と認知主体とが分離せずに連続したまま把捉・
解釈されているので，その「形式」には「主語」及び「動詞」が用いられ
ることなく，1語文として創発することができる．
　「中間構文（middle construction）」というのは，「日本語」におけるこうした
事態把握のあり方が，英語の「言語形式（構文・文法カテゴリ）」において創
発している事例に他ならないのである．「中間構文」とは，「認知 PA モー
ド（primordial and assimilative mode of cognition）：始原的内化の認知モード」に
よって把捉・解釈された事態が，英語という「言語形式」に創発する典型
事例なのである．このことを明らかにするために，この章の初めに挙げた

第 1 章　英語における「主体化」現象：「中間構文」・「構文イディオム」・「場所主語構文」・「再帰構文」　289

「中間構文」の事例を，「日本語」による事態把握のあり方と対照しなが
ら，もう一度観察することにする．

4 －「中間構文」と「日本語」の事態把握

　英語の「中間構文」と，「日本語」の事態把握のあり方を比較するため
に，再度「中間構文」の事例を挙げる．

(128-1)　a. This metal hammers flat easily.

　　　　b. The movie watches easily.

　　　　c. This car drives with the greatest of ease.

　　　　d. This wine drinks like it was water.（van Oosten）　　Goldberg（1995: 182-183）

　　　　e. That flower cuts.　（2 歳 8 ヶ月の子どもが庭の花を見ながら）

　　　　f. This can't squeeze.（子どもがゴム製の小さな玩具を握りながら）

　　　　　　　　　　　　　　　　　　　　　　　　　　　　Clark（2001: 396-397）

　　　　g. The book sold well.

　　　　h. The book didn't sell.

　　　　i. The car drives smoothly.

　　　　j. The ice-cream scoops out easily.

　　　　k. This poem doesn't translate.

　　　　l. The food won't keep.

　　　　m. The dirt brushes off easily.

　　　　n. I don't photograph very well.　　　　　　　　　　Taylor（2002: 434）

　　　　o. This knife cuts easily.

　　　　p. This pen writes smoothly.　　　　　　　　　　　　谷口（2004: 71）

　　　　q. The Coolpix, although not a thing of beauty, handles easily and gives superb results.

　　　　r. The saw cuts well and the blades（Starrett Bi-Metal）last.

　　　　s. Convert between all audio file types easily from one format to another with all
　　　　　possible settings.

　　　　t. This car drives easily.

　　　　u. The stroller folds easily and compactly, and it can be carried with one hand with the
　　　　　carry strap.　　　　　　　　　　　　　　　　Sakamoto（2007: 49-50）

290 第4部 言語のグレイディエンス：英語の中の「主体化」論理と日本語のアクロバシー

「水が飲みたい」という「日本語」の表現において，「水」が主体の「飲みたい」という認知様態の「由来・契機」になっていた．同様に，英語の「中間構文」においては，認知主体によって直接的に経験・使用された物及び道具類が，事態に対する主体の評価である副詞及び助動詞創発の，「由来・契機」となっている．「主語」位置に現れる metal, movie, car, poem, wine, flower, book, ice-cream, dirt, knife, pen, saw や stroller といった物や道具類と認知主体との間には，その物や道具類を使用または経験することで，認知主体に刻まれた身体的感覚が，その物や道具類に存続・内在しているがために，認識論的分離（「客体化・客観化」）が生じない．使用経験を通して，主体と物または道具類とが，身体経験的に地続き（シンクロ）の状態にある．したがって，経験の主体である人（I や we）の代わりに物や道具類が，認知主体が物及び道具類を直接身体的に経験することで得られた感覚・意識（モダリティ）を具象するものとして，英語の「主語」位置に現れるのである．

(128-2) a. This metal, b. The movie, c. This car, d. This wine, e. That flower, f. This,
g. The book, h. The book, i. The car, j. The ice-cream, k. This poem,
l. The food, m. The dirt, o. This knife, p. This pen, q. The Coolpix, r. The saw,
s. all audio file types, t. This car, u. The stroller.

　認知主体と物や道具との経験的・身体的連続性（認識論的地続き状態）の存在を表しているのが，「中間構文」に出現する名詞との共起頻度が圧倒的に高い easily, smoothly や very well といった，直接的な身体経験によって得られた心的評価を表す副詞であり助動詞である．

(128-3) a・b・j・m・o・q・s・t・u. easily,　c. with the greatest of ease,
d. like it was water, f. can't, g・r. well, h. didn't, i・p. smoothly, k. doesn't, l. won't,
n. don't, very well, u. compactly.

　また，「中間構文」においては，物または道具類と主体との間に，その使用経験を通して認識論的地続き状態が発生しているために，主体の物ま

第1章　英語における「主体化」現象：「中間構文」・「構文イディオム」・「場所主語構文」・「再帰構文」　291

たは道具類の使用を意味内容とする他動詞は，「主語」位置に本来「目的語」である物または道具類が来るために，自動詞の意味内容へと変容することになる．

(128-4) a. hammers, b. watches, c. drives, d. drinks, e. o. r. cuts, f. squeeze,
　　　　　g. sold, h. sell, i. t. drives, j. scoops out, k. translate, l. keep,
　　　　　m. brushes off, n. photograph, p. writes, q. handles, s. convert, u. folds.

　こうした「中間構文」が創発する種々の要件を，「日本語（やまとことば）」の論理に対応させてみると，そこでは構文レヴェル及び文法カテゴリレヴェルで，意味摩擦や形式齟齬が生じることなく，自然な日本語の対応文を得ることができる．

(128-5) a. This metal hammers flat easily.
　　　　　⇔ a'. この金属は，簡単に叩き伸ばせる．
　　　　　b. The movie watches easily.
　　　　　⇔ b'. その映画は気楽に見（ら）れる．
　　　　　c. This car drives with the greatest of ease.
　　　　　⇔ c'. この車は，ホンマ運転しやすい．
　　　　　d. This wine drinks like it was water. (van Oosten)
　　　　　⇔ d'. このワインは，水みたいにごくごく飲めてしまう．
　　　　　　　　　　　　　　　　　　　　　　Goldberg (1995: 182-183)
　　　　　e. That flower cuts. （2歳8ヶ月の子どもが庭の花を見ながら）
　　　　　⇔ e'. あの花は切れるよ．
　　　　　f. This can't squeeze. （子どもがゴム製の小さな玩具を握りながら）
　　　　　⇔ f'. これ（硬くて）絞れない．　　　　　Clark (2001: 396-397)
　　　　　g. The book sold well.
　　　　　⇔ g'. その本は，良く売れました．
　　　　　h. The book didn't sell.
　　　　　⇔ h'. その本は売れませんでした．
　　　　　i. The car drives smoothly.
　　　　　⇔ i'. その車はスムーズに運転できます．

j. The ice-cream scoops out easily.

⇔ j'. そのアイスクリームは簡単に掬うことができます.

k. This poem doesn't translate.

⇔ k'. この詩は訳せません.

l. The food won't keep.

⇔ l'. その食料は長持ちしないでしょう.

m. The dirt brushes off easily.

⇔ m'. 埃は簡単に払い落せます.

n. I don't photograph very well.

⇔ n'. 私は写真写りが良くありません.　　　　Taylor（2002: 434）

o. This knife cuts easily.

⇔ o'. このナイフは良く切れます.

p. This pen writes smoothly.

⇔ p'. このペンは書き心地が良い.　　　　谷口（2004: 71）

q. The Coolpix, although not a thing of beauty, handles easily and gives superb results.

⇔ q'. Coolpix は，見た目は美しくありませんが，取扱いが簡単で，最高の結果をもたらしてくれます.

r. the saw cuts well and the blades（Starrett Bi-Metal）last.

⇔ r'. その鋸は良く切れ，（Starrett Bi-Metal の）刃も長持ちします.

s. Convert between all audio file types easily from one format to another with all possible settings.

⇔ s'. 全てのタイプのオーディオ・ファイルが，どのような環境下でも，あるフォーマットから別のフォーマットへと変換できます.

t. This car drives easily.

⇔ t'. この車は運転が簡単です.

u. The stroller folds easily and compactly, and it can be carried with one hand with the carry strap.

⇔ u'. そのベビーカーは簡単にコンパクトに折り畳め，キャリー・ストラップによって片手で持ち運びができます.　　　　Sakamoto（2007: 49-50）

「内置・内観の認知モード」による事態把握においては，認知主体と対象との間に認識論的分離は存在しない．認識論的地続き状態にある．この

第 1 章　英語における「主体化」現象：「中間構文」・「構文イディオム」・「場所主語構文」・「再帰構文」　293

認識論的地続き（シンクロ）状態とは，主体の意識・知覚と，認知対象である物または道具類とが，認識論的に同化した状態のことを指す．主体と対象との間に認識論的距離が存在しない事態把握のあり方においては，これまで明らかにしてきた様に，「主体化(modalization)」という言語現象が生じる．英語の「主体化」という言語現象においても，認知主体と対象との間に認識論的分離は存在していない．すなわち「主体化」という言語現象においては，認知主体が対象を経験した「他動詞的」解釈が，概念化者の「経験現在(experienced present)」として，対象（「目的語(object)」）に内置・内観されるので，対象は「自動詞」の構文・文法カテゴリを以って，「主語(subject)」位置に創発するのである．

（129）a. This toy floats easily.

　　　　⇔ a'. このおもちゃは簡単に浮く．

　　　　b. These cookies eat crisp.

　　　　⇔ b'. これらのクッキーは，ばりばり食べられる．

　　　　c. This situation feels slightly strange.

　　　　⇔ c'. この状況は，ちょっと変な感じがする．

　　　　d. Things don't feel good.

　　　　⇔ d'. 情況は良くない（うまく行っていない）．

　　　　e. My head feels heavy.

　　　　⇔ e'. 頭が重い．

　英語の「中間構文」とは，この物や道具等の認知の対象が，使用等の直接的な身体経験によって概念的に「主体化」され，その「主体化」された事態把握が，「モノ・道具・身体の一部・状況」を「主語」として，典型的には「現在時制(experienced present tense)」で，「自動詞」構文・文法カテゴリとして創発したものである．したがって「中間構文」の創発・使用は，英語を母語とする主体者が幼少である時（cf. (128) e・f.）に，また，事態把握の他者との共有が方略的に求められる広告表現（cf. (128) q・r・s・t・u.）において，多く見られることになる．

　英語の「中間構文」は，その構文の主語位置にある項が，構文使用者に

294　第4部　言語のグレイディエンス：英語の中の「主体化」論理と日本語のアクロバシー

よって身体的に経験されること，または経験されたことを，その創発動機
の基盤としている．概念化者・認知主体者の身体的経験を介して，対象と
概念化者との認識論的距離が取り払われているのである．

5 ─ 「始原的内化の認知モード：PA モード」と英語の「構文イディオム(construction idiom)」・「場所主語構文(setting-subject construction)」・「再帰構文(reflexive construction)」

　ジョン R. テイラー (Taylor 1995・2002) 等においては，英語の「構文イ
ディオム(construction idiom)」と呼ばれる言語現象が，考察の対象とされて
いる．

(130-1)　a. My guitar broke a string.
　　　　　b. The stove has blown a fuse.　　　　　　　Taylor（1995: 214-215）
　　　　　c. My car burst a tire.　　　　　　　　　　　Taylor（2002: 576）

　テイラー達が「構文イディオム」と呼ばれる言語現象に注目した理由
は，英語において，一般的に規範的構文とされない構文が創発する周辺的
な言語現象に，「英語」という固有言語が成立する上での重要な論理が潜
んでいるのではないかと考えたからであった．
　前節において，対象が主体の意識に内置され，その意識内で内観される
ことによって，対象と主体が同化する認知メカニズム（「認知 PA モード」）
による事態把握が，英語という言語の構文・文法カテゴリとして創発した
ものが「中間構文(middle construction)」であることを明らかにした．そこに
おいては，主語位置にある項が意味役割的に「動作主性(agentivity)」を，
他動詞がその「他動性(transitivity)」を失っている現象が観察された．こう
した事態把握のあり方が，一つの対象に他の対象を同化させるアマルガム
(amalgam) 化と呼ばれる概念化活動へと拡張され，それが言語形式（構文・
文法カテゴリ）として創発しているのが，テイラー達が「構文イディオム」
と呼んだ言語事例の本質である．また，「場所主語構文(setting-subject con-

第 1 章　英語における「主体化」現象：「中間構文」・「構文イディオム」・「場所主語構文」・「再帰構文」　295

struction）」と呼ばれる言語事例（cf.（130-2）d・e・f）の本質でもある．こうした構文においては，「主体∋対象∧主体∈対象」という事態把握のあり方が，「対象₁∋対象₂∧対象₁∈対象₂」という事態把握へと拡張されている．ただ，この拡張された事態把握のあり方も，認知的に無制約なものとして存在している訳ではない．認知の「対象」と「対象」間には，「全体」が参照点（reference point），「部分」が目標（target）という関係が存在している．

（130-2）a. My guitar broke a string.

　　　　　　（my guitar が「全体」，a string が「必須部分」）

　　　　⇔ a'. ギターの絃が切れた．

　　　　b. The stove has blown a fuse.

　　　　　　（the stove が「全体」，a fuse が「必須部分」）

　　　　⇔ b'. ストーブのヒューズが飛んだ．　　　　　　Taylor（1995: 214-215）

　　　　c. My car burst a tire.

　　　　　　（my car が「全体」，a tire が「部分」）

　　　　⇔ c'. 車のタイヤが破裂した．　　　　　　　　　Taylor（2002: 576）

　　　　d. The garden was swarming with bees.

　　　　　　（the garden が「全体」，bees が「部分」）

　　　　⇔ d'. 庭に蜂が群れていた．

　　　　e. The stock market brims with uncertain information.

　　　　　　（the stock market が「全体」，uncertain information が「部分」）

　　　　⇔ e'. 株式市場は不確かな情報で溢れる．

　　　　f. The church overflowed with worshipers.

　　　　　　（the church が「全体」，worshipers が「部分」）

　　　　⇔ f. その教会は礼拝者で溢れかえった．

　　上記の（130-2）a・b・c・d・e・f の事例において，本来，broke, has blown, burst, was swarming, brims, overflowed 等，「動詞」に対して「主語」的な意味役割を担うのは，「目的語」位置にある a string なり，a fuse, a tire であり，または，前置詞 with で受けられる bees, uncertain information

296 第4部 言語のグレイディエンス：英語の中の「主体化」論理と日本語のアクロバシー

または worshipers である．ここでは，guitar は string が付属して初めて guitar であり，(electric) stove, car も，fuse 及び tire が付属して初めて (electric) stove または car となる．しかし (130-2) d・e・f の事例において，前置詞 with が用いられているのは，guitar に対する string や，(electric) stove に対する fuse，または，car に対する tire 程，garden と bees，stock market と uncertain information，及び church と worshipers の構成・付随関係が，強固ではないと判断されているためである．bees も uncertain information も worshipers も，garden，stock market，church という概念が成立する上での，必須の構成要件・項ではなく，一時的状態と解釈されている．したがって，その構成・付随関係が強固ではないという認知判断が，言語形式（構文・文法カテゴリ）における認識論的距離として，前置詞 with を以って「類像的(iconic)」に表象化されているのである．

　ここで大事なのは，was swarming にしても，brim にしても，overflow にしても，「受動態(passive voice)」と呼ばれる事態把握・言語形式が，この事象に対して用いられていないことである．つまり，garden と bees，stock market と uncertain information，church と worshipers いう項が構成している事象のフレームに対して，ビリヤード・ボール・モデルなりアクション・チェイン・モデルという理想化された認知モデルから引き出される力動性の客観的伝達という解釈は，対応していない．これらの構文は，英語において規範的な「客体化(objectification)」の認知メカニズムから外れた，「主体化(modalization)」という認知メカニズムによる事態把握のあり方を，英語の形式（構文・文法カテゴリ）において，拡張して創発させている事例となっているのである．こうした構文の拡張を可能にする認知メカニズムが，次の様な無生物主語の「再帰構文(reflexive construction)」の創発を可能とする意味論的基盤となっている．

(131) a. The guitar played itself.
　　　⇔ a'. ギターが自然に鳴った．
　　　b. The bag opened itself.

第 1 章 英語における「主体化」現象：「中間構文」・「構文イディオム」・「場所主語構文」・「再帰構文」 297

⇔ b'. 鞄が自然に開いた.

c. The umbrella unfolded itself in the wind.

⇔ c'. 傘が風で自然に開いた.

d. A suspicion formed itself in his mind.

⇔ d'. 彼の心の中に疑念が生じた.

e. A favorable opportunity presented itself in an unexpected fashion.

⇔ e'. 思いもかけない形で，好機が訪れた.

f. Anger punishes itself.

⇔ f'. 因果応報.

g. Suffering does not manifest itself.

⇔ g'. 災害の兆候はない.

h. Genius displays itself even in childhood.

⇔ h'. 栴檀は双葉より芳し.

i. History repeats itself.

⇔ i'. 歴史は繰り返す.

　この構文のアクロバシーは，「他動性(transitivity)」を消滅させるために，「主語」位置にある項からの「力動性(force dynamics)」を，「目的語(object)」位置に置いた自身項に不可逆的な直線一方向から伝達することで，「再帰(recursion)」という言語現象を生じさせていることにある．この「再帰」という言語現象が生じるためには，不可逆的直線一方向から伝達される「力動性」の伝達化と，言語形式として創発している項のさらなる抽象化の，二種二重の概念化が必要となっている．つまり英語においては，「語順」が統語・文法原理の第 1 位に定位していることから，言語形式の制約が非常に強く，「他動性」を消滅させるために，わざわざ「再帰代名詞(reflexive pronoun)」という自身に関わる抽象概念を言語形式に創発させ，それに「力動性」を伝達させる操作を行わなければならないのである．随分手の込んだ概念操作が行われる．この概念操作の存在を以って，「再帰構文」というのは，英語の規範的な「他動詞構文(transitive construction)」と「構文イディオム(construction idiom)」との中間に位置するものとなっている．上記のこうした観察を意味地図としてまとめてみれば，次の様になるだろ

298　第 4 部　言語のグレイディエンス：英語の中の「主体化」論理と日本語のアクロバシー

う．

表 31. 英語における意味関連と構文ネットワーク

「他動詞構文（transitive construction）」⇒「再帰構文（reflexive construction）」
　　　　　　　　　　　　　　　　（拡張）

　　　　　　　　　　　　　　⇕

「中間構文（middle construction）」⇒「構文イディオム（construction idiom）」⇒
　　　　　　　　　　　　　（拡張）　　　　　　　　　　　　　　　　　　（拡張）
「場所主語構文（setting-subject construction）」

　上記の表において重要なことは，意味（概念化）が構文を創発・拡張すると同時に，形式（英語においては「語順（word order）」）が，その創発・拡張において強い制約として働いていることである．共時的にも通時的にも，言語とは「意味」と「形式」との動態緊張関係を通して，構文・文法カテゴリを「創発・拡張」させ，また「変容」させているものと言える．

第2章

日本語のアクロバシー：「造語」と「脳内処理」

　日本語の深層には「日本語」の論理が存在する．その論理とは，ここまで明らかにしてきたように「主体化」の論理である．その論理において事象は，「客体的・客観的」に「主体」から切り離されて表象されるのではなく，「主体」と認識論的に同化した様態で表象される．その典型事例が，従来「形容詞」とカテゴリ化されてきた「認知様態詞」であり，また，従来「格助詞」とカテゴリ化されてきた「認知標識辞」の「が/ga/」であった．また，従来「態」とされてきた「事態生起の不可避性を表象するレル/reru/・ラレル/rareru/」構文でもあり，さらに，従来「時制」とされてきた「事態生起の心的確定を表象するタ/ta/」構文でもあった．これらはすべて，自明とされてきた近代ヨーロッパ標準諸語の「格」や「態」や「時制」や「他動詞／自動詞」・「主語／目的語」といった文法カテゴリに還元できない言語現象であった．

　「主体」と「客体」との間に認識論的距離を置かない事態把握・世界理解のあり方をパラダイムとしている日本語の論理的特性が明らかになることで，多くの日本文化の特性も理解が可能になる．例えばそれは，侘・寂の概念を中核とする茶道とその茶器の精神や，素材の本質の引き出しを旨とする日本料理の精神，また，凝縮・連想に昇華を見出す俳句・短歌，華道・日本庭園作りの精神に結び付いている．同時に，他者を自身に棲まわすことでの社会性に，その表現の存在基盤を置いている日本語の小説（物語）や，「おもてなし」と称せられる細やかなホスピタリティの精神とも，深い関わりを持っている．対象と自身との認識論的距離を無化することで可能となる，宮大工や工芸品製作者のミクロ単位の削・刻技術とも関わっ

ているだろう．こうした日本語の「主体化」論理の特性が現れている日本の文化の諸側面，特に「もの」作りに現れてくる諸側面を数え上げれば，限が無いだろう．対象と自身との間に認識論的な距離を無くそうとする意識があって初めて，精緻な技術と意匠の結果である「もの」が生まれくる．その認識が，西田幾多郎においては「主客未分化」，西岡常一においては「木に学べ」，川端康成においては「新主観主義的表現」，日本料理においては「引き算の料理」と呼ばれるなど，多岐に渡って日本の文化の中に遍在している．

それでは，この「主体」と「客体」との間に認識論的距離を置かない事態把握・世界理解のあり方をパラダイムとしている日本語には，「客体・客観化」された抽象概念というものは存在しないのであろうか．答えは，日本語の「読み」の中に在る．

1 － 「訓読み」論理と「音読み」論理の混合

日本語に「訓読み」と「音読み」の二種があることに，あまりにも慣れ切っているがために，ひとつの表記を二種類に読むことの類型論的な不思議さを，私達は考えることがない．「訓読み」と「音読み」の定義は，『広辞苑』によると次のようなものである．

くん-どく【訓読】（訓読み）
①漢字に日本語をあててよむこと．秋を「あき」，天地を「あめつち」とよむ類．
　　⇔音読． 　　　　　　　　　　　　　　　　　　　　　　　『広辞苑』第六版

おん-どく【音読】（音読み）
②漢字を字音で読むこと．おんよみ． ⇔ 訓読 　　　　　　　『広辞苑』第六版

上記の規定から，「山海」は「やまうみ/yama-umi/」・「さんかい/san-kai/」，「市場」は「いちば/ichi-ba/」・「しじょう/shi-jyo/」と読める．「やまうみ」及び「いちば」は，「日本語」に該当させた読み方（音）であるが，「さんかい」や「しじょう」は，「文字」の取り入れに際しての中国語の影

第 2 章　日本語のアクロバシー：「造語」と「脳内処理」　301

響の読み方（音）となっている．ここで気がつくのは，一つの文字表現の両側に，自国語の論理の読み方と，外国語の論理の読み方を併記させるストラテジーを，日本語は採っていることである．第 3 部でも詳細に論じたように，「日本語」の論理においては，音そのものが意味を持っていた．つまり，「やまうみ」は，母音としては「/a/・/a/ ＋/u/・/i/」という空間出来の母音/a/ の 2 音と，プロセス化の母音/u/ と，様態化の母音/i/ により構成されている．そのことからすると，/yama/ という音に，「弥間（永続的に程度が高まっていく空間）」を聞き取り，/umi/ という音に，「宇水（空間に広がる水）」を聞き取ることから，「やまうみ」だと解釈できる．また，「いちば」も，母音としては「/i/・/i/ ＋/a/」という様態化の母音/i/ の 2 音と，空間出来の母音/a/ により構成されている．このことから，/ichi/ という音に，多く道（イ→「五」または「多い」，チ→「道」）が重なることを聞き取り，/ba/ という音に，道の交差により人が多く集まる場（マ「間」の音変化のバ「場所」）を聞き取ることから，「いちば」だと解釈できるだろう．それに対して，/san-kai/ や/shi-jyo/ は「日本語」の音ではなく，/yama-umi/ や/ichi-ba/ のように，「音象徴」としての意味を聞き分けることができない（音からすると，「散会/sankai/」や「史上/shi-jyo/」かもしれず，これが同音異義語という言語現象に繋がっている）．つまり，「主体化」されていない「抽象化」された意味を表象しているのが「音読み」の本質なのである．この「訓読み」と「音読み」というストラテジーを言語論理に保持することで[1]，日本語も英語と同様，ハイブリッド化の側面を持つことになっている．そして，「訓読・音読」併用のストラテジーの採用による言語のハイブリッド化の側面が，「日本語」の文法を使用しながら，日本語で抽象的概念を操作・生み出すアクロバシーを可能にしたと言える．この「訓読・音読」併用のストラテジーの採用が，通時的に決定的な影響を，日本語に与えたと言えるだろう．日本語において，このストラテジーの採用がなければ，日

1）　朝鮮語，ベトナム語にもかつてこのストラテジーがあったようだが，今では失われて，使われていないようである．調査が必要．

302 第4部 言語のグレイディエンス：英語の中の「主体化」論理と日本語のアクロバシー

本人が「日本語」の文法原理を用いながら，抽象的思考や科学的な論理展開を行うことはできなかっただろう．むしろ，この「日本語」の感性と，「音読」を介した抽象を基盤にする論理思考を，日本語という一つの言語の中で融合させていることが，日本が欧米と発想を異にする科学的成果を生み出す際の要因になっていると考えられる．

　定かでないものもあるが，江戸末期から明治期にかけて，宇田川榕菴や西周や福沢諭吉等の外国語を知る者達が，近代ヨーロッパ標準諸語の抽象概念を「漢語」を用いることで，「分析・細胞・還元・溶解・属・科学・技術・芸術・意識・理性・知識・定義・権利・討論・経済・自由・健康・演説・談話」等と，「造語」してきた．「表意」語である漢字の特性を生かした造語生成のストラテジーが日本語に内包されていなければ，日本は欧米に伍する高等教育や学術記述，科学的発見を行うことはできなかったであろう．英語を公用語として，欧米に隷属する歴史を歩んだのではないかと推測される．日本語における「抽象概念」語彙を生成するストラテジーの存在が，世界史の中で日本という国を救ってきたのだろうと，推測されるのである．このことから，日本語での思考力の向上を第一優先としない，英語を使ったコミュニケーションを第一優先とする言語教育施策は，世界史において，国の存続を危うくするものと予測される．思考力を伸ばすためには，日本語の文献と共に外国語の文献も「読み」，日本語と共に外国語でも「書く」ことが大切となるであろう．日本語で書くと共に，外国語でも書くことによって，自身の思考を言語論理的に俯瞰できるからである．その際にも，外国語よりも高い次元で，日本語で思考できることが最も大事であろう．日本語で思考されたものが，言語論理的に互換が成立しなくとも，「共有・社会化」という「主観」を基盤に，外国語に落とし込むことは可能だからである．外国語での思考の次元が，自身の母語での思考の次元を超え出ることはない．もし超え出る状況が生まれたならば，それはアイデンティティーが替わったということを意味する．

　アメリカのシカゴ学派を中心とした現代経済学の主流である新古典派経済学に対抗し，「法人・貨幣・信任」といった資本主義経済の本質を明ら

かにするための苦闘を続けてきた岩井克人は，その著『経済学の宇宙』の中で次の様に述べている．

　何がきっかけであるかは忘れましたが，そのシラッキ（＊筆者注：ベオグラード大学素粒子論教授ジョルジュ・シラッキ）があるとき，自分は物理学の論文は英語で書くが，研究の過程で最も本質的な問題を思考しなければならないときには，母語であるセルビア語で思考する，と話してくれました．一瞬，驚きましたが，すぐに納得し，何度も相槌を打ちました．私自身，アメリカで「不均衡動学」を構想しているときも，「シュンペーター経済動学」を定式化しているときも，本の原稿や論文の草稿は英語で書きましたが，一番本質的な問題に取り組むときには，母語である日本語で思考せざるをえなかったからです．

　なぜ一瞬，シラッキの言葉に驚いたかというと，日本語と違って，セルビア語は英語と同じインド・ヨーロッパ語族に属しているからです．しかも，彼の専門は，人文社会科学よりはるかに抽象的な学問である物理学であったからです．それなのに，思考の最も精妙な部分は，学問語の英語ではなく，母語のセルビア語で行わなければならないという．言語と思考が表裏一体の関係にあるという，私自身がそれまで抱いていた信念を，改めて確認することができたのです．

岩井（2015: 202-203）　下線部強調筆者

　言語について語られるとき，言語はコミュニケーションのツールだというような言説が多々存在するが，言語はツールといったようなものではない．思考や発想や感性や，コミュニケーションのあり方そのものを枠づけるものである．軽々しい語りによって，「ことば」に対する畏れがその国の中から消えるとき，その国は衰退の途にあるものと推察される．

2 ― 日本語の「読み」の脳内処理

　前節において，日本語のアクロバシーとして，同じ表記における「訓読・音読」の併置と，「漢語」を用いた造語による「抽象概念の創出」のことを述べた．日本語の「読み」については，もう一つのアクロバシーが存在している．

304 第4部 言語のグレイディエンス：英語の中の「主体化」論理と日本語のアクロバシー

日本語で書かれるとき，その基本的形態は「漢字」・「ひらがな」・「カタカナ」の組合せになっている．「カタカナ」に関して『広辞苑』は次のように定義する．

かた‐かな【片仮名】
（「片」は一部分の意）仮名文字の一つ．阿→ア，伊→イ，宇→ウ，久→ク，己→コのように漢字の一部を取って作ったもの．平安初期，漢文訓点に使って様々の字体があったが，院政時代にほぼ現行に近い形になった．現在では主に外来語や擬音語などの表記に用いる．かたかんな．⇔ 平仮名.　　　　　　　　　『広辞苑』第六版

現代日本語においては，「カタカナ」は主に外来語や擬音語の表記に用いられることになっており，音を表す「表音」文字である．「ひらがな」に関しては，次のような定義になっている．

ひら‐がな【平仮名】
平安初期，漢字の草体から作られた草（そう）の仮名をさらにくずして作った音節文字．主に女性が用いたので女手（おんなで）と呼ばれ，はじめは種々の異体があった．「ひらがな」の称は後世のもの．〈日葡辞書〉⇔ 片仮名.

『広辞苑』第六版

「漢字」の定義も見ておく．

かん‐じ【漢字】
古代中国で作られた，漢語 2 を表記する文字体系．現在は中国・日本・朝鮮で使用．象形・指事から発達した表意文字で，表音的にも用いる．紀元前十数世紀の殷（いん）の時代にすでに用いられた．篆書（てんしょ）・隷書・楷書・草書等の書体がある．日本では一般に，「峠」「榊」「辻」等の，いわゆる国字を含めて漢字と称する．真名（まな）.　　　　　　　　　『広辞苑』第六版　下線部強調筆者

「ひらがな」は確かに，元は漢字の草体のくずしから始まっているものであるが，書き言葉において「ひらがな」が持っている大事な機能は，「文法化」である．「文法化」というのは，その語が持っていた意味が希薄化して，文法機能に特化した用法で使われるようになる言語現象を指す．

第 2 章　日本語のアクロバシー：「造語」と「脳内処理」　305

英語で言うならば，be going to は元々「何処どこへ行く途中」を表すが，
「向かって行くこと」が時間軸上に移し替えられることで「未来に向かう」
ことに転化し，そこから be going to 不定詞の用法で，未来への表記に使わ
れるようになった言語現象等が挙げられる．日本語においては，例えば文
章を書く上で，「〜して行く」とも「〜していく」とも表記できるであろ
うし，「〜して来た」とも「〜してきた」とも表記できるであろう．日本
語の書記法は本質的には固定されておらず，個々人においても揺れが存在
している．その時代の一般的といえる傾向が存在しているだけである．た
だし，この用法においては，「行く・来る」の意味の希薄化が存在し，「い
く・くる」と表記されるようになっていることに，日本語における「文法
化」現象を認めることができる．表記に関わる個人レヴェルの嗜好・判断
もあるであろうが，日本語の書記法において一番大事なのは，「意味語」
を「漢字」，それを繋ぐ「機能語」を「文法化されたひらがな」に一般化
させていることである．この書き分けによって，「読む」際の脳内での意
味処理速度が，格段に早まると考えられるだろう．試しに，『万葉集』の
ある歌をもう一度見てみる．

(99) a.　(原文) 金野乃 美草苅葺 屋杼礼里之 兎道乃宮子能 借五百礒所念
　　　　(仮名) あきののの　みくさかりふき　やどれりし　うぢのみやこの
　　　　　　　かりいほしおもほゆ
　　　　(訓読) 秋の野のみ草刈り葺き宿れりし宇治の宮処の仮廬し思ほゆ

　　　　　　　　　　　　　　　額田王歌［未詳］『万葉集』1 巻 7（再掲）

　どの書記形態が一番理解しやすいであろうか．おそらく，多くの人に
とっては「訓読」になるものと思われる．全てが「仮名書き」にされる
と，どの語が「意味語」であるのか同定し直さなければならない．逆に，
全てに「万葉仮名(漢字)」を当てられると，どの語を「機能語」として読
んでいくのかを意識しなければならなくなる．「訓読」の場合は，「文法
化」により「機能語」となっている部分が「ひらがな」で表示されている
ため，理解の集中を「意味語」の部分に向けることができるだろう．「意

306　第4部　言語のグレイディエンス：英語の中の「主体化」論理と日本語のアクロバシー

味語」を「漢字」，「文法化された機能語」を「ひらがな」で書き分けることによって，日本語の表記は，その「読み」における意味処理速度を，加速させているものと考えられる．さらに，「訓読」の場合は「意味語」を「漢字」によって表記すると書いたが，「漢字」は「カタカナ・ひらがな」と違って「表意文字」である．つまり，漢字の形態において，私達は意味をビジュアル情報として処理してもいる．例えば，「山」という字の形態においては，上へ伸びる空間をビジュアル・イメージ化できる．また，「間」という字の形態においては，門の隙間からの太陽をビジュアル・イメージ化することも可能である．このことから，日本語の「訓読」という表記の仕方は，一方で「意味語」の「漢字」と「機能語」の「ひらがな」の使い分けでその情報処理の負荷を軽めながら，もう一方で，「漢字」の意味処理に平行して，「漢字」のビジュアル・イメージ処理も行っているものと考えられる．日本語はその読みにおいて，「音象徴」を基盤にする意味処理を行いながら，一方で，「漢字」の形態を介したビジュアル・イメージ処理も行っていると推測できる．このことから，日本語で「読み・書き」が行われているとき，脳は複数の領域を賦活させているものと考えられるのである．日本語での「読み・書き」は，オノマトペの多くの使用を含んで，脳の領域を広く使っての活動だと推察できる[2]．日本語で「読み・書き」していることの効用に対する，脳科学領域を含んだ研究が進んでいけば，日本人が日本語という言語を有していることの幸運が，もう少し理解されるようになるのかもしれない．

2）　玉川大学脳科学研究所 松田哲也准教授・岡田浩之教授らは，慶應義塾大学今井むつみ教授・加根魯絢子（米国テンプル大学院生）らとの共同研究により，オノマトペの脳内処理過程を明らかにしている．研究結果は，科学雑誌「PLOS ONE 誌」オンライン版に 2014 年 5 月 19 日に掲載された．Kanero, J., Imai, M., Okuda, J., Okada, H., and Matsuda, T. (2014) How Sound Symbolism Is Processed in the Brain: A Study on Japanese Mimetic Words. *PLoS ONE* 9(5): e97905. https://doi.org/10.1371/journal.pone.0097905

第3章

「認知言語類型論」が予測する世界の言語の グレイディエンス分布

　ここまで，ラネカーが指摘する「主体化(subjectification)」という言語現象が，西洋の「客観」と名称される主観に依拠したパースペクティブでは解明できない言語現象であることを論証してきた．また，これまで「主体化」には 'subjectification' の語が充てられていたが，「主体化」という言語現象の本質には 'modalization' と名称される認知メカニズムが関わっており，「日本語」の「形容詞」と呼ばれる文法カテゴリと 'adjective' 間では互換が成立せず，「日本語」の「形容詞」は「認知様態詞」と定義可能な文法カテゴリであることも論証した．さらに，言語学・言語類型論において統語原理の基準とされる 'subject「主語」' というカテゴリ概念が，何故近代ヨーロッパ標準諸語においてア・プリオリに是認されるレヴェルにまで定位したかを概観した．そこから，「日本語」においては「主格／対格」＝「主語／目的語」＝「動作主／被動作主・対象」という関係が成立しないことから，「格」・「主語／目的語」と名称される文法カテゴリが類型論的にア・プリオリに是認できないことも確認した．「客観」主観（「認知Dモード」）による事態把握が，「類像性(iconicity)」の原理によって，英語の言語形式にどのように創発しているかを，「態(voice)」と「時制(tense)」と名称される文法カテゴリを例に観察した．英語における「主体化(modalization)」の問題に立ち帰れば，「中間構文(middle construction)」という言語現象は，近代ヨーロッパ標準諸語のパラダイムである「客観」主観（「認知Dモード」）による事態把握とは異なる事態把握の創発例であることを見た．そこにおいては，「日本語」の論理による事態把握と同じく，「内置・内観

308　第4部　言語のグレイディエンス：英語の中の「主体化」論理と日本語のアクロバシー

の認知モード（認知 PA モード）」による事態把握が形式として創発していた.

　こうした考察を基に，言語現象の解明において，「語彙主導主義」及び
「構文主導主義」と名称されるパースペクティブは，類型論的には不十分
なものであることを論じた．種々の言語現象を解明するためには，言語現
象とは特定の「主観」を母体にした「認知モード」による世界解釈・事態
把握が，「類像性」を介在に言語形式に創発したものであるという，認知
言語類型論のパラダイムとパースペクティブが必要であった．この認知言
語類型論のパラダイムとは，「言語現象とは特定の「主観」を母体にした
「認知モード」による世界解釈・事態把握」という認識であり，認知言語
類型論のパースペクティブとは，「特定の「主観」を母体とする「認知
モード」による世界解釈・事態把握は，「類像性(iconicity)」を介して言語
形式（構文・文法カテゴリ）に創発する」というものであった．「主観」に
は，少なくとも「主客未分化」と名称される主観と，「客体化・客観化」
と名称される主観とが在る．この認知言語類型論のパラダイムとパースペ
クティブが確認されることにより，「文字化（客体化・客観化）」の論理を持
たなかった「日本語」を深層とする日本語において，「形容詞(adjective)」・
「主 語(subject)／目 的 語(object)」・「態(voice)」・「時 制(tense)」・「格(case)1)」・
「他動詞(transitive verb)／自動詞(intransitive verb)」といった，従来ア・プリオ
リに前提とされていた統語・文法カテゴリが妥当していないことも論証し
た．さらに，「膠着」言語の一つである「日本語」においては，その語・
語句・節の生成メカニズムは，「音」自体に「意味」を見出す「音象徴
(sound symbolism)」を基盤にしていることを論じた．そして，「日本語」の
「音＝意味（音象徴）」・「主体化」の論理が，「文字化（客体化）」及び「客観」
という外部からのパラダイムを歴史的に受容していく過程で，どのように
拡張・変容されたのかも考察した．今では，「日本語」の論理にとっては
外部であった中国語及び近代ヨーロッパ標準諸語のパラダイムが，「日本

---

　1)　泉井久之助は敬愛する学者ではあるが，類型論の基本基準に「格(case)」を
　　　設定する限界から抜け出ることはできなかった（泉井 1939, 1998）.

語」の論理を覆い隠し，言語研究者達でさえも，日本語の深層に「日本語」の論理が存在していることを見抜くことができない程，深く浸透している．それ程までに，「客体化・客観化」と名称される「主観」は，「日本語」の論理に入り込んでいる．

　こうした代表的な膠着語である日本語と，屈折語・孤立語である英語を代表とする近代ヨーロッパ標準諸語との比較・対照研究によって，認知言語類型論が明らかにし，予測し得ることは，世界中の言語が「主体化」論理の極と「客体化」論理の極との間で，比重のかけ方の違いを様態として，グレイディエンス状に存在していることである．文字を持たない言語は，その認知において「客体的・客観的」な把握を行っていないがために，全面的に「主体化」論理に依った様態で言語形式・文法カテゴリを創発させているであろうし，文字を生み出すか，その歴史的過程において文字を借用した言語は，「客体化」論理に依った様態で言語形式・文法カテゴリを創発させていると予測できる．日本語のように「主体化」論理をその深層に持つ言語も，その歴史過程で「文字」を借用することにより「客体化」論理に触れれば，言語形式・文法カテゴリの創発メカニズムが拡張・変容される．逆に「文字」の生み出し・使用によって「客体化」論理に移行した言語も，その内部においては英語の「中間構文」の事例研究で明らかにしたように，「主体化」論理による言語形式・文法の創発メカニズムを保持しているであろう．多くの言語は，その言語の通時的要因がその言語の共時的様態に，「主体化」論理による言語形式・文法カテゴリを創発させると同時に，「客体化」論理による言語形式・文法カテゴリも創発させる，グレイディエンス状の様態として存在していると予測される．

図 38-1. 日本語と英語の論理様態

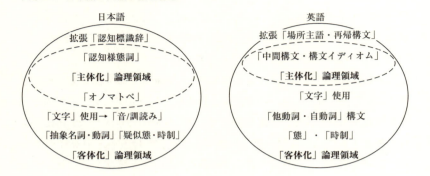

日本語と英語の論理様態を「主体化」と「客体化」を極軸として，その境界を「文字」使用によって区分すると，図 38-2 の様な分布俯瞰図が得られる．

図 38-2. 日本語と英語の論理様態による分布俯瞰図

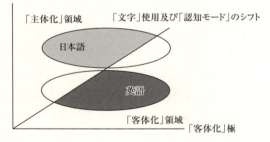

上記の図に描いたように，世界の各言語は「主体化」論理の形式・文法カテゴリを始源として，「文字」の発明または借用を境に，「客体化」論理の形式・文法カテゴリへと移行する様態で分布しているものと予測できる．そして「客体化」論理の形式・文法に移行した言語であっても，その深層には「主体化」論理が存在しており，その「主体化」論理による形式・文法がどの程度残っているかを観察・測定することによって，極間の距離比率を定めることができると考えられる．世界中の言語は，その形

式・文法を「類像性」をパースペクティブとして観察・分析し，その言語の「論理・認知モード」を解明することで，「主体化」論理と「客体化」論理を軸とする俯瞰分布図の中に位置づけられることが，認知言語類型論のパラダイムから予測できる．そして，このパラダイム及びパースペクティブによる言語研究の扉は，「主体化」論理と「客体化」論理の両方を理解しうる日本人に，開かれていると思われる．またその研究を通じて，英語一極主義的なグローバリズムに対抗して，文化・価値観の多様性の保持を主張する上での，理論的根拠も得られるだろう．当たり前のことだが，世界は英語を代表とする近代ヨーロッパ標準諸語の論理のみによって成立しているわけではない．世界のあり方は，言語毎に多様なのである．

（解題）　言語類型論の新展開

　認知言語学は1970年代にその萌芽的な研究が開始され，1980年代以降，ロナルド・ラネカー，ジョージ・レイコフ，チャールズ・フィルモア，等を中心に発展してきた新しい言語学のパラダイムである．認知言語学のアプローチは，自律的な記号系を前提とするこれまでの形式的な言語研究とは異なり，言葉を身体化された人間の一般的な認知能力と運用能力のダイナミックな発現系として捉えていく新しい言語学のアプローチとして注目されている．認知言語学の研究は，言葉のメカニズムの背後に存在する心と脳の機能の解明を試みる認知科学，言葉の創造性のメカニズムの解明に関わる人文科学の分野においても重要な役割を担っている．

　構造言語学，生成文法，等の従来の理論言語学の研究では，言語分析に際し，形式と意味の関係からなる自律的な記号系を前提とするアプローチがとられ，実際のコミュニケーションにおける言語主体との関連からみたダイナミックな言語観に基づく体系的な研究はなされていない．この現状を考慮した場合，言語の形式・構造のみならず，意味，言語運用，等を視野に入れた認知言語学の研究（日常言語の生きた文脈との関連からみた言語現象の体系的な分析を目ざす認知言語学の研究）の進展は重要な意味をもつと言える．

　認知言語学は，実際のコミュニケーションの文脈において，言葉の形式・意味・運用の諸相を体系的に考察し，言語学の領域だけでなく，認知科学の関連分野の知見を組み込みながら学際的に研究を進めている．特に近年，認知言語学の研究は，音韻・形態論，語用論，談話・テクスト分析，修辞学，言語類型論，言語習得論，外国語教育，等に適用され，着実にその研究のスコープを広げ，学際的で包括的な言語研究のアプローチとして（また経験科学としてより説明力をもつ言語学のアプローチとして）進展してい

る.

　また認知言語学のパラダイムは，従来の形式的な文法研究のアプローチの本質的な限界を越える，より包括的で説明力のある新たな言語研究のパラダイムとして注目されている．生成文法に代表される形式文法は，西洋の客観主義的な世界観を反映した，計算主義のアプローチを前提としている．また形式文法のアプローチは，言語現象を形式的な記号操作（ないしは計算）のプロセスとして捉えるアプローチを前提とするため，言葉の形式面だけでなく，意味と運用に関わる言語現象の包括的な研究に関しては本質的な問題を内包している．これに対し認知言語学のアプローチは，言葉の背後に存在する言語主体（ないしは認知主体）が，外部世界とインターアクトし，外部世界を主体的に解釈していくダイナミックな認知プロセスとの関連で，記号系の形式，意味，運用に関わる言語現象の包括的な研究を可能とする言語学のアプローチとして注目されている．

　認知言語学は，言語現象だけでなく言葉とその背後に存在する認知主体との関係を考慮に入れていく点では，主体性（ないしは主観性）を重視する言語学のアプローチである．しかしこのことは，主観主義に陥った言語学のアプローチを意味するのではない．認知言語学のアプローチは，外部世界に対する主体的な解釈のモード，外部世界の主観的なカテゴリー化と意味づけのプロセス，認知主体の感性，身体性を反映する言葉の諸相を，客観的で科学的な分析の対象として研究していくという前提に立っている．換言するならば，認知言語学のアプローチは，主観性に関わる言葉の世界と知のメカニズムを科学的に分析し，その諸相を厳密に体系的に研究していくという前提に立っている．

　本書は，2014 年に京都大学大学院人間・環境学研究科（言語科学講座）に提出された学位論文に基づいているが，認知言語学のパラダイムによる新たな言語類型論（すなわち，認知言語類型論）の枠組みに基づき，言語現象の記述・説明を試みた野心的かつ独創的な研究である．特に本書では，類型論的な視点から，日常言語の記号系を可能とする言語固有の形式・文法カテゴリーの創発に関する根源的な説明を試みており，認知言語類型論

（解題）　言語類型論の新展開　315

という新たな研究分野の先駆的研究として注目される.

　認知言語類型論は，言語現象は主体が外部世界を主体的に解釈していく認知プロセスの反映であるという，認知言語学のパラダイムに基づく新たな言語類型論である．本書はこの点で，これまでの機能言語学的な視点に基づく言語類型論とは異なり，事態把握に関わる主体・客体の認知モードという新たな類型論的視点から，言語現象の多様性と固有性および言葉の背後に存在する基本原理の解明を試みている.

　理論的な観点からみた場合，本書は，認知言語学のパラダイムのなかでも特にラネカーの認知文法論の枠組みを批判的に継承し，この枠組みを背景に新たな言語類型論の分析を試みている．これまでの言語学の研究では，ラネカーの認知文法のパースペクティブを言語類型論の観点から批判的に検討した研究は少ない．本書では，ラネカーの「主体化」の認知モデルが綿密に検討されているが，「主体化」の認知メカニズムにより言語形式と文法カテゴリーが創発される日本語の観点からすれば，ラネカーの「主体化」のモデル自体も「客観的」パラダイムの域を脱していない，という指摘がなされている．この指摘は，言語類型論の研究だけでなく，「主体化」に関わる言語学の研究全般に対しての重大な問題提起として注目される.

　本書は，その記述・分析の面においての射程は広く，事例観察は綿密である．「格」，「時制」，「態」，「主語／目的語」，「自動詞 / 他動詞」，「形容詞」などの広範な言語現象が横断的に考察され，本書の主張する日本語の「主体化による認知モード」による一貫した分析と説明が試みられている．日本語の文法カテゴリーが，西洋のパラダイムを特徴づける「客観」を基盤にするパースペクティブでは説明できないことが説得力を持って示されている．本書の認知言語類型論の枠組みに基づく分析は，現代日本語の言語現象だけでなく，『万葉集』，『源氏物語』，等の主要な古典作品をはじめとする膨大な歴史的資料に基づいている．この点で，言語研究に不可欠である言語データの観察の綿密さに関しても高く評価される.

　本書の最大の特徴は，日常言語の文法カテゴリーや語彙の歴史的な創発

といった，言語の起源に関わる根源的な問題を考察している点にある．本書では，日常言語の文法カテゴリーや語彙の創発の認知メカニズムを，特定の認知モードによる事態把握と言語形式と文法カテゴリーの類像性に関わる認知プロセスの制約に基づいて体系的に考察している点が特に注目される．類像性に基づく言語分析は，ヤコブソン，ヘイマン，等によって試みられているが，主観性と客観性に関わる事態把握の認知的な制約に基づく分析はなされていない．また本書で問題とする言語の類像性は，語彙形態だけでなく，音象徴としても顕現するという事実の指摘は重要である．この種の事実の発見は，特に膠着言語の特徴を中心とする日本語の語彙の構成原理を解明していくための新たな探求の方向を示すものとして注目される．

　本書では，日本語が歴史的に文字を持たない言語であったため，談話の「イマ・ココ」の主観性に制約された事態把握の結果として構文・文法カテゴリーが創発したという主張がなされている．歴史的に文字を持たなかった言語が日本語に限らないにもかかわらず，日本語がこのような主観的な認知モードを保持したのは何故か．この問題の解明は，今後の課題として残される．この種の問題を実質的に明らかにしていくためには，文字を含めた言語の歴史的な発展や他言語との接触の有無などの要因を，今後さらに綿密に考察していく必要がある．

　以上の問題の解明は今後の課題であるが，本書によって提示された知見が及ぼす影響は多岐にわたると言える．本書において，種々の言語現象の統一的な解明を目指す認知言語類型論のデザインが提示されたことにより，日本語における文法カテゴリー，構文カテゴリー，等の歴史的創発に関する未解決の問題に対し，より実質的な記述・説明が期待される．また，この線に沿った類型論の分析をさらに他の諸言語に拡張し，「主体化」と「客体化」を両極とする認知スケール上で，各言語を特徴づける事態把握の認知モードを綿密に分析することにより，文法カテゴリー，構文カテゴリー，等の普遍性と固有性の解明が可能となる．また，本書の言語観を特徴づける，認知主体と認識対象の一体化に基盤をおく「主体化」のパラ

ダイムは，言語学の分野だけでなく，比較文化論，認識人類学，社会心理学，哲学，等の関連分野における人間の知のメカニズムの解明にも重要な知見を提供する．

山梨正明

謝　辞

　この拙著の執筆に関わり，京都大学大学院人間・環境学研究科共生人間学専攻言語科学講座（言語情報科学分野）の山梨・谷口研究室で開催される京都言語学コロキアム（KLC: Kyoto Linguistics Colloquium）において，実に多くの学生・研究者の方々から，有益なご指摘やご教示をいただいた．

　特に谷口一美先生からは，教育現場における言語教育の視点からも，言語現象をどう捉えるべきかの有益な助言と励ましをいただいた．山梨正明先生からは，言語学・哲学全般に関わり，実に多くのことを多年に亘ってお教えいただき，日々の研究の水準や継続に対して，常に叱咤激励をいただいた．山梨先生の存在が無ければ，自身が認知言語類型論の研究を志すことはなかったと考える．熊倉千之先生からは，日本語の深層には「やまとことば」の論理が息衝いていることを，何日間にも亘る論議を通して具体的にお教えいただき，また，言語現象を捉える上での言語感性の大切さを改めてお教えいただいた．服部文昭先生からは，言語を語彙・構文という狭いカテゴリではなく，コミュニケーションも含んだ機能・開放系として捉える視点をお教えいただいた．河崎靖先生からは，「意味(概念化)」が「形式(構文・文法カテゴリ)」を創発させるだけでなく，「形式(構文・文法カテゴリ)」が逆に「意味」の発現を規定するのではないかという，歴史言語学的視点をお教えいただいた．こうした視点を知ることがなければ，本書が明らかにしようとしたパラダイム及びパースペクティブの存在はなかったと考える．

　先にひつじ書房から出た筆者の論考をお読みいただいた松本克己先生からは，励ましのお葉書をいただいた．また本書の内容は，柄谷行人・内田樹・岩井克人・佐伯啓思の各氏の著作を教育現場で生徒達と共に読むことに，動機付けられてきた．岩井克人氏の経済学での問題意識を，言語学分

野で解き明かそうとしたことが，本書の内容に繋がっていると考える．

　本書は，筆者が京都大学大学院人間・環境学研究科に提出した学位論文
『言語における「主体化」と「客体化」の認知メカニズム——「日本語」
の事態把握とその創発・拡張・変容に関わる認知言語類型論的研究』の構
成を変え，それに新たな内容を加える等の修正・加筆によって成り立って
いる．構成の変更や新たな内容の付加に始まる企画の段階から，京都大学
学術出版会鈴木哲也編集長，及び編集員の國方栄二氏，高垣重和氏にお世
話になった．こうした京都大学学術出版会の理解，特に國方栄二氏の校正
に関わる集中的なご尽力が無ければ，本書が世に出ることはなかったと考
える．

　認知言語類型論という研究視点を以って，日本語という言語現象の中に
分け入るにあたり，「国語学」と呼ばれる分野に，輝きが失われることの
ない多くの知見が残されていることを知った．特に，山田孝雄，時枝誠
記，川端善明，阪倉篤義，渡辺実，山口明穂，熊倉千之等の研究には，
1980 年代の認知言語学の誕生に先駆け，「意味」から「形式」を見よう
とする姿勢がすでに存在していた．「国語学」に残されている知見が，拙著
により，世界中の言語を研究する上で非常に有益であることを知って貰え
るのであれば，意味する処も在るのかもしれない．

　本来なら，この論考の各部をそれぞれ独立したものにすべきであったの
かもしれないが，物理的時間制限の厳しい高校という教育現場において
は，この分量以上のことを望むことはできなかった．またそれならば，特
定の文法カテゴリの問題に絞って論じるべきだとの指摘もあるだろうが，
ある言語の文法カテゴリの問題は，その言語が用いている「認知モード」
による世界解釈及び事態把握のあり方と関係するものであるため，その言
語の論理全体の解明と併行して述べるしか手立てがなかった．ある文法カ
テゴリの問題は，その言語内のすべての現象と互いに緊密に結び付いてい
るものだからである．したがって，「日本語」の「態(voice)」の問題一つ
をとっても，それを解明するためには，日本語の「主語(subject)／目的語
(object)」・「他動詞(transitive verb)／自動詞(intransitive verb)」・「格(case)」・「時

制（tense）」等，あらゆる他の文法カテゴリの問題を，同時平行的に解明していくしかなかった．このことが，拙著が多岐に亘る文法カテゴリの問題を取り扱っている理由となる．力不足の故，十分な論証にまで至らなかった点も多々あると考える．ただ，日本語における種々の言語現象を説明する上で，本質的に問題としなければならないことに関しては，健全なパースペクティブを提示できたのではないかと考える．日本語に「主語（subject）／目的語（object）」・「他動詞（transitive verb）／自動詞（intransitive verb）」・「格（case）」・「時制（tense）」等の文法カテゴリが存在すると考えるのは，云わば「天動説」が残っているようなものだと思われる．地球が太陽の周りを回っているという事実があっても，日が昇り，日が沈む日常生活においては，「天動説」を共有・社会化することは可能であるから．

　書き進めてきたこの 10 年間も，多くの人々が亡くなる状況が続いた．言語研究者の多くがそうであるかもしれないが，言語研究が何の役に立つのか，また，誰のためになるのか，常に葛藤の中に在り，決して安穏としていた訳ではない．ただ，現場で教えている生徒の顔を思い浮かべる時や，この国の，特に言語教育が向かっている見識のない方向を考えるとき，生き方としてこれを書かざるを得なかったように思う．今後どれだけの時間が自分に許されるのか，またここに提示したパースペクティブがどの程度認められるのか判らないが，どのような状況にあっても，残された時間を言葉の研究と教育に向けたいと考える．本書は，日本学術振興会平成 29 年度科学研究費補助金（研究成果公開促進費・学術図書・課題番号 17HP5063）により，世に問うことが可能となったものである．いただいた評価に，感謝申し上げたい．本書の不備は，すべて筆者に帰する．何かに生かされて，書き続けて来られたことと共に，支え続けてくれた妻玲に，感謝することを忘れずにいたいと思う．

平成 29 年 7 月 28 日

中野　研一郎

《本書の基となった論考一覧》

(2005)「「意味」と「言語形式」の関係を創発・拡張・破綻させる「認知モード」における「主観の存在」」『言語科学論集』11：1-34 頁．京都大学大学院人間・環境学研究科共生人間学専攻言語情報科学講座.

(2008a)『日本語における認知モードの共時的・通時的階層性の分析 —— 認知言語類型論の基礎原理』京都大学大学院人間・環境学研究科共生人間学専攻言語情報科学講座修士論文.

(2008b)「「認知言語類型論」その可能性の中心：言語の多様性を創発する認知 A モードから認知 D モードへの変容と変遷」『日本認知言語学会論文集』8：404-415 頁.

(2010)「言語研究における「客観主観」：認知言語類型論の基礎原理」『日本認知言語学会論文集』10：719-722 頁.

(2011)『日本語の「原層」の「認知モード」：日本語における「概念＝形式」関係の創発・拡張・変容現象に関する共・通時的研究』京都大学 Kyoto Linguistics Colloquium.

(2012)『「主体化された意味」と「客体化された意味」 —— Iconicity（類像性）の本質』京都大学 Kyoto Linguistics Colloquium.

(2013a)「日本語」における「形容詞」と「主体化」：「日本語」の事態把握と文法カテゴリの創発・拡張・変容に関わる認知言語類型論的研究『山梨正明教授退官記念論文集』ひつじ書房，215-231 頁.

(2013b)「言語における「主体化」と「客体化」の認知メカニズム —— 日本語の事態把握とその創発・拡張・変容に関わる認知言語類型論的研究」（山梨正明編）『認知言語学論考』11．ひつじ書房，99-161 頁.

参考文献

[欧文]

Chomsky, N. (2004) *The Generative Enterprise* (Revised). Mouton de Gruyter, Berlin, New York.

Clark, E. V. (2001) Emergent Categories in First Language Acquisition. In: *Language Acquisition and Conceptual Development*, Bowerman, M. and Levinson, S. C. (eds.), 379–405. Cambridge University Press, Cambridge.

Croft, W. (2001) *Radical Construction Grammar: Syntactic theory in typological perspective*. Oxford University Press, Oxford, New York.

Croft, W. and Cruse, D. A. (2004) *Cognitive Linguistics*. Cambridge University Press, New York.

Comrie, B. (1989) *Language Universals and Linguistic Typology* (2nd ed.), Blackwell, Oxford.

Dixon, R. M. W. (1979) Ergativity. *Language* 55: 59–138.

Dixon, R. M. W. (2004) Adjective Classes in Typological Perspective. In: *Adjective Classes: A Cross-linguistic Typology*, Dixon, R. M. W. and Aikhenvald Y. A. (eds.), 1–49, Oxford University Press, New York.

Dixon, R. M. W. (2010a) *Basic Linguistic Theory*, Vol. 1, *Methodology*. Oxford University Press, New York.

Dixon, R. M. W. (2010b) *Basic Linguistic Theory*, Vol. 2, *Grammatical Topics*. Oxford University Press, New York.

Deutscher, G. (2011) *Through the Language Glass. Why the World Looks Different in Other Languages*. William Heinemann, London.

Dryer, M. S. & Haspelmath, M. (eds.) (2011) The World Atlas of Language Structures Online. Max Planck Institute for Evolutional Anthropology. Available online at http://wals.info/ Accessed on 2011-09-17.

Everett, D. L. (2008) *Don't Sleep, There Are Snakes: Life and Language in the Amazonian Jungle*. Random House, New York.

Fagan, S. M. B. (1992) *The Syntax and Semantics of Middle Constructions*. Cambridge University Press, Cambridge.

Fellbaum, C. (1986) *On the Middle Construction in English*. Indiana University Linguistics Club, Bloomington, Indiana.

Frawley, W. (1992) *Linguistic Semantics*. Lawrence Erlbaum, Hillsdale, N.J.

Givón, T. (1984-1990) *Syntax: A Functional-Typological Introduction*, (vol. I, 1984; vol.

II 1990; revised edition published in 2001 as *Syntax: An Introduction*) John Benjamins Pub. Co, New York.

Goldberg, A. E. (1995) *Constructions: A Construction Grammar Approach to Argument Structure*. University of Chicago Press, Chicago, London.

Haiman, J. (1980) The Iconicity of Grammar: Isomorphism and Motivation. *Language* 56 (3): 515–540.

Haiman, J. (1983) Iconic and Economic Motivation. *Language* 59(4): 781–819.

Haiman, J. (1984) *Natural Syntax: Iconicity and Erosion*. Cambridge Studies in Linguistics. Cambridge University Press, New York.

Haiman, J. (1985) *Natural Syntax: Iconicity and Erosion*. Cambridge University Press, New York.

Haiman, J. (1999) Grammatical Signs of the Divided Self: A Study of Language and Culture. In: *Discourse, Grammar and Typlogy*, W. Abraham et al. (eds), 213–234: John Benjamins, Amsterdam.

Haiman, J. (2000) *Iconicity in Syntax* (*Typological studies in language*). John Benjamins, New York.

Hinton, L., Nichols, J., and Ohala, J. J. (eds.) (1994) *Sound Symbolism*. Cambridge University Press, Cambridge.

Hopper, P. J. and Traugott, E. C. (2003) *Grammaticalization* 2nd ed. Cambridge University Press, Cambridge.

Jackendoff, R. (1990) *Semantic Structures*. MIT Press, MA, Cambridge.

Jakobson, R. (1960) Closing Statement: Linguistics and Poetics. In: *Style in Language*, Sebeok, T. (ed.), MIT Press, MA.

Jakobson, R. (1971) Linguistics in Relation to Other Sciences. In: *Selected Writings*, Rudy, S. (ed.), vol. 2, 655–696. Mouton Publishers, The Hague.

Jakobson, R. (1971–1980) *Selected Writings* (ed. Stephen Rudy). The Hague, Paris, Mouton: I. Phonological Studies, 1971. II. Word and Language, 1971. III. The Poetry of Grammar and Grammar of Poetry, 1980.

Jespersen, O. (1949) *A Modern English Grammar on Historical Principles* Part III: Syntax, Second Volume. George Allen & Unwin Ltd., London.

Keyser, S. and Roeper, T. (1984) On the Middle and Ergative Constructions in English. *Linguistic Inquiry* 15: 381–416.

Lakoff, G. (1977) Linguistic Gestalts. *CLS* 13: 236–287.

Lakoff, G. (1987) *Women, Fire, and Dangerous Things: What Categories Reveal about the Mind*. University of Chicago Press, Chicago, London.

Lancelot, C. and Arnauld, A.（1667）*Grammaire générale et raisonnée contenant les fondemens de l'art de parler, expliqués d'une manière claire et naturelle.* 南館英孝訳（1972）『ポール・ロワイヤル文法：一般・理性文法』大修館書店.

Langacker, R. W.（1985）Observation and Speculations on Subjectivity. In: *Iconicity in Syntax*, Haiman J.（ed.）, 109-150. John Benjamins, Amsterdam.

Langacker, R. W.（1987）*Foundations of Cognitive Grammar*, Vol. I. *Theoretical Perspective*, 231-236. Stanford University Press.

Langacker, R. W.（1990）Subjectification. *Cognitive Linguistics* 1（1）: 5-38.

Langacker, R. W.（1991）*Foundations of Cognitive Grammar*, Vol. II. *Descriptive Application*, Stanford University Press, California.

Langacker, R. W.（1993）Reference-point constructions. *Cognitive Linguistics* 4(1): 1-38.

Langacker, R. W.（1998）On Subjectification and Grammaticization. In: *Discourse and Cognition: Bridging the Gap*, Koenig, J-P.（ed.）, 71-89, CSLI Publication, Stanford, CA.

Langacker, R. W.（1999）Losing Control: Grammaticization, Subjectification, and Transparency. In: *Historical Semantics and Cognition*, Blank, A. and P. Koch（eds.）, 147-75. Mouton de Gruyter, Berlin.

Langacker, R. W.（2000）*Grammar and Conceptualization.* 297-315. Mouton de Gruyter, Berlin.

Langacker, R. W.（2002）*Concept, Image, and Symbol: The Cognitive Basis of Grammar.* Mouton de Gruyter, Berlin, New York.

Langacker, R. W.（2008）*Cognitive Grammar: A Basic Introduction.* Oxford University Press, Oxford, New York.

  （2011）『認知文法論序説』（山梨正明監訳），研究社.

Lévi-Strauss, C.（1949）*Les structures élémenttaires de la parenté.* Presses Universitaires de France, Paris.

  （1969）*The Elementary Structures of Kinship*（translated from the French by J. H. Bell, J. Richard von Sturmer, and R. Needham）. Eyre and Spottiswoode, London.

  （2000）『親族の基本構造』（福井和美訳），青弓社.

Lévi-Strauss, C.（1955（1992））*Tristes Tropiques*（translated from the French by John and Doreen Weightman）. Penguin Books, New York.

Martin, J. R. ed.（2013）*Interviews with M. A. K. Halliday: language turned back on himself,* Bloomsbury, London.

Matsumoto, K.（1991）The Sprachbund Phenomena in Europe. *Kansai Linguistic Society*

11: 3-20.

Mounin, G.（1968）*Clefs pour la Linguistique*. Éditions Seghers.

（1969）『言語学とは何か』（福井・伊藤・丸山訳），大修館書店.

Pustejovsky, J.（1995）*The Generative Lexicon*. MIT, Vambridge, MA.

Rorty, R. M.（1967（1992））*Linguistic Turn. Recent Essays in Philosophical Method*. The University of Chicago Press.

Sakamoto, M.（2001）The Middle and Related Constructions in English: A cognitive Network Analysis. *English Linguistics* 18: 1, 86-110.

Sakamoto, M.（2007）Middle and Tough Constructions in Web Advertising. *JCLA Conference Handbook* 2007: 49-50.

Silverstein, M.（1976）Hierarchy of features and ergativity. In: *Grammatical Categories in Australian Languages*, Dixon, Robert M. W.（ed.）, 112-171. Humanities Press, New Jersey.

Silverstein, M.（1980（1993））Of nominatives and datives. In: *Advances in Role and Reference Grammar*, Robert, D. Van Valin, Jr.（ed.）, 465-498. John Benjamins, Amsterdam.

Taniguchi, K.（1994）A Cognitive Approach to the English Middle Construction. *English Linguistics* 11: 173-196.

Taniguchi, K.（1995）A Cognitive View of Middle Construction in English. *Osaka University Papers in English Linguistics* 2: 81-123.

Taylor, J. R.（1989（1995））*Linguistic Categorization: Prototypes in Linguistic Theory*. Clarendon Press, Oxford. First edition, 1989.

Taylor, J. R.（2002）*Cognitive Grammar*. Oxford University Press, New York.

Traugott, E. C.（1995）Subjectification in Grammaticalization. In: *Subjectivity and Subjectivisation*, Stein, D. and Wright, S.（eds.）, pp. 31-54: Cambridge University Press, Cambridge.

Van Voorst, J.（1988）*Event Structure*. John Benjamins: Amsterdam.

Vendler, Z.（1967）*Linguistics in Philosophy*. Cornell University Press, Ithaca.

Voelts, F. K. E. and Kilian-Hatz, C.（2001）*Ideophones*. John Benjamins: Amsterdam.

Wierzbicka, A.（1988）*The Semantics of Grammar*. John Benjamins: Amsterdam.

Whorf, B. L.（1939（1956））The relation of habitual thought and behavior to language, In: *Language, Thought, and Reality*. 134-159, Technology Press of Massachusetts Institute of Technology, Cambridge, Massachusetts.

Yoshimura, K.（1998）*The Middle Construction in English: A Cognitive Linguistic Analysis*. Ph. D. Dissertation, University of Otago, New Zealand.

参考文献　327

[邦語]

秋田喜美・松本曜・小原京子（2010）「移動表現の類型論における直示的経路表現と様態語彙レパートリー」（影山太郎編）『レキシコンフォーラム』5: 1-25．ひつじ書房．

荒正子（1989）「形容詞の意味的なタイプ」（言語学研究会編）『ことばの科学』3：147-162．むぎ書房．

安藤貞雄（2005）『現代英文法講義』開拓社．

池上嘉彦（1975）『意味論』大修館書店．

池上嘉彦（2004）「言語における〈主観性〉と〈主観性〉の言語的指標（2）」（山梨正明他編）『認知言語学論考』No. 4: 1-60．ひつじ書房．

井島正博（1991）「可能文の多層的分析」（仁田義雄編）『日本語のヴォイスと他動性』149-89頁，くろしお出版．

泉井久之助（1939，再版 1998）「言語の構造」『世界言語学名著選集　第3巻』ゆまに書房．

岩井克人（2015）『経済学の宇宙』日本経済新聞出版社．

岩崎勝一（2013）「多重文法 —— 話し言葉と書き言葉の文法を超えて」名古屋大学応用言語学講座公開講演会．

内田樹（2009a）『日本辺境論』新潮社．

内田樹（2009b）『能はこんなに面白い！』小学館．

内田樹他（2011）『身体で考える。』マキノ出版．

内田樹（2012）『日本の文脈』角川書店．

内田樹（2013）『修行論』光文社．

大槻文彦（1891，復刻版 1996）『語法指南』（北原保雄・古田東朔編）『日本語文法研究書大成』勉誠社．

大野晋（1974）『日本語をさかのぼる』岩波新書．

大野晋（1978）『日本語の文法を考える』岩波新書．

大堀俊夫（1991）「文法構造の類像性『かたち』の言語学へ」（日本記号学会編）『かたちとイメージの記号論』95-107頁，東海大学出版会．

大堀俊夫（1992）「言語記号の類像性再考」（日本記号学会編）『ポストモダンの記号論・情報と類像』87-961頁，東海大学出版会．

岡智之（2013）『場所の言語学』ひつじ研究叢書〈言語編〉第103巻，ひつじ書房．

沖縄大学地域研究所（2013）『琉球諸語の復興』沖縄大学地域研究叢書，芙蓉書房．

沖森卓也（2010）『はじめて読む日本語の歴史』ベレ出版．

沖森卓也・山本慎吾・永井悦子（2012）「古典文法の基礎」『日本語ライブラリー』朝倉書店.

オースティン，ジョン・ラングショー（Austin, John Langshaw）（1978）『言語と行為』（坂本百大訳）大修館書店.（*How to Do Things with Words*, Harvard University Press）（1962）

小野正弘編（2007）『日本語オノマトペ辞典』小学館.

小野正弘（2009）『オノマトペがあるから日本語は楽しい』平凡社.

尾上圭介（2004）「主語と述語をめぐる文法」『朝倉日本語講座 6 文法 II』朝倉書店.

影山太郎（1996）『動詞意味論』くろしお出版.

影山太郎（1998）「日本語と文法」（玉村文郎編）『新しい日本語研究を学ぶ人のために』58-83 頁，世界思想社.

影山太郎（2010）「動詞の意味と統語構造」（澤田治美編）『ひつじ意味論講座 1 語・文と文法カテゴリーの意味』153-171 頁，ひつじ書房.

片柳寛・村上珠樹（1999）『上代語（倭語）名詞 2500 語一覧』渓水社.

金谷武洋（2002）『日本語に主語はいらない 百年の誤謬を正す』講談社.

金谷武洋（2003）『日本語文法の謎を解く —— 「ある」日本語と「する」英語』ちくま書房.

金谷武洋（2004）『英語にも主語はなかった —— 日本語文法から言語千年史へ』講談社.

川端康成（1982）「新進作家の新傾向解説」『川端康成全集』第 30 巻 172-183 頁，新潮社.

川端善明（1978）『活用の研究 1 前活用としての母音交代』大修館書店.

川端善明（1979）『活用の研究 2 活用の構造』大修館書店.

川端善明（2004）「文法と意味」『朝倉日本語講座 6』58-78 頁，朝倉書店.

久島茂（2010）「形容詞の意味」（澤田治美編）『ひつじ意味論講座 1 語・文と文法カテゴリーの意味』173-190 頁，ひつじ書房.

久野暲（1973）『日本文法研究』大修館書店.

熊倉千之（1990）『日本人の表現力と個性 —— 新しい「私」の発見』中央公論社.

熊倉千之（2011）『日本語の深層 ——〈話者のイマ・ココ〉を生きることば』筑摩書房.

五味太郎（2004）『日本語擬態語辞典』講談社.

阪倉篤義（1966）『語構成の研究』角川書店.

阪倉篤義（1975）『文章と表現』角川書店.

阪倉篤義（1978・改訂 2011）『増補　日本語の語源』平凡社.

阪倉篤義（1993）『日本語表現の流れ』岩波書店.

坂本真樹（2002）「ドイツ語中間構文の認知論的ネットワーク」（西村義樹編）『認知言語学 I：事象構造』（シリーズ言語科学－2）111-136 頁，東京大学出版会.

佐久間鼎（1943）『日本語の言語理論的研究』三省堂.

柴谷方良（1985）「主語プロトタイプ論」『日本語学』4(10): 4-16. 明治書院.

柴谷方良・影山太郎・田守育啓（1982）『言語の構造 ── 理論と分析：意味・統語編』くろしお出版.

上代語辞典編修委員会（1967）『時代別国語大辞典　上代編』三省堂.

シルヴァスティン，マイケル（Silverstein, Michael）（2007）「［対談］「言語学」をこえて〈上・中・下〉（マイケル・シルヴァスティン×山口明穂）」『月刊言語』4・5・6月号，大修館書店.

施光恒（2015）『英語化は愚民化 日本の国力が地に落ちる』集英社.

谷口一美（2004）「行為連鎖と構文 I」（中村芳久編）『認知文法論 II』53-87 頁，大修館書店.

谷口一美（2005）『事態概念の記号化に関する認知言語学的研究』ひつじ書房.

月本洋（2008）『日本人の脳に主語はいらない』講談社.

角田太作（1991）『世界の言語と日本語』くろしお出版.

デカルト，ルネ（Descartes, René）（1967）『方法序説』（落合太郎訳）岩波書店.（*Discours de la méthode pour bien conduiree sa raison, et chercher la vérité dans les sciences*）（1637）

寺村秀夫（1982）『日本語のシンタクスと意味 第 I 巻』くろしお出版.

富樫広蔭（1978）『詞玉橋・辞玉襷』勉誠社.

時枝誠記（1941，復刻 2007）『国語学原論』岩波書店.

時枝誠記（1947）『国語研究法』三省堂.

時枝誠記（1950）『日本文法 口語篇』岩波全書，岩波書店.

時枝誠記（1954）『日本文法 文語篇』岩波全書，岩波書店.

時枝誠記（1955，復刻 2008）『国語学原論 続篇』岩波書店.

時枝誠記（1956）『現代の国語学』有精堂.

中野研一郎（2005）「「意味」と「言語形式」の関係を創発・拡張・破綻させる「認知モード」における「主観の存在」」『言語科学論集』11: 1-34. 京都大学大学院人間・環境学研究科共生人間学専攻言語情報科学講座.

中野研一郎（2008a）「日本語における認知モードの共時的・通時的階層性の分析 ── 認知言語類型論の基礎原理」京都大学大学院人間・環境学研究科共生人

間学専攻言語情報科学講座修士論文.

中野研一郎（2008b）「「認知言語類型論」その可能性の中心 —— 言語の多様性を創発する認知 A モードから認知 D モードへの変容と変遷」『日本認知言語学会論文集』8：404-415.

中野研一郎（2010）「言語研究における「客観主観」 —— 認知言語類型論の基礎原理」『日本認知言語学会論文集』10: 719-722.

中野研一郎（2011）『日本語の「原層」の「認知モード」 —— 日本語における「概念＝形式」関係の創発・拡張・変容現象に関する共・通時的研究』京都大学 Kyoto Linguistics Colloquium.

中野研一郎（2012）『「主体化された意味」と「客体化された意味」 —— Iconicity（類像性）の本質』京都大学 Kyoto Linguistics Colloquium.

中野研一郎（2013a）「日本語」における「形容詞」と「主体化」 —— 「日本語」の事態把握と文法カテゴリの創発・拡張・変容に関わる認知言語類型論的研究『山梨正明教授退官記念論文集』ひつじ書房.

中野研一郎（2013b）「言語における「主体化」と「客体化」の認知メカニズム —— 日本語の事態把握とその創発・拡張・変容に関わる認知言語類型論的研究」山梨正明編.『認知言語学論考』No. 11. ひつじ書房.

中村芳久（2004）『認知文法論 II』3-51 頁，大修館書店.

中村芳久（2005）『認知言語学における構文論 —— 非人称構文から見えてくるもの』京都言語学コロキアム第 2 回年次大会ハンドアウト. 京都大学.

中村芳久（2009）「認知モードの射程」（坪本篤朗・早瀬尚子・和田尚明編）『「内」と「外」の言語学』開拓社.

二枝美津子（2007）『格と態の認知言語学 —— 構文と動詞の意味』世界思想社.

二枝美津子（2011）「構文ネットワークと文法 —— 認知文法論のアプローチ」（山梨正明編）『講座：認知言語学のフロンティア 第 2 巻』研究社.

西尾寅弥（1982）『形容詞の意味・用法の記述的研究』秀英出版.

西岡常一（2003）『木に学べ —— 法隆寺・薬師寺の美』小学館.

西田幾多郎（1953, 再版 2004）『哲学概論』岩波書店.

日本語文法研究会編（1989）『概説・現代日本語文法——日本語文法の常識』桜楓社.

ニュートン，アイザック（Newton, Isaac）（1977）『プリンシピア —— 自然哲学の数学的原理』（中野猿人訳）講談社.（*Philosophiae naturalis principia mathematica*）（1687）

橋本進吉（1935）『新文典別記 上級用』冨山房.

橋本進吉（1939）『新文典別記 口語篇』冨山房.

参考文献　331

橋本進吉（1946）『橋本進吉博士著作集 第 1 冊 国語学概論』岩波書店.

橋本進吉（1948a）『新文典別記 文語篇』冨山房.

橋本進吉（1948b）『橋本進吉博士著作集 第 2 冊 国語法研究』岩波書店.

橋本進吉（1969）『助詞，助動詞の研究』岩波書店.

浜野祥子（2014）『日本語のオノマトペ —— 音象徴と構造』くろしお出版.

樋口文彦（1996）「形容詞の分類 —— 状態形容詞と質形容詞」言語学研究会編
　　『ことばの科学』7：39-60. むぎ書房.

樋口文彦（2001）「形容詞の評価的な意味」言語学研究会編『ことばの科学』10：
　　43-66. むぎ書房.

福田久美子（1993）「英語における中間構文再考」『川村学園女子大学研究紀
　　要』4（1）：85-98.

外間守善（2000）『沖縄の言葉と歴史』中央公論社.

細江逸記（1928）「我が国語の動詞の相（Voice）を論じ，動詞の活用形式の分岐
　　するに至りし原理の一端に及ぶ」『岡倉先生記念論文集』岡倉先生還暦祝賀
　　会.

本多啓（2002）「英語中間構文とその周辺 —— 生態心理学の観点から」（西村義樹
　　編）『認知言語学 I —— 事象構造』（シリーズ言語科学 - 2）11-36 頁，東京
　　大学出版会.

本多啓（2007）『現代日本語における無標識の可能表現について —— Potential Ex-
　　pression without Overt Marking in Japanese』京都言語学コロキアム第 4 回年次
　　大会ハンドアウト. 京都大学.

益岡隆志・田窪行則（1989）『日本語文法 セルフ・マスターシリーズ 3 —— 格助
　　詞』くろしお出版.

松本克己（1995）『古代日本語母音論 —— 上代特殊仮名遣いの再解釈』ひつじ書
　　房.

松本克己（2006）『世界言語への視座 —— 歴史言語学と言語類型論』三省堂.

松本克己（2007）『世界言語のなかの日本語 —— 日本語系統論の新たな地平』三
　　省堂.

三尾砂（1948，復刊 2003a）「国語法文章論」『三尾砂著作集 I』ひつじ書房.

三尾砂（1957，復刊 2003b）『三尾砂著作集 II』ひつじ書房.

三上章（1953，復刊 1972）『現代語法序説 —— シンタクスの試み』くろしお
　　出版.

三上章（1955a，復刊 1972a）『続・現代語法序説』くろしお出版.

三上章（1955b，復刊 1972b）『現代語法新説』くろしお出版.

三上章（1960）『象は鼻が長い —— 日本文法入門』くろしお出版.

三上章（1963a）『日本語の論理』くろしお出版.

三上章（1963b）『日本語の構文』くろしお出版.

ムーナン，ジョルジュ（Mounin, Georges）（1970）『言語学とは何か』（福井芳男・伊藤晃・丸山圭三郎訳）大修館書店.（*Clefs pour la Linguistique*）（1969）

村木新次郎（1996）「意味と品詞分類」『国文学解釈と鑑賞』61（1）: 20-30. 至文堂.

村木新次郎（2003）「第三形容詞とその意味分類」『日本語日本文学』No. 15: 1-28. 同志社女子大学日本語日本文学会.

村木新次郎（2012）『日本語の品詞体系とその周辺』ひつじ書房.

村田勇三郎・成田圭市（1996）『英語の文法』大修館書店.

森重敏（1965）『日本文法 —— 主語と述語』武蔵野書院.

森田良行（1995）『日本語の視点 —— ことばを創る日本人の発想』創拓社.

八亀裕美（2007）「形容詞研究の現在」（工藤真由美編）『日本語形容詞の研究』ひつじ書房.

八亀裕美（2008）『日本語形容詞の記述的研究 —— 類型論的視点から』明治書院.

山口明穂・杉浦克己・月本雅幸・坂梨隆三・鈴木英夫（1997）『日本語の変遷』放送大学教育振興会.

山口明穂・鈴木英夫・坂梨隆三・月本雅幸（1997）『日本語の歴史』東京大学出版会.

山口明穂（1989）『国語の論理 —— 古代語から近代語へ』東京大学出版会.

山口明穂（2000）『日本語を考える —— 移りかわる言葉の機構』東京大学出版会.

山口明穂（2004）『日本語の論理 —— 言葉に現れる思想』大修館書店.

山口仲美（2002）『犬は「びよ」と鳴いていた』光文社.

山田孝雄（1908）『日本文法論』宝文館.

山田孝雄（1922a）『日本文法講義』宝文館.

山田孝雄（1922b）『日本口語法講義』宝文館.

山田孝雄（1936）『日本文法学概論』宝文館.

山田孝雄（1950，復刻 2009）『日本文法学要論』角川書店，書肆心水.

山田博志（1997）「中間構文について —— フランス語を中心に」『ヴォイスに関する比較言語学的研究』97-131 頁. 三修社.

山田昌裕（2010）『格助詞「ガ」の通時的研究』ひつじ書房.

山梨正明（1993a）「格の複合スキーマモデル」（仁田義雄編）『日本語の格をめぐって』くろしお出版.

山梨正明（1993b）「認知的視点から見た格の再定義」*KLS* 13: 149-160.

山梨正明（1994）「日常言語の認知格モデル［1］-［12］」『言語』23(1)-(12) 大

修館.

山梨正明（1995）『認知文法論』ひつじ書房.

山梨正明（1998a）「認知言語学の研究プログラム」『言語』27(11): 20-29. 大修館書店.

山梨正明（1998b）「認知的観点からみたコード化と思考・認識のメカニズム —— 意味の創発性とイメージスキーマの関係を中心に」『日本エドワード・サピア協会研究年報』12: 75-82.

山梨正明（1999）「言葉の意味と身体性 —— 認知言語学からの眺望」『現象学年報』15: 7-15.

山梨正明（2000）『認知言語学原理』くろしお出版.

山梨正明（2001a）「言語科学の身体論的展開 —— 認知言語学のパラダイム」（山梨正明・辻幸夫編）『ことばの認知科学辞典』19-44 頁，大修館書店.

山梨正明（2001b）「ことばの科学の認知言語学的シナリオ」（山梨正明・辻幸夫・西村義樹・坪井栄治郎編）『認知言語学論考』1: 1-28.

山梨正明（2001c）「認知能力の反映としての言語 —— ユニフィケーションの視点」『日本認知言語学会論文集』No. 1: 186-200.

山梨正明（2004a）「理論言語学の新展開 —— 認知言語学のパラダイム」『人工知能学会誌』19(1): 84-94.

山梨正明（2004b）『ことばの認知空間』開拓社.

山梨正明（2009）『認知構文論 —— 文法のゲシュタルト性』大修館書店.

吉村公宏（2001）「人工物主語 —— クオリア知識と中間表現」（山梨正明・辻幸夫・西村義樹・坪井栄治郎編）『認知言語学論考』No. 1: 257-318.

渡部正路（2009）『大和言葉の作り方』叢文社.

渡辺実（1971）『国語構文論』塙書房.

渡辺実（1974）『国語文法論』笠間書院.

渡辺実（1996）『日本語概説』岩波書店.

渡辺実（2002）『国語意味論』塙書房.

出典

基本的に古典文の引用については『日本古典文学大系』・『新日本古典文学大系』（岩波書店）を参照し，現代文について入手可能なものは『青空文庫』を参照した.

参照ウェブサイト

○ WALS（The World Atlas of Language Structures）Online
http://wals.info/

○ 『万葉集』
Japanese Text Initiative, Electronic Text Center, University of Virginia Library
http://etext.lib.virginia.edu/japanese/manyoshu/AnoMany.html

○ 植芝宏『万葉仮名一覧』
http://www1.kcn.ne.jp/~uehiro08/

○ Corpus of Contemporary American English
http://corpus.byu.edu/coca/

○ *The Bible*
Computer Edition of the Lord's Prayer Maintained by Buddy Costley of State
University of West Georgia
http://www.westga.edu/~mcrafton/prayer.htm#Middle
The Lord's Prayer King James Version（KJV）
http://www.lords-prayer-words.com/king_james_version_kjv.html

使用辞書

日本語　『英語語源辞典』寺澤芳雄（編集主幹）研究社.
『現代言語学辞典』田中春美（編集主幹）成美堂.
『広辞苑』DVD-ROM 第六版　新村出（編）岩波書店.
『時代別国語大辞典 上代編』上代語辞典編修委員会（編）三省堂.
『日本語源広辞典』増井金典. ミネルヴァ書房.
『日本語オノマトペ辞典』小野正弘（編）小学館.
『岩波 古典辞典 補訂版』大野晋, 佐竹昭広, 前田金五郎（編）岩波書店.

英語　*Shorter Oxford English Dictionary on CD-ROM Version 3.0*

人名索引

【ア】

荒正子　130
池上嘉彦　15, 68
泉井久之助　308
今井むつみ　306
岩井克人　303
内田樹　129, 191-193, 269
大槻文彦　190, 219-221, 226
大野晋　13, 115, 243-245
大堀俊夫　68
岡智之　178-180, 182, 187
岡田浩之　306
沖森卓也　200-201
小野正弘　232

【カ】

影山太郎　87-91, 163-165, 274
金谷武洋　30, 125
金子弘　190
加根魯絢子　306
川端善明　13
久島茂　130
熊倉千之　13, 30, 44, 77, 94, 125, 136-137, 168-169, 212-213, 217-218, 232, 242-243, 256-257, 266-268
五味太郎　235

【サ】

阪倉篤義　13, 135, 137, 232, 242-245, 281
坂梨隆三　200, 260
坂本真樹・Sakamoto, M.　274, 289, 292
佐久間鼎　13
柴谷方良　163-165
上代語辞典編修委員会　243-245
杉浦克己　200
鈴木英夫　200, 260

【タ】

谷口一美・Taniguchi, K.　195, 197, 274, 289, 292
田守育啓　163-165
月本雅幸　125, 200, 260
寺村秀夫　113, 130, 193-194, 198

時枝誠記　13, 120, 122-123, 125, 135, 226

【ナ】

永井悦子　200
中島敦　168
中野研一郎　10, 14, 28, 38, 94, 113, 125, 137, 149, 268
中村芳久　14, 18, 24, 30, 42, 73-74, 76-77, 112-113, 125, 148-149, 281, 285-286
二枝美津子　206-207, 275
西尾寅弥　130

【ハ】

橋本進吉　226
長谷川等伯（「松林図屏風」）　169, 217
樋口文彦　130
本多啓　274

【マ】

松田哲也　306
松本克己・Matsumoto, K.　13, 57-58, 61-63, 65, 125, 232, 243-245
三尾砂　13
三上章　13, 125
村木新次郎　130
森重敏　124-125
森田良行　30, 168, 203-204, 209-210, 218

【ヤ】

八亀裕美　130
山口明穂　13-15, 120-122, 125, 168, 200, 232, 260
山田孝雄　13, 117-118, 225-226
山田博志　274
山田昌裕　121
山梨正明　7, 68, 180, 182-185, 271, 287
山本慎吾　200
吉村公宏・Yoshimura, K.　274

【ワ】

渡部正路　137, 232, 241-245, 252
渡辺実　13

【アルファベット】

Barthes, R.　10
Chomsky, N.　9
Clark, E. V.　291
Comrie, B.　64
Croft, W.　7-9, 35, 70, 72, 113-114, 120, 131-132
Cruse, D. A.　7-9, 35
Descartes, R.　60-61, 75
Deutscher, G.　76
Dixon, R. M. W.　50-51, 64, 114-115, 131, 135
Dryer, M. S.　19, 51-52, 56, 159-160
Everett, D. L.　76
Foucault, M.　10
Givón, T.　18
Goldberg, A. E.　70-72, 274, 289, 291
Haiman, J.　18, 67-69, 73
Halliday, M. A. K.　208
Haspelmath, M.　19
Heidegger, M.　11
Jackendoff, R.　87, 89
Jakobson, R. O.　18
Lacan, J.　10
Langacker, R. W.　2, 18, 20, 22-28, 31-32, 34-35, 37, 39-40, 42, 49, 95, 101, 111, 132, 145-146, 243-244, 275-280, 283-285, 307
Lefevre, H.　10
Lévi-Strauss, C.　10-11, 76
Merleau-Ponty, M.　10
Mounin, G.　10-11
Newton, I.　60
Peirce, C. S.　11
Pustejovsky, J.　89
de Saussure, F.　11, 137, 216, 257
Taylor, J. R.　289, 292, 294-295
Vendler, Z.　88-89
Whorf, B. L.　76
Wierzbicka, A.　71, 89
Wittgenstein, L.　11

【言語事例として引用される作者／作品】

『大鏡』　16, 44-45
鴨長明（『方丈記』）　201
川端康成（『伊豆の踊子』『雪国』「新進作家の新傾向解説」）　141, 168, 213, 215-216, 267-268, 283, 300
『古事記』　109, 258
近藤宮子（童謡『チューリップ』）　215-216
山々亭有人（『春色江戸紫』）　157
式亭三馬（『人心覗機関（のぞきからくり）』）　157
島崎藤村（『夜明け前』）　143
菅原孝標女（『更級日記』）　201
世阿弥（『野宮』）　169, 217, 268
清少納言（『枕草子』）　143
『竹取物語』　143, 214
為永春水（『春色梅児誉美』）　264, 265
夏目漱石（『草枕』）　215, 216
西田幾多郎（『哲学概論』）　141, 168, 283, 300
藤原道綱母（『蜻蛉日記』）　238
二葉亭四迷（『浮雲』）　263-267
『平家物語』　129, 202-203, 214
『万葉集』　111, 117, 128-129, 170-171, 200-202, 214, 238-239, 259-260, 262, 305
紫式部（『源氏物語』）　128, 129, 201-203, 217, 266
室生犀星（『抒情小曲集』）　143
森鴎外（『舞姫』）　263
吉田兼好（『徒然草』）　201, 203
『論語』　263
Bible　58-60

事項索引

【ア】

生きられているトキ　44
イマ・ココ　15, 40-41, 143, 215-218, 223,
　　229, 231, 267, 281
意味　8, 257
　―（construal and conceptualization）　10
　―（meaning）　35
　―（semantic potentiality）　10
　―（概念化）　125
受け身文　190, 195, 206　→受動態
英語の世界観　95
オノマトペ（様態音・語）　232, 237, 257-
　　258
音＝意味の関係（音象徴の原理）　240
音象徴（sound symbolism）　216, 224, 232,
　　240-241, 247, 250, 256
音声　15
音と意味の一致　224

【カ】

が/ga/　38, 120, 170, 177, 262, 288
解釈・把握（construal）　1, 3
概念化（conceptualization）　8, 35
　―の創発　20
格　166
　―カテゴリ　56
確述活用語尾　225
過去（past）　212, 223
　確認・確述化による主体化された―
　　218
　客体化・客観化された時制的―　218
　時制的―（tensed past）　212, 218
　主体的―　218
過去完了（past perfect）　212
カテゴリ　20
帰結　254
希薄化（attenuation）　43
客観　20
　―性　136
　―的観察・分析　76
　―という名の主観　12
客体化・客観化（抽象化）　41, 77, 136, 187,
　　218, 257

客体化論理　29, 309
共同注視（joint attention）　137, 140, 142,
　　159, 218-219
共有・社会化された過去　219
際立ち（prominence）　24
近代ヨーロッパ標準諸語　12
緊張関係（dynamically strained relations）　10
空間の出来（しゅったい）　245
グラウンディング（grounding）　34
グラウンド（ground）　34, 40
グレイディエンス　309
　―分布　307
（言語）形式（構文・文法カテゴリ）　17,
　　20, 35, 38, 73, 95, 205, 264, 267-268
膠着　250, 256, 258
語順（統語）　56, 125, 153, 163

【サ】

さらさら（様態音・語）　237
事象生起の様態特性　186
時制　168-169, 210
事態生起・推移の不可避性（unavoidability）
　　204, 206
事態把握　2, 29, 142, 146
　―共有の場　12
社会性　229-230
主格　130
主観（subjectiveness）　112, 308
　主観化　111
主客未分化　257-258, 272
主語　16, 24, 125, 130, 153, 166, 217, 290
　―／目的語　163
　―性（subjecthood）　26, 28, 282
主体化（modalization）　38, 40, 43, 113,
　　187, 231, 280, 282
主体化（subjectification）　15-16, 19, 25, 31,
　　111, 280
主体化（音象徴）　230
主体化された時間（subject time）　40
主体化論理　29, 206, 309
主体的解釈（modalizing construal）　190,
　　206
受動態（passive-voice）　195　→受け身文
　―構文（passive-voice construction）　101-

102

照射可能概念の誘起（conception inducing）
　146

遂行発話　38

為及（影響を及ぼす意思）　253

接触　254

絶対時間　41, 44

創発（emergence）　1-3

遡及的解釈　102

蘇発化・現前化　216-218

【タ】

た/ta/・だ/da/　210, 216, 225

態　189, 195

対象　24

他動詞構文　102

他動性（transitivity）　28

たり/tari/・た/ta/　217

中間構文（middle construction）　3, 273, 283,
　293

直接目的語　24

で/de/　185-186

で/de/・を/wo/・に/ni/　255

統語カテゴリ　56

動作主　130

動詞　153

トキ（time）　41, 223

　主体化された―（modalized time）　39

　客体化された―（abstracted time）　39

トラジェクター（trajector）　24, 26

【ナ】

内置・内観の認知モード（PA モード）
　113　→認知 PA モード

に/ni/　254

日本語　→日本語（やまとことば）

　―と近代ヨーロッパ標準諸語との非互換
　性　229

認識論的分離（客体化・客観化）　290

認知言語類型論　9, 272

認知主体　283

―の確認・確述意識（記憶）　223

認知対象　283

認知 D モード（displaced mode of cognition）
　3, 67, 76

認知 PA モード（primordial and assimilative
　mode of cognition）　3, 231, 281

認知標識辞（cognitive marker）　120, 140, 142

　―・は/wa/　229

認知メカニズム　15

認知モード（cognitive modes）　1-2, 10, 29,
　31, 73, 272, 308

　―のシフト現象　3

認知様態詞　120, 127, 140, 177, 288

【ハ】

は/wa/　→ワ行

場　143, 148, 186, 215-218, 223, 231, 283

　―（∃ Ground）　281

非為及　254

非プロセス（様態）化　250

プロセス（継続）化　250

プロセス化の語基　247

文法化（grammaticization）　25

文法（統語）カテゴリ　153

翻訳の不可能性　178

【マ】

命令文　38

目的語　16

目的語性（objecthood）　26

文字　169

【ヤ・ラ・ワ・ヲ】

日本語（やまとことば）　3, 16, 76, 166,
　206, 223, 230, 250

ランドマーク（landmark）　24

類像性（iconicity）　1, 16, 35, 73, 127, 195,
　205, 240, 272, 308

は/wa/　38, 142, 146, 148, 218, 288

を/wo/　253-254

著者略歴
中野　研一郎（なかの　けんいちろう）

1959 年　京都府生まれ
1983 年　金沢大学法文学部英文学科卒
2011 年　京都大学大学院人間・環境学研究科博士
　　　　後期課程単位取得満期退学
　　　　京都大学博士（人間・環境学）
現在　関西外国語大学短期大学部 准教授

主な論文・翻訳書
『認知文法論序説（Cognitive Grammar: A Basic Introduction）』（〔共訳〕山梨正明監訳，研究社，2011 年），「言語における「主体化」と「客体化」の認知メカニズム ──「日本語」の事態把握とその創発・拡張・変容に関わる認知言語類型論的研究」（〔単著〕京都大学大学院人間・環境学研究科博士論文，2014 年）

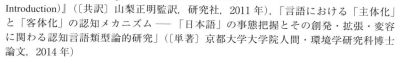

認知言語類型論原理
──「主体化」と「客体化」の認知メカニズム

2017 年 11 月 15 日　初版第一刷発行

著　者　　中　野　研　一　郎
発行人　　末　原　達　郎
発行所　　京都大学学術出版会
　　　　　京都市左京区吉田近衛町69
　　　　　京都大学吉田南構内（〒606-8315）
　　　　　電話　075(761)6182
　　　　　FAX　075(761)6190
　　　　　URL　http://www.kyoto-up.or.jp
　　　　　振替　01000-8-64677
装　幀　　谷なつ子
印刷・製本　亜細亜印刷株式会社

ⓒ Kenichiro Nakano 2017　　　　　　Printed in Japan
ISBN978-4-8140-0117-0　　　　定価はカバーに表示してあります

本書のコピー，スキャン，デジタル化等の無断複製は著作権法上での例外を除き禁じられています。本書を代行業者等の第三者に依頼してスキャンやデジタル化することは，たとえ個人や家庭内での利用でも著作権法違反です。